COURS COMPLET D'ÉDUCATION

A L'USAGE DES DEMOISELLES

HISTOIRE ANCIENNE

GRECQUE ET ROMAINE

PAR

M. Th. BACHELET

Ancien élève de l'École normale supérieure,
Professeur à l'École supérieure des sciences et des lettres
et au Lycée impérial de Rouen,
Officier de l'instruction publique,
chevalier de la Légion d'honneur.

PARIS
LIBRAIRIE D'ÉDUCATION, A. COURCIER, ÉDITEUR
13, BOULEVARD SAINT-MICHEL, 13

COURS COMPLET D'ÉDUCATION

A L'USAGE DES DEMOISELLES

HISTOIRE ANCIENNE
GRECQUE ET ROMAINE.

Imprimé par Charles Noblet, rue Soufflot, 18.

HISTOIRE ANCIENNE

GRECQUE ET ROMAINE

PAR

M. Th. BACHELET

Ancien élève de l'Ecole normale supérieure,
Professeur à l'Ecole supérieure des sciences et des lettres
et au Lycée impérial de Rouen,
Officier de l'instruction publique,
Chevalier de la Légion d'honneur.

PARIS

LIBRAIRIE A. COURCIER, ÉDITEUR

13, BOULEVARD SAINT-MICHEL, 13

(Tous droits réservés.)

COURS COMPLET D'ÉDUCATION

A L'USAGE DES DEMOISELLES

(ÉTUDES HISTORIQUES, LITTÉRAIRES ET SCIENTIFIQUES)

Publié sous la direction de

M. TH. BACHELET,

Ancien élève de l'école Normale supérieure, professeur
à l'Ecole supérieure des sciences et des lettres et au Lycée impérial de Rouen,
officier de l'instruction publique, chevalier de la Légion d'honneur,
un des auteurs du *Dictionnaire de Biographie et d'Histoire*
et du *Dictionnaire général des Lettres, des Beaux-Arts
et des Sciences morales et politiques*.

PROSPECTUS.

La question de l'éducation des jeunes filles a pris de nos jours un très-vif intérêt, et, bien qu'elle ait occupé depuis longtemps un grand nombre de bons esprits, les solutions qu'elle comporte n'ont pas cessé d'être débattues.

Les remarques de Fénelon sont toujours vraies :

« L'ignorance d'une jeune fille, disait le pieux

« Archevêque, est cause qu'elle s'ennuie. L'absence
« d'une instruction solide et sérieuse fait en elle un
« grand vide, que les choses frivoles vont remplir.
« Le sommeil, la mollesse, les divertissements, les
« spectacles, vont lui devenir nécessaires ; tandis que
« les personnes instruites et occupées à des choses
« sérieuses n'ont qu'une curiosité médiocre, ce qu'elles
« savent leur donnant du mépris pour beaucoup de
« choses qu'elles ignorent. » Fénelon demandait donc
qu'on enseignât aux jeunes filles l'histoire, la poésie,
l'éloquence, etc., sous le contrôle de la surveillance
maternelle; et il était convaincu qu'il y a quelque
chose d'étroit, de préjudiciable même à la religion,
dans l'affectation de la déclarer incompatible avec
les lumières de l'esprit.

Mais, si les femmes doivent cultiver leur intelligence et se mettre ainsi en état de mieux comprendre leurs devoirs, s'il importe à la famille et à l'État qu'elles ne demeurent pas étrangères aux idées, aux institutions, aux progrès de leur temps, il n'est ni utile ni prudent que leurs études portent sur toutes choses. C'est le travail des éducateurs habiles de discerner, dans les connaissances humaines, ce qui convient particulièrement aux jeunes personnes.

On a souvent échoué, soit en mettant entre leurs mains les livres destinés aux jeunes gens qui font de longues et fortes études en vue d'une carrière déterminée, soit en composant pour elles des ouvrages dont la banalité le dispute à la fadeur. L'enseignement oral lui-même est souvent exposé à suivre cette voie funeste, et il a besoin d'un secours, d'une direction, que peuvent seuls donner des hommes expérimentés. En publiant un Cours d'études à l'usage exclusif des jeunes filles, nous avons voulu qu'il évitât le double écueil de l'érudition et de la futilité.

Les ouvrages qu'il comprend sont rédigés avec simplicité : on en a écarté les détails oiseux ou de pure curiosité, qui causent à la mémoire une fatigue stérile, pour ne conserver que les notions indispensables à la conversation des gens bien élevés et aux lectures instructives. Ils s'adressent tout à la fois aux mères de famille qui dirigent elles-mêmes les études de leurs enfants, aux institutrices particulières et aux établissements qui les suppléent. Ils suffisent aux jeunes personnes qui se proposent de subir les examens pour l'obtention du brevet de capacité.

Le Cours complet d'éducation se compose, pour le moment, des ouvrages suivants :

1° Histoire ancienne, grecque et romaine . . 1 vol.
2° Histoire du moyen age. . . . . 1 vol.
3° Histoire des temps modernes. . . . . . . 1 vol.
4° Histoire de France. . . . . 1 vol.
5° Géographie générale, *mathématique, physique, historique et politique.* . . . . . 1 vol.
6° Études sur les beaux-arts. . . . . 1 vol.
7° Notions de littérature. . . . . 1 vol.
8° Notions d'histoire littéraire. . . . . . 1 vol.

HISTOIRE ANCIENNE

GRECQUE ET ROMAINE

INTRODUCTION.

Définition de l'histoire. — L'histoire est le récit des événements dont se compose la vie des nations. Aux faits accomplis par les souverains et par les personnages illustres, elle ajoute le tableau des institutions et des mœurs, religion, gouvernement, lois, industrie, commerce, agriculture, sciences et arts, en un mot, tout ce qui manifeste l'état de la civilisation. Selon la belle définition de Cicéron, l'histoire est *la mémoire du passé et la leçon de l'avenir :* ne se bornant pas, en effet, à raconter les événements, elle en montre encore l'enchaînement et les rapports, les causes et les conséquences ; juge des actions humaines, elle prononce sur leur valeur et leur moralité. — Les *sources de l'histoire* sont : les traditions orales, les monuments commémoratifs, les inscriptions, les médailles, les documents officiels que l'on conserve dans les bibliothèques, archives et autres dépôts publics, les écrits des témoins oculaires ou contemporains, etc.

SCIENCES AUXILIAIRES DE L'HISTOIRE. — Deux sciences, la Géographie et la Chronologie, prêtent leur secours à l'Histoire. L'une décrit le théâtre des événements, les limites et les divisions des États fondés par les hommes. L'autre détermine la date des faits historiques et leur ordre de succession dans le temps.

PRINCIPALES ÈRES. — Pour supputer les années, on prend une *ère* ou point fixe, événement important auquel on rapporte tous les autres. Ainsi, les anciens Grecs comptèrent par *Olympiades* ou périodes de quatre années, dont la première correspond à l'an 776 av. J.-C.; c'est l'époque où furent reconstitués les jeux publics qu'Hercule avait établis en l'honneur de Jupiter Olympien, et qui se célébraient tous les quatre ans. Les Romains choisirent la date de la fondation de leur ville, l'an 753 av. J.-C. Les modernes ont suivi *l'ère de la création* (l'an 4004 av. J.-C., selon l'opinion vulgaire) et *l'ère chrétienne*. En comptant par années du monde, on part d'une date qui n'est pas rigoureusement fixée; l'usage a donc prévalu de compter par années avant et après la naissance de J.-C. Les peuples musulmans ont une ère particulière, *l'hégire*, c'est-à-dire la *fuite* de Mahomet, qui, persécuté par les habitants de la Mecque, chercha un refuge à Médine, l'an 622 ap. J.-C.

GRANDES DIVISIONS DE L'HISTOIRE UNIVERSELLE. — On

distingue, dans l'histoire universelle, quatre grandes parties :

1° L'*Histoire ancienne*, qui commence avec les premières sociétés politiques, et se termine au démembrement de l'Empire romain après la mort de Théodose (l'an 395 de J.-C.) ;

2° L'*Histoire du moyen âge*, embrassant les origines et la formation des divers États de l'Europe, jusqu'à l'établissement des Turcs Ottomans à Constantinople, en 1453 ;

3° L'*Histoire des temps modernes*, dans laquelle on suit le développement des États européens et de leurs colonies, depuis le milieu du xve siècle jusqu'à la fin du xviiie ;

4° L'*Histoire contemporaine*, qui commence à la Révolution française et s'étend jusqu'à nos jours.

Périodes particulières de l'histoire ancienne. — Dans l'histoire ancienne, il y a lieu de reconnaître plusieurs périodes. La première, dite des *Temps primitifs*, comprend les siècles qui se sont écoulés depuis l'origine du genre humain jusqu'à la formation des premiers empires après la dispersion des enfants de Noé ; elle ne nous est connue que par la Bible. Dans la seconde, les peuples établis sur les bords du Nil et en Asie (Égyptiens, Hébreux, Phéniciens, Assyriens, Babyloniens, Mèdes et Perses) se développent isolément, jusqu'au jour où ils sont asservis par le plus puissant d'entre eux, les Perses, au vi^e siècle avant l'ère chrétienne. La troisième est remplie par les annales du peuple grec, destiné à étendre, au temps d'Alexandre le Grand, sa domination sur les Orientaux. Enfin, dans la quatrième, Rome grandit, absorbe l'Italie et les peuples riverains de la Méditerranée, et, par la conquête des États formés du démembrement de l'Empire macédonien, réunit dans une vaste unité tout le monde connu des Anciens.

HISTOIRE ANCIENNE.

TEMPS PRIMITIFS.

La création. — L'œuvre de la création dura *six jours*, et par ce mot plusieurs Pères de l'Église entendent des périodes de temps indéterminées. Le premier jour, Dieu créa la terre informe et les espaces célestes, et sépara la lumière d'avec les ténèbres. Le second, il fit le firmament. Le troisième, après avoir séparé la terre et les mers, il commanda que la terre produisît des plantes et des arbres de toute espèce. Le quatrième, il créa le soleil, la lune et les étoiles; le cinquième, les poissons qui nagent dans l'eau et les oiseaux qui volent dans l'air. Le sixième, il forma les bêtes qui rampent ou marchent sur la terre, et, d'un peu de limon qu'il anima de son souffle, fit l'homme à son image. Le septième jour, Dieu se reposa.

Le paradis terrestre. — Le premier homme, appelé Adam (1), fut placé dans l'*Eden* ou *Paradis terrestre* (2), lieu de délices arrosé par le Tigre, l'Eu-

---

(1) Mot hébreu qui signifie *terre* ou *limon*.
(2) Eden vient de l'hébreu et veut dire *délice*; Paradis dérive du grec et signifie *jardin*.

phrate et deux autres fleuves (1). Pendant qu'il dormait, Dieu lui prit une côte pour en former la première femme, à laquelle il donna le nom d'Ève, c'est-à-dire la vie, parce qu'elle devait être la mère du genre humain.

Chute de l'homme. — Adam et Ève, créés justes et immortels, vivaient heureux dans l'état d'innocence. Mais Dieu leur avait défendu de toucher au fruit d'un arbre que l'Écriture appelle l'*arbre de la science du bien et du mal*. Ève se laissa séduire aux paroles artificieuses du Démon caché sous la forme du serpent, et entraîna son époux à la désobéissance. Dieu les chassa tous deux du Paradis terrestre. Leur postérité porte comme eux la peine du *péché originel*. Désormais, l'homme est condamné au travail, à la souffrance et à la mort; son corps est assujetti aux maladies, et son âme aux passions; la terre ne produit plus pour lui que des épines et des ronces, et il lui faut gagner son pain à la sueur de son front, jusqu'à ce qu'il rentre dans la poussière d'où il est sorti. La femme, tombée sous la puissance du mari, enfante dans la douleur. — Dieu tempéra cependant cette punition par la promesse d'un rédempteur : il annonça qu'un jour viendrait où la femme écraserait la tête du serpent, c'est-à-dire, où naîtrait d'une femme

---

(1) Le Phison et le Géhon, qui sont peut-être le Phase et l'Araxe.

le Sauveur du monde, pour détruire la puissance du Démon.

Les patriarches. — Les premiers enfants d'Adam et d'Ève furent *Caïn* et *Abel*. L'un cultiva la terre, l'autre éleva des troupeaux. Caïn tua son frère, dont les offrandes étaient plus agréables à Dieu : frappé de la malédiction divine, poursuivi par le remords, il se retira vers l'Orient. Parmi ses descendants, la Bible cite *Jubal*, inventeur des instruments de musique ; *Tubal-Caïn*, qui trouva l'art de travailler les métaux ; *Lamech*, qui donna l'exemple de la polygamie. C'était une race impie, livrée à toutes sortes de crimes. On les appela les *Enfants des hommes*, tandis que les descendants de *Seth*, troisième fils d'Adam, méritèrent par la pureté de leur vie le nom d'*Enfants de Dieu*. Les principaux patriarches ou chefs de famille issus de Seth furent : *Énos*, fondateur des cérémonies du culte que les hommes rendirent à Dieu ; *Hénoch*, enlevé miraculeusement de la terre, à cause de ses vertus, sans avoir subi la mort ; *Mathusalem*, qui atteignit le terme le plus long auquel soit parvenue la vie humaine (969 ans).

Le déluge. — Plus de quinze siècles s'étaient écoulés depuis la chute d'Adam, lorsque le mélange des enfants de Dieu avec les enfants des hommes engendra la corruption sur la terre. Dieu résolut de détruire le genre humain par un déluge universel. Un seul juste, Noé, descendant de Seth, ayant trouvé grâce devant lui, construisit une *Arche* destinée à flotter comme un navire, et s'y enferma avec sa famille et divers couples d'animaux. Puis, pendant quarante jours et quarante nuits, des pluies torrentielles tombèrent du ciel, et la mer déborda de toutes parts : les eaux s'élevèrent de quinze coudées au-dessus des plus hautes montagnes. Tout périt, excepté ce qui était dans l'Arche.

Au bout de 150 jours, les cataractes du ciel furent fermées, la mer commença de se retirer, le vent souffla sur la terre, et bientôt l'Arche put s'arrêter sur le mont Ararat, en Arménie. Quarante jours après, Noé lâcha un corbeau, qui ne revint pas; plus tard, une colombe, en rapportant un vert rameau d'olivier, l'avertit que la terre redevenait habitable. Il sortit de l'Arche, et offrit au Seigneur un sacrifice d'actions de grâces. Dieu promit de ne plus envoyer de déluge, et fit paraître l'arc-en-ciel dans les nuées, comme signe de sa réconciliation avec le genre humain.

Des changements s'opérèrent dans la vie des hommes à la suite du déluge. La terre était devenue plus avare, et la végétation moins vigoureuse; les herbes et les fruits ayant perdu leur première force, on dut chercher dans la chair des animaux une nourriture plus substantielle; la durée de la vie humaine fut réduite, et ne dépassa plus les limites qu'elle conserve aujourd'hui.

La tour de Babel. — Après le déluge, les descendants de Noé, établis entre le Tigre et l'Euphrate, dans les plaines de Sennaar (Mésopotamie), se multiplièrent rapidement. Ne pouvant plus habiter ensemble la même contrée, ils voulurent, avant de se séparer, construire une tour dont le sommet s'élevât jusqu'au ciel. Ce monument d'orgueil, destiné à éterniser leur mémoire ou à leur servir d'asile en cas d'un nouveau déluge, ne put être achevé : Dieu confondit leur langage, et l'impossibilité où ils furent de s'entendre les uns les autres les contraignit de se disperser. La tour fut appelée *Babel*, c'est-à-dire *confusion*.

Dispersion des hommes. — Noé avait eu trois fils, *Sem*, *Cham* et *Japhet*, que la Bible désigne comme les pères de trois grandes races ou groupes d'hommes. Les Sémites restèrent en Asie, et occupèrent les parties centrale et méridionale de ce continent depuis la Méditerranée jusqu'à l'Inde. Les enfants de Sem donnèrent leur nom à divers peuples : *Assur*, aux Assyriens ; *Aram*, aux Araméens ou Syriens ; *Élam*, aux Élamites ou Perses ; *Lud*, aux Lydiens ; *Arphaxad*, chef des Arméniens, fut l'aïeul d'*Héber*, de qui descendent les Hébreux. — Les Chamites, tout en conservant en Asie le territoire le plus voisin de l'isthme de Suez, peuplèrent, en Afrique, la vallée du Nil et le littoral méditerranéen. Des quatre fils de Cham, *Chus* fut la tige des Ethiopiens ; *Mesraïm*, des Egyptiens ; *Phut*, des tribus de l'Afrique septentrionale ; et *Chanaan*, des Chananéens (Arabes, Phéniciens et habitants primitifs de la Palestine). — La race de Japhet occupa le nord de l'Asie, d'où elle devait se répandre en Europe. Parmi ses enfants, *Madaï* fut le père des Mèdes ; *Magog*, des Scythes ; *Javan*, des Ioniens ou Grecs ; *Gomer*, des Celtes ou Gaulois, etc.

Jusqu'à la dispersion des hommes, les *familles* n'avaient reconnu d'autre autorité que le pouvoir paternel, d'autre loi que la loi naturelle, c'est-à-dire la raison et la conscience morale. Désormais les familles vont s'agglomérer en *nations* ou sociétés politiques, reconnaître des gouvernements, et suivre les prescriptions des législateurs.

CONCORDANCE DES TRADITIONS PAIENNES AVEC LE RÉCIT DE LA BIBLE. — En se dispersant par toute la terre, les hommes ne tardèrent pas à oublier le Dieu qui avait créé le monde et puni par le déluge les crimes des générations primitives ; ils se façonnèrent des idoles, et leur rendirent un culte. Les récits de la Bible sur les origines du genre humain s'altérèrent, ou firent place à toutes sortes de fables. Cependant, au milieu même des peuples idolâtres, la trace de la tradition biblique ne s'effaça pas complétement.

Tous les peuples de l'ancien Orient ont eu l'idée de la *création* : à leurs yeux, tantôt le monde était sorti d'un œuf produit par une force souveraine, tantôt il avait été enfanté par un animal, ou bien il se composait des membres d'un génie vaincu par un être supérieur. Les Grecs, même dans leurs plus beaux systèmes de philosophie, s'élevèrent plus difficilement à la pensée d'un Dieu faisant toutes choses de rien, donnant naissance à l'univers par un acte de sa volonté : ils crurent à l'éternité de la matière, ils se la figurèrent dans un état primitif de confusion qu'ils appelaient le *Chaos*, et n'attribuèrent à la divinité que l'*organisation* du monde. — Les recherches de la science moderne ont confirmé les indications de la Bible en ce qui concerne les *créations successives* de Dieu. Un certain nombre de peuples montrèrent, en adoptant la division du temps par *semaines*, qu'ils conservaient le souvenir des *sept jours* de la création.

La mémoire du *Paradis terrestre* s'est conservée en général, chez les païens, dans l'*Age d'or* des poëtes. La doctrine de Zoroastre, répandue parmi les Perses, plaçait au centre de la terre une montagne d'où s'écoulaient quatre grands fleuves, et au sommet de laquelle était le jardin des esprits bienheureux. Selon les Indiens, le premier homme fut placé dans le pays de tout bien, où était un arbre dont le fruit donnait l'immortalité à ceux qui le mangeaient, et que gardait un serpent répandant son venin sur toute la terre. Lorsque les Espagnols découvrirent le Mexique, les indigènes expliquaient la perte du bonheur primitif par les tentations du serpent et la faiblesse de la femme. D'après la mythologie grecque, Pandore, entraînée par la curiosité, ouvrit, malgré la défense de Jupiter, une boîte qui contenait tous les maux : ils s'en échappèrent, et l'*âge de fer* commença pour le genre humain. Enfin l'usage qui exista partout d'offrir des sacrifices et de faire des expiations pour rendre les Dieux propices, ne peut s'expliquer que par la connaissance d'une chute originelle.

Les annales de tous les peuples parlent aussi du déluge. Chez les Chaldéens, Bérose le décrivit avec des circonstances identiques à celles de la Bible. Un personnage de l'histoire de la Chine, Fo-hi, ressemble beaucoup à Noé. Au pied du mont Ararat, il existe une ville de Nakchivan, dont le nom signifie *lieu du débarquement*. Les fables indiennes racontent qu'au moment où la race humaine fut submergée, un seul homme échappa, monté sur un navire contenant des germes de toutes choses. Les Grecs parlaient d'un déluge qui n'épargna que Deucalion et sa femme Pyrrha. Les peuplades de l'Amérique du Nord avaient conservé le souvenir d'une catastrophe semblable; c'était ici un corbeau ou un vautour, là un colibri, ailleurs un rat, qui avaient donné avis de la retraite des eaux.

Ne trouverait-on pas encore une réminiscence de l'histoire de la tour de Babel dans la tradition grecque relative aux Géants, fils de la Terre, qui, pour atteindre Jupiter, roi de l'Olympe, entassèrent le mont Pélion sur l'Ossa, et furent percés de flèches, foudroyés précipités dans les Enfers, ou écrasés sous des rochers volcaniques ? De même, d'après les vieilles légendes mexicaines, des géants entreprirent, au sortir du déluge, d'élever une vaste pyramide de briques, dont la cime fut frappée par le feu du ciel.

HISTOIRE ANCIENNE.

HÉBREUX.

CHAPITRE PREMIER.

ORIGINE DES HÉBREUX. — Les peuples qui se formèrent après la dispersion des enfants de Noé tombèrent dans l'idolâtrie ; un seul devait conserver, avec le dépôt des traditions primitives du genre humain, la notion de l'unité de Dieu et la vraie religion. Cette mission fut donnée aux *Hébreux* ; leur histoire est appelée pour cette raison *histoire sainte*, par opposition à celle des autres nations, qui est l'*Histoire profane*. Les Hébreux appartenaient à la race de Sem, et descendaient d'*Héber*, petit-fils d'Arphaxad. Quand Dieu en fit son peuple privilégié, ils menaient la vie nomade en Chaldée (1), logés sous des tentes, et changeant de demeure toutes les fois que leurs troupeaux avaient besoin de nouveaux pâturages.

ABRAHAM. — On appelle *vocation d'Abraham* (2) l'acte par lequel Dieu choisit ce patriarche pour être le chef des Hébreux et les conduire dans le pays de Chanaan. Abraham partit de la ville d'Ur, avec Tharé,

---

(1) Partie de la Babylonie.
(2) Du latin *vocare*, appeler.

son père, Sara, sa femme, Loth, son neveu, et tous ses serviteurs, traversa la Mésopotamie (1) et alla planter ses tentes dans la vallée de Sichem. Là Dieu lui annonça qu'il donnerait aux Hébreux cette contrée, appelée depuis cette époque la *Terre promise*.

Une famine contraignit bientôt Abraham à passer en Égypte. Le *Pharaon* ou roi de ce pays (2), ayant enlevé Sara, la rendit pour échapper aux fléaux dont Dieu l'avait frappé. De retour dans la terre de Chanaan, Abraham se sépara de Loth, dont les bergers avaient des querelles avec les siens. Loth gagna les bords du Jourdain. Il demeurait à Sodome, dans la *Vallée-des-Bois*, lorsque cette ville fut prise par Chodorlahomor, chef des Élamites. A cette nouvelle, Abraham arma trois cent dix-huit de ses serviteurs pour voler au secours de son neveu, fondit sur les vainqueurs, et leur arracha les prisonniers et tout le butin. En revenant de cette expédition, il fut béni par Melchisédech, roi de Salem (3) et prêtre du Très-Haut, et lui donna la dîme de toutes les dépouilles de l'ennemi. Quelque temps après, Sodome et quatre autres villes de la Vallée-des-Bois, Gomorrhe, Séboïm, Ségor et Adama, furent incendiées par le feu

---

(1) Mot dérivé du grec et signifiant *au milieu des fleuves* (le Tigre et l'Euphrate).
(2) *Pharaon* signifiait en égyptien *fils de la lumière* ou *du soleil*.
(3) Nommée plus tard Jérusalem.

du ciel, à cause de la dépravation de leurs habitants ; sur leur emplacement se forma un lac aux eaux bitumineuses, le *lac Asphaltite* ou *mer Morte*, où se perdit le Jourdain, qui coulait auparavant jusqu'au golfe Arabique. Loth avait été épargné avec sa famille ; ses deux fils, Ammon et Moab, donnèrent naissance à deux tribus, les *Ammonites* et les *Moabites*, qui habitèrent à l'est du pays de Chanaan.

Cependant Abraham, à qui Dieu avait promis une postérité aussi nombreuse que les grains de la poussière et les étoiles du ciel, abandonnait Béthel et occupait la vallée de Mambré, près d'Hébron. Comme il n'avait pas d'enfants de Sara, il prit pour épouse sa servante Agar, qui mit au monde un fils nommé Ismaël. Treize ans après, Agar, chassée à cause de son arrogance, se retira au désert, où Ismaël devint le père des *Ismaélites* ou Arabes. Sara était enfin devenue mère d'Isaac. Afin d'éprouver l'obéissance et la foi d'Abraham, Dieu lui ordonna de lui immoler cet enfant. Le sacrifice allait s'accomplir, lorsqu'un Ange arrêta le bras d'Abraham, et un bélier fut substitué à Isaac.

Veuf de Sara, Abraham eut encore de Céthura un autre enfant, Madian, père des *Madianites*, qui habitèrent au sud-est du pays de Chanaan et dans la presqu'île du Sinaï. Puis, avant de mourir, il voulut marier Isaac, pour que le peuple élu de Dieu ne se mélangeât pas avec les tribus idolâtres. Il lui fit épouser la fille de son neveu Bathuel, Rebecca, que son serviteur Eliézer était allé chercher en Mésopotamie.

Isaac, Ésaü et Jacob. — Isaac hérita de la bénédiction que Dieu avait donnée à Abraham, et à laquelle était attaché le privilége de posséder les troupeaux et les fruits de la terre, de commander aux Hébreux, d'offrir les sacrifices, de consacrer les mariages par des prières. Il eut de Rebecca deux fils : l'aîné, Ésaü ou Edom (1), était un adroit chasseur; le second, Jacob, vivait sous la tente.

Un jour, Ésaü, revenant de la chasse, harassé de fatigue et pressé par la faim, vendit pour un plat de lentilles son droit d'aînesse à Jacob. Mais, pour que celui-ci, l'objet des prédilections de sa mère, eût un titre incontestable, il fallait encore que son père lui transmît la bénédiction divine. Rebecca lui suggéra une ruse. Quand Isaac fut devenu vieux et aveugle, Jacob se cacha le cou et les mains sous la peau de deux chevreaux, afin de ressembler à Ésaü qui était tout couvert de poil, et Isaac, trompé par le toucher, le bénit (2).

Ésaü, irrité, voulait tuer son frère. Jacob se réfugia en Mésopotamie, chez Laban, frère de Rebecca. Chemin faisant, il vit pendant son sommeil une échelle mystérieuse qui s'élevait de la terre au ciel,

---

(1) C'est-à-dire *le roux*, à cause de la couleur de ses cheveux
(2) Le nom de Jacob signifie en hébreu *qui supplante*.

et du haut de laquelle Dieu renouvela les promesses faites à son peuple. Il consacra la pierre sur laquelle il avait reposé sa tête, et le lieu fut appelé *Béthel*, c'est-à-dire *Maison de Dieu*. Après avoir servi Laban durant quatorze années et obtenu ses filles Lia et Rachel, Jacob retourna au pays de Chanaan. La nouvelle qu'Ésaü venait à sa rencontre le frappa de terreur : mais Dieu raffermit son courage en faisant descendre un Ange, qui, sous la figure d'un homme, lutta contre lui sans pouvoir le terrasser. De là lui vint le nom d'*Israël*, qui veut dire *fort contre Dieu*, et aux Hébreux celui d'*Israélites*. Ésaü sentit expirer sa colère à la vue de son frère, se réconcilia avec lui, et se retira au sud de la terre de Chanaan : il devint la tige des *Édomites* ou *Iduméens*, et son petit-fils Amalec laissa son nom à une autre tribu du désert d'Arabie, celle des *Amalécites*. Quant à Jacob, il vécut quelque temps aux environs de Salem ; le massacre des habitants de Sichem, qui avaient enlevé sa fille Dina, le rendit odieux dans toute la contrée, et il dut aller demeurer à Béthel, puis à Éphrata ou Bethléem.

JOSEPH. — Jacob eut douze fils, Ruben, Siméon, Lévi, Juda, Issachar, Zabulon, Dan, Nephtali, Gad, Azer, Joseph et Benjamin. La préférence qu'il montra pour Joseph mit la discorde dans la famille. Joseph lui-même excita la jalousie de ses frères, en leur racontant deux songes qui annonçaient sa grandeur future : il lui avait semblé, disait-il, qu'il liait avec eux des gerbes dans un champ, et que leurs gerbes se prosternaient devant la sienne ; il avait vu le soleil et la lune, et onze étoiles, qui l'adoraient. Pour prévenir un fratricide, Ruben conseilla aux autres enfants de Jacob de jeter Joseph dans une vieille citerne sans eau, d'où il espérait le tirer ensuite. Des marchands ismaélites, dont les chameaux portaient des parfums en Égypte, vinrent à passer : on le leur vendit moyennant vingt pièces d'argent ; sa robe, teinte du sang d'un chevreau, fut portée à Jacob, qui crut qu'une bête féroce avait dévoré son fils bien-aimé.

Joseph, acheté par Putiphar, chef des gardes du Pharaon, gagna sa confiance, et fut chargé de gérer ses biens. Mais, faussement accusé, par la femme de son maître, dont il avait repoussé les séductions, de l'avoir outragée, on le jeta en prison. Là, il interpréta les songes de deux officiers de la cour, le grand échanson et le grand panetier. L'un avait vu un cep de vigne et trois sarments donner des bourgeons, des fleurs et des raisins, et, après avoir pressé les grappes dans une coupe, il donnait à boire au roi : c'était le signe qu'il recouvrerait sa charge dans trois jours. L'autre avait rêvé qu'il portait sur la tête trois corbeilles, que la plus élevée était pleine de pâtisseries, et que les oiseaux y venaient manger : signe qu'il serait mis à mort dans trois jours, et que les oiseaux se nourriraient de sa chair. Les choses se passèrent comme Joseph l'avait annoncé. Le Pharaon, instruit de son habileté, le fit amener, et lui demanda l'explication d'un songe dans lequel il avait vu sept épis pleins dévorés par sept épis grêles, sept vaches grasses par sept vaches maigres. Joseph prédit que l'Égypte aurait sept années d'abondance, suivies de sept années de disette. L'administration du royaume lui ayant été confiée, il fit remplir les greniers publics, et, quand la famine survint, il put fournir aux Égyptiens le blé dont ils avaient besoin.

Les Hébreux en Égypte. — La famine s'était étendue dans la terre de Chanaan. Jacob envoya en Égypte ses fils, à l'exception de Benjamin, pour y acheter du blé. Joseph, qui les reconnut, affecta de les traiter avec dureté, et exigea, en retenant Siméon en otage, qu'ils allassent chercher Benjamin, dont ils avaient parlé. Après l'arrivée de son jeune frère, il se fit connaître et pardonna. Jacob et sa famille obtinrent de s'établir dans le pays de Gessen, au nord-est de l'Égypte.

Les Hébreux se multiplièrent rapidement après la mort de Joseph, pendant plus de deux cents ans. Les Égyptiens virent bientôt avec défiance cette population errante, dont les mœurs simples et patriarcales contrastaient avec les habitudes de la vie civilisée, assez nombreuse pour se rendre redoutable, et animée, pour tout autre Dieu que le sien, du plus profond mépris. Cependant les rois, qui tiraient des Hébreux le cinquième du tribut payé par l'Égypte, les empêchèrent de retourner dans la terre de Chanaan : mais ils cherchèrent à les épuiser par les plus rudes travaux, les employant à la construction des villes et des monuments.

CHAPITRE II.

Moïse. — Dans le dessein d'arrêter la multiplication des Hébreux, un roi d'Égypte avait ordonné de tuer tous les enfants mâles qui naîtraient parmi eux. Une femme de la tribu de Lévi, après avoir caché pendant trois mois son jeune fils, désespéra de le soustraire aux recherches, et l'exposa, dans une corbeille de jonc, au milieu des roseaux qui bordaient le Nil. La fille du Pharaon, étant venue au fleuve pour se baigner, recueillit l'enfant, lui donna le nom de Moïse, c'est-à-dire *sauvé des eaux*, et le fit instruire dans toutes les sciences des Égyptiens. A l'âge de quarante ans, Moïse, qui se rappelait son origine et voyait avec douleur les maux que souffraient ses frères d'Israël, vit un Égyptien maltraiter un Hébreu, et le tua. Obligé de fuir au pays des Madianites, il y épousa Séphora, fille du prêtre Jéthro. Un jour qu'au pied du mont Horeb il gardait les troupeaux de son beau-père, Dieu lui apparut sous la forme d'un buisson ardent, et lui ordonna d'aller trouver le Pharaon, de tirer de l'Égypte les fils d'Israël, et de les conduire vers la terre de Chanaan. Moïse hésitait : deux miracles, sa baguette changée en serpent, sa main subitement engourdie, puis rendue à la vie, le décidèrent à partir. Son frère Aaron, qui avait la parole persuasive, l'accompagna.

Les dix plaies. — Le Pharaon refusa de laisser partir les Hébreux, malgré les prodiges qui furent opérés en sa présence : ainsi, la verge que tenait Aaron fut changée en un serpent, qui dévora les reptiles que les magiciens de l'Égypte avaient fait apparaître. Alors Moïse implora Dieu, et neuf fléaux terribles fondirent sur le pays : les eaux furent changées en sang; une multitude de grenouilles sortit du Nil; la poussière de la terre donna naissance à une vermine dont les hommes et les animaux étaient infestés; des nuées de moucherons remplirent l'air; la peste se déclara parmi les bestiaux; les Égyptiens furent couverts de tumeurs et d'ulcères; le tonnerre frappa les hommes et les bêtes dans les champs, la grêle brisa les arbres et détruisit les récoltes; les sauterelles dévorèrent ce que la grêle avait épargné; des ténèbres épaisses enveloppèrent le pays pendant trois jours. Le roi résistant encore, Dieu envoya la dixième et la plus épouvantable des plaies : un Ange exterminateur frappa dans une nuit tous les premiers-nés des Égyptiens, tandis que les Israélites, ayant les reins ceints, les pieds chaussés et un bâton à la main, célébraient la *Pâque*, c'est-à-dire *le passage du Seigneur*, en mangeant la chair rôtie d'un agneau, avec du pain sans levain et des laitues amères. Leurs portes étaient teintes du sang de l'agneau pascal, et l'Ange, à la vue de ce signe, épargna leurs enfants. Telle fut la terreur répandue en Égypte, que l'ordre fut donné aux Hébreux de partir sur-le-champ.

SORTIE D'ÉGYPTE. — Ils se dirigèrent vers la mer Rouge, guidés le jour par une colonne de nuages, la nuit par une colonne de feu. Cependant, le Pharaon, regrettant leur départ, se mit à leur poursuite. Moïse ayant étendu sa baguette sur la mer, les eaux s'entr'ouvrirent, livrèrent passage aux Hébreux, mais engloutirent le roi avec ses cavaliers et ses chars de guerre (vers l'an 1490 av. J.-C.).

SÉJOUR DES HÉBREUX DANS LE DÉSERT. — Au milieu du désert d'Arabie, les Hébreux reçurent de nombreuses marques de la protection divine : souffraient-ils de la soif, Moïse faisait jaillir l'eau d'un rocher en le frappant de sa baguette, ou adoucissait les eaux amères en y jetant quelques morceaux de bois; regrettaient-ils les viandes dont ils s'étaient nourris en Égypte, une multitude de cailles s'abattait sur leur camp; chaque matin, la manne tombait du ciel comme une rosée, et ils en faisaient du pain. Les Amalécites étant venus les attaquer, Moïse, en tenant ses bras élevés vers Dieu, assura la victoire à son peuple. Enfin, cinquante jours après la sortie d'Égypte, Dieu révéla sa loi à Moïse sur le mont Sinaï, au milieu des foudres et des éclairs.

Malgré les merveilles opérées en sa faveur, le peuple de Dieu fut souvent indocile, et attira sur lui des châtiments terribles. Au moment où Moïse était sur le Sinaï, les Hébreux avaient fabriqué un veau d'or et l'avaient adoré; Moïse réduisit en poudre cette idole, et, par son ordre, les hommes de la tribu de Lévi, restés fidèles au Seigneur, frappèrent du glaive environ trois mille coupables. Vingt-quatre mille Israélites périrent encore dans le pays des Madianites et des Moabites, pour s'être unis à des filles de ce peuple et avoir adoré leurs idoles. Une maladie contagieuse enleva ceux qui avaient regretté l'Égypte. D'autres, coupables d'avoir murmuré de la longueur du voyage, furent livrés aux morsures de serpents venimeux, et ne guérirent qu'en regardant un serpent d'airain élevé par Moïse. Dathan, Abiron et Coré avaient disputé à la famille d'Aaron l'exercice des fonctions sacerdotales : la terre, s'entr'ouvrant, engloutit les deux premiers, et il en sortit un feu qui dévora le troisième, avec deux cent cinquante complices de sa révolte. Deux fils d'Aaron avaient, au mépris de la loi, allumé leurs encensoirs avec une flamme profane : un feu sorti du sanctuaire les consuma. Marie, sœur de Moïse, lui contestait son autorité et lui reprochait d'avoir épousé une étrangère : Dieu la frappa de la lèpre. Des espions, envoyés pour reconnaître la terre de Chanaan, exagérèrent le nombre et la force des peuples qui l'habitaient, et, comme signe de leur véracité, rapportèrent une grappe de raisin que deux hommes pouvaient à peine porter; les Hébreux, effrayés, recommencèrent à murmurer, et Dieu déclara qu'aucun de ceux qui avaient atteint l'âge de vingt ans n'entrerait dans la Terre promise.

Si le peuple de Dieu erra quarante ans dans le désert, ce fut en punition de sa désobéissance. Il était bon, d'ailleurs, qu'il eût le temps d'oublier les superstitions de l'Égypte, de s'accoutumer aux prescriptions de la loi écrite, et que, par de fréquents combats au milieu des tribus de l'Arabie, il s'aguerrît pour des luttes plus redoutables contre les peuples du pays de Chanaan.

Mort de Moïse. — Moïse ne devait pas conduire les Hébreux jusque dans la terre de Chanaan : il perdit ce privilége pour avoir douté de la puissance remise entre ses mains et frappé deux fois un rocher de sa verge afin d'en tirer de l'eau. Après avoir conquis toute la contrée à l'est du Jourdain, il mourut sur le mont Nébo, d'où l'on apercevait la Terre promise.

Ses livres et ses lois. — Moïse est l'auteur de cinq livres réunis sous le nom de *Pentateuque* (1). Ce sont:

---

(1) De deux mots grecs signifiant *cinq* et *livre* ou *ouvrage*.

la *Genèse* (1), où sont retracés les premiers temps du monde et l'histoire des Hébreux jusqu'à la mort de Joseph; l'*Exode* (2), qui contient le récit de la sortie d'Égypte, la publication de la loi de Dieu sur le mont Sinaï, etc.; le *Lévitique*, renfermant principalement les règlements relatifs au culte divin, dont le soin était confié aux Lévites; les *Nombres*, livre dont une partie est consacrée au dénombrement du peuple; enfin, le *Deutéronome* (3), où l'on récapitule les préceptes donnés aux Hébreux.

En combinant le *Décalogue*, ou les dix commandements écrits sur les deux tables de pierre que Moïse rapporta du Sinaï, avec les prescriptions répandues dans les trois derniers livres de ce législateur, on peut reconnaître dans le code des Hébreux six parties principales : les lois *religieuses*, les lois *politiques*, les lois *civiles*, les lois *morales*, les lois *sanitaires*, et les lois *pénales*.

Lois religieuses. — Le dogme fondamental et caractéristique du mosaïsme est celui de l'unité de Dieu, que la Bible appelle Jéhova. Par conséquent, le plus grand crime est l'idolâtrie.

Tout rappelle l'unité de Dieu : un seul autel a été élevé dans le désert; il n'y aura jamais qu'un seul

---

(1) Mot dérivé du grec, et qui a le sens de *naissance*, d'*origine*.

(2) C'est-à-dire, en grec, *départ*, *sortie*.

(3) C'est-à-dire, en grec, *seconde loi*.

temple, et qu'une seule tribu, celle de Lévi, consacrée au service divin.

Le centre du culte était partout où se trouvait l'*Arche d'alliance*, coffre fait d'un bois incorruptible, revêtu d'or, surmonté de deux chérubins aux ailes déployées, et dans lequel on avait déposé les Tables de la loi.

Le *Tabernacle*, tente d'étoffe précieuse, était séparé par un voile de pourpre en deux parties. L'une, appelée le *Saint des saints* ou *Sanctuaire*, renfermait l'Arche d'alliance, un vase rempli de manne du désert, et la baguette d'Aaron. L'autre, dite simplement le *Saint*, contenait: le *chandelier d'or à sept branches*, qu'on tenait allumé toute la nuit; la *table d'or*, sur laquelle on plaçait les *douze pains de proposition* offerts par les douze tribus le jour du sabbat; et l'*autel des parfums*, sur lequel on offrait continuellement des parfums à Dieu. Autour du Tabernacle était le *Parvis*, cour carrée, fermée de rideaux soutenus par des colonnes : là se trouvaient le *bassin d'airain*, où les prêtres se lavaient les mains avant de remplir les fonctions de leur ministère, et l'*autel des holocaustes* (1), où l'on brûlait entièrement les victimes immolées au Seigneur.

A la tête du corps sacerdotal était le *Grand-Prêtre*. Ce fut toujours le premier-né parmi les descendants

---

(1) Mot grec signifiant *brûlé tout entier*.

mâles d'Aaron, mais il ne devait être affligé d'aucune infirmité ou défaut physique. Le grand-prêtre avait une robe de couleur d'hyacinthe, au bas de laquelle pendaient des clochettes d'or, et, par-dessus, un vêtement court et sans manches, l'*éphod*, en étoffe d'or et de pourpre, portant sur la poitrine douze pierres précieuses où étaient gravés les noms des douze tribus. — Les autres membres de la famille d'Aaron s'appelaient les *Prêtres*. Comme leur chef, ils étaient consacrés par l'onction sainte, par l'imposition des mains, par l'aspersion du sang des victimes. Leur costume était une robe de lin, une ceinture et une tiare ou bonnet de lin. Les prêtres offraient les sacrifices, dont on distinguait plusieurs espèces, avec des rites différents : les *holocaustes*, par lesquels on rendait hommage à la majesté infinie de Dieu ; les *sacrifices expiatoires*, faits pour le rachat des péchés ; et les *sacrifices eucharistiques* ou *pacifiques* ou de *prospérité*, offerts en actions de grâces. — Le reste des *Lévites* remplissait les emplois inférieurs, veillait à la garde et à l'entretien du Tabernacle, expliquait la loi au peuple et rendait la justice. Après la conquête de la Terre promise, la tribu de Lévi ne participa point au partage du territoire ; mais on lui assigna, dans les diverses tribus, les revenus de quarante-huit villes, qui furent appelées pour cette raison *villes lévitiques*, et elle eut encore pour son entretien la dîme de toutes les productions de la terre, les oblations et prémices des fruits, l'épaule droite et la poitrine des bœufs, génisses, agneaux, chèvres et autres animaux offerts en sacrifice.

Les fêtes instituées par Moïse eurent pour objet de rappeler aux Hébreux les grands événements de leur histoire et les bienfaits de Dieu. Le septième jour de la semaine fut célébré, sous le nom de *Sabbat*, en mémoire du repos de Dieu après la création : ce jour-là, on devait s'abstenir de tout travail. Pendant l'*Année sabbatique*, qui revenait tous les sept ans, la terre se reposait, il n'était pas permis de la cultiver. L'année du *Jubilé*, qui arrivait tous les cinquante ans, c'est-à-dire après sept années sabbatiques, fut également consacrée au Seigneur. La *Pâque*, célébrée chaque année, le quatorzième jour du premier mois, c'est-à-dire du mois de mars, perpétua le souvenir de la sortie d'Égypte. La *Pentecôte* (1), qui venait cinquante jours après la Pâque, rappela la promulgation de la loi sur le mont Sinaï. La *Fête des Tabernacles* (2) se célébrait après la moisson : pendant sept jours les Hébreux campaient sous des tentes, en mémoire de la vie errante que leurs pères avaient menée dans le désert. Après ces solennités religieuses, la plus importante était la *Fête des Expiations*, marquée par un jeûne général : c'était le

---

(1) Mot d'origine grecque qui signifie *cinquantième*.
(2) Ce mot veut dire *tente*.

seul jour de l'année où le grand-prêtre pouvait entrer dans le Saint des Saints; il immolait un bouc au Seigneur, et en chassait un autre, le *bouc émissaire*, vers le désert, après l'avoir chargé, avec imprécations, de tous les péchés d'Israël.

Lois politiques. — Le gouvernement des Hébreux fut théocratique : le peuple de Dieu ne pouvait, en effet, avoir d'autre souverain que Dieu même. L'action de Dieu se manifesta par la loi qu'il avait donnée, par les prêtres, ministres de son pouvoir, par les prophètes et autres personnages inspirés de son esprit pour avertir les Hébreux de leurs fautes et les ramener au bien. Toute infraction à la loi fut un crime à la fois religieux et politique. — Au-dessous de Dieu ou du chef donné par lui, il y eut un *Conseil des Anciens*, appelé plus tard *Sanhédrin*, et composé de soixante-dix vieillards élus par les tribus : ce conseil, qui subsista pendant la période des Juges et des Rois et jusqu'à la ruine des Hébreux, jugeait les grandes causes et décidait les affaires importantes.

Moïse ordonna que, lors du partage de la Terre promise entre les tribus et les familles, la part de chacune fût proportionnée au nombre de ses membres. Pour maintenir l'égalité et empêcher la formation d'une aristocratie territoriale, il interdit à chaque famille de se dessaisir des biens qui lui auraient été assignés : à chaque jubilé, les terres aliénées devaient retourner à leurs anciens possesseurs ou à leurs héritiers, en sorte qu'on ne vendait pas le fonds, on ne disposait que des revenus pour un petit nombre d'années. Cette organisation de la propriété était un obstacle au développement de la misère.

Le trésor du culte et le trésor de l'État ne paraissent pas avoir été distincts. Ils s'alimentaient principalement au moyen de la capitation ou impôt personnel et des amendes prononcées par la loi. — Les Hébreux, jusqu'au temps de David, n'eurent pas d'armée permanente; mais, au besoin, tout homme au-dessus de vingt ans était soldat.

Lois civiles. — La législation de Moïse, en ce qui concerne les rapports des citoyens entre eux, fut supérieure aux autres législations antiques. Chez les païens, le père de famille avait une autorité absolue sur sa femme et ses enfants, qu'il pouvait vendre et tuer : Moïse ne lui reconnaît pas ce droit de vie et de mort. Toutefois, le père peut, en cas d'absolue nécessité, vendre ses enfants, les garçons jusqu'à quatorze ans, les filles jusqu'à douze seulement, mais aux seuls Hébreux, et avec l'obligation de consacrer à leur rachat ses premières ressources. Être inférieur aux yeux de tous les peuples anciens, la femme occupe chez les Hébreux son rang légitime : elle est, non l'esclave, mais la compagne de l'homme. Moïse ne défend pas la polygamie, coutume générale des contrées de l'Orient, et qu'il eût alors été impossible de réformer. Le divorce est toléré, mais entouré de formalités qui le rendent difficile. Le mariage est un acte purement civil, et c'est la femme qui est dotée par le mari. En vertu d'une prescription appelée *lévirat*, le frère épouse la veuve de son frère, afin qu'elle ne reste pas sans secours. Le mariage avec les étrangers est interdit, et une femme ne peut prendre un époux en dehors de sa tribu. Dans les héritages, le fils aîné a double part; à défaut de mâles en ligne directe, les filles recueillent les successions.

L'esclavage fut une plaie des sociétés antiques : chez les Hébreux, il y eut plutôt des serviteurs que des esclaves. Le trafic des êtres humains était frappé de malédiction. Ceux qui se trouvaient dans l'état de servitude, soit volontairement, soit par la loi de la guerre, recouvraient leur liberté quand arrivait l'année sabbatique. Le serviteur pouvait s'asseoir à la table de son maître; maltraité et blessé par lui, il devenait libre aussitôt. Le meurtre d'un serviteur était puni comme celui d'un homme libre.

Les débiteurs étaient exposés, partout ailleurs, à des rigueurs excessives, la prison, l'esclavage, la mort même. Leur liberté était respectée par les Hébreux; les dettes étaient même remises, ou tout au moins suspendues, pendant l'année sabbatique.

Les étrangers, chez les autres nations, étaient traités en ennemis. Moïse, au contraire, recommande les égards envers eux. Justice leur est due, comme aux Hébreux, au milieu desquels ils peuvent habiter, avoir un art ou un métier, pourvu qu'ils ne professent pas publiquement l'idolâtrie. Mais il ne leur est pas permis de posséder des terres, de prétendre aux charges publiques, d'exercer aucun des droits du citoyen.

Lois morales. — Il existe, dans la loi de Moïse, beaucoup de prescriptions morales, qui, de la part d'autres législateurs, ne sont que des conseils. Telles sont celles d'honorer les vieillards, d'abandonner aux pauvres les gerbes oubliées dans les champs et les derniers raisins de la vigne, de soulager l'animal qui succombe sous le fardeau, de ramener le bœuf ou l'âne égaré, de respecter les nids des oiseaux, etc. Les prescriptions de cette nature sont obligatoires comme les autres et entraînent des pénalités, tandis que leur oubli ou leur violation ne tombent pas, chez d'autres peuples, sous le coup de la justice humaine.

Lois sanitaires. — Le climat de l'Orient impose à l'homme certaines précautions hygiéniques. Aussi Moïse déclare-t-il *impurs*, en interdisant de manger leur chair, les animaux dont la corne n'est pas fendue, comme le chameau, le porc, le lièvre, le lapin, ainsi que les bêtes rampantes, etc. Il défend aussi aux Hébreux de se nourrir de graisse et de sang, de toute bête morte sans avoir été saignée. Il leur prescrit minutieusement les mesures à prendre contre la lèpre, et détermine les purifications qu'il faut faire après avoir touché un corps mort ou tout autre objet réputé impur.

Lois pénales. — Pour faire respecter sa loi, Moïse établit des récompenses et des peines. De ce qu'il garde le silence sur la vie future, il ne s'ensuit pas que les Hébreux n'avaient point la notion de l'immortalité de l'âme ; l'ensemble de leurs institutions et leurs chants sacrés prouvent le contraire. Mais, Moïse, s'adressant à un peuple oublieux, opiniâtre, ingrat, *peuple à tête dure*, selon ses expressions, lui parle de biens et de maux terrestres, actuels, sensibles. A l'observateur fidèle de la loi, Dieu donnera une heureuse famille, des troupeaux nombreux et des terres fertiles ; celui qui la transgresse verra sa postérité s'éteindre et ses troupeaux périr, et ses terres seront frappées de stérilité.

Les châtiments infligés à chaque crime sont sévères. L'idolâtrie, le blasphème, la magie, la violation du sabbat, le meurtre, la vente d'un homme libre, les coups donnés aux parents, l'adultère, la séduction, étaient punis de mort par la strangulation, la lapidation, le feu, etc. Parmi les villes lévitiques, on en désigna six, dites *villes de refuge,* où celui qui avait tué involontairement pouvait chercher un asile. A l'égard des violences qui ne méritaient pas la mort, la *loi du talion* était posée en principe : œil pour œil, dent pour dent, main pour main, blessure pour blessure ; le faux témoin encourait la même peine qu'il avait voulu faire subir à l'innocent. Le voleur était condamné à restituer du double au quintuple de ce qu'il avait pris, et, si ses biens ne suffisaient pas à la restitution, il était vendu lui-même. Pour certains délits, on appliquait la peine du fouet; le nombre de coups ne pouvait dépasser quarante. Une peine fréquemment appliquée était le retranchement de l'assemblée du peuple, sorte d'excommunication qui séparait de la grande famille d'Israël les infracteurs de la loi.

CHAPITRE III.

Josué. — Ce fut sous la direction de Josué que les Hébreux entrèrent dans la Terre promise. Ce pays était toujours au pouvoir des tribus chananéennes, dont les petits rois se faisaient une guerre impitoyable : l'un d'eux avait fait couper les mains et les pieds à soixante-dix chefs vaincus, et ils mangeaient sous sa table les restes de ce qu'on lui servait. Les Chananéens immolaient à leurs dieux des victimes humaines, et les honoraient par des pratiques impures. Après avoir traversé le Jourdain, Josué attaqua Jéricho, dont les murailles s'écroulèrent au bruit des trompettes, rasa la ville de fond en comble, et passa les habitants au fil de l'épée. Les rois chananéens du sud furent vaincus à Gabaon; ceux du nord, près du lac Mérom : dans la première de ces rencontres, Josué, voulant compléter la victoire que la nuit allait interrompre, ordonna au soleil de s'arrêter et de prolonger le jour.

PARTAGE DE LA TERRE PROMISE. — La terre de Chanaan ayant été conquise en sept années, Josué en opéra le partage. Les Hébreux formaient alors douze tribus, non compris celle de Lévi consacrée au sacerdoce : dix de ces tribus empruntaient leurs noms à dix enfants de Jacob (Ruben, Siméon, Juda, Issachar, Zabulon, Dan, Nephtali, Gad, Azer, Benjamin), et deux aux enfants de Joseph (Ephraïm et Manassé). Les tribus de Ruben et de Gad, ainsi qu'une moitié de la tribu de Manassé, occupèrent le pays à l'est du Jourdain ; les autres se répandirent à l'ouest. L'occupation du territoire ne fut cependant pas complète, car les Philistins (1), les plus puissants des Chananéens, conservèrent leur indépendance pendant plusieurs siècles encore. Les tribus hébraïques, administrées chacune par des magistrats particuliers, formèrent une confédération, dont les liens étaient la même religion, la même loi, l'obligation d'aller adorer Dieu dans son tabernacle, à Silo.

LES JUGES. — Après la mort de Josué, les Hébreux, livrés à eux-mêmes, s'allièrent avec les tribus qui habitaient au milieu d'eux, et rendirent un culte à leurs idoles. Leurs mœurs devinrent cruelles au mi-

(1) On croit que de leur nom vint celui de *Palestine,* donné plus tard au pays de Chanaan.

lieu des discordes intestines : ainsi, en représailles de violences commises sur la femme d'un lévite d'Ephraïm dans la tribu de Benjamin, tous les hommes de cette tribu furent égorgés, excepté six cents, et la population de Jabès-Galaad, qui avait refusé de se joindre aux tribus vengeresses, fut exterminée. Pendant une période de plusieurs siècles, Dieu punit souvent son peuple par l'oppression étrangère. Les hommes qu'il suscita ensuite pour les tirer de la servitude sont connus sous le nom de *Juges*, et furent des chefs de guerre plutôt que des magistrats. La judicature fut un pouvoir temporaire, et non permanent.

OTHONIEL, AOD, DÉBORA. — Les Hébreux furent d'abord assujettis pendant huit ans à Chusan, roi de Mésopotamie; Othoniel les délivra.

Pour de nouvelles fautes, ils tombèrent pour dix-huit ans sous le joug d'Eglon, roi des Moabites. Aod alla porter le tribut à ce chef étranger; après l'avoir poignardé, il appela ses compatriotes aux armes, et les conduisit à la victoire.

Jabin, roi chananéen d'Azor, opprima ensuite pendant vingt ans les enfants d'Israël. Quand ils se repentirent de leur idolâtrie, Barac, à la voix de la prophétesse Débora, prit le commandement des combattants et vainquit Sisara, chef des troupes de Jabin, sur les bords du torrent de Kison (1). Une

(1) Affluent de la Méditerranée.

femme nommée Jahel, qui avait reçu dans sa tente Sisara fugitif, lui enfonça un clou dans la tempe pendant qu'il dormait.

Gédéon, Jephté. — L'impiété reparut, et, à sa suite, une invasion des Madianites. Après sept ans d'épreuves, Gédéon fut choisi pour délivrer Israël. Afin que le peuple ne pût attribuer sa délivrance qu'à Dieu, il prit seulement trois cents hommes et les munit de trompettes et de vases de terre renfermant des torches allumées. Puis, il pénétra de nuit dans le camp des Madianites endormis. Les vases entre-choqués se brisent, les torches répandent de subites clartés, les trompettes sonnent. Les Madianites, épouvantés, se frappent les uns les autres. — Abimélech, l'un des fils de Gédéon, usurpa à Sichem le titre de roi, que son père avait refusé. Il attaquait une petite ville rebelle à son autorité, lorsqu'un fragment de meule de moulin, lancé par une femme, lui brisa le crâne.

Les Ammonites profitèrent à leur tour des divisions des Hébreux pour les soumettre à une cinquième servitude. Jephté y mit un terme. Avant de marcher à l'ennemi, il avait fait vœu, s'il était vainqueur, d'offrir en sacrifice le premier être qu'il rencontrerait au seuil de sa demeure : ce fut sa fille. On croit qu'elle ne fut point immolée, mais consacrée au service du tabernacle. — Pendant la judicature de Jephté, les habitants d'Ephraïm refusèrent l'obéissance : après leur défaite, ils cherchèrent à fuir ; mais reconnus, sur les bords du Jourdain, à leur prononciation ordinairement défectueuse du mot *schibolet* (épi), ils furent égorgés.

Samson. — La plus dure servitude que subirent les Hébreux leur fut imposée par les Philistins. Comme si Dieu eût voulu mieux faire éclater sa puissance, un seul homme les sauva. Ce fut Samson, doué d'une force prodigieuse. A dix-huit ans, il avait mis en pièces un jeune lion. Trahi par la femme qu'il avait prise parmi les Philistins, il leur fait une guerre acharnée : tantôt il en tue trente aux environs d'Ascalon ; tantôt il réunit trois cents renards, leur attache à la queue des sarments enflammés, et les lâche dans les champs pour incendier les moissons. Livré à ses ennemis, il rompt ses liens, et, avec une mâchoire d'âne qu'il trouve sous sa main, extermine mille Philistins. Enfermé dans Gaza, il enlève les portes avec leurs gonds, et les dépose sur une montagne voisine. Enfin, une femme nommée Dalila, gagnée par des présents, lui arrache le secret de sa force : s'il possède une vigueur surnaturelle, c'est que jamais le fer n'a touché sa chevelure. Elle lui coupe les cheveux pendant son sommeil ; les Philistins lui crèvent les yeux, le traînent à Gaza chargé de chaînes, et le condamnent à tourner la meule d'un moulin.

Quelque temps après, on célébra une fête en l'honneur du dieu Dagon. Samson fut amené dans le temple pour servir de jouet à la foule. Mais sa force était revenue peu à peu avec sa chevelure : placé entre deux colonnes qui soutenaient l'édifice, il les secoua violemment, et fut enseveli sous les ruines du temple avec trois mille Philistins.

Héli, Samuel. — Le grand-prêtre Héli remplaça Samson comme juge d'Israël. Par une indulgence coupable, il laissa ses deux fils, Ophni et Phinée, profaner le lieu saint et détourner les offrandes faites au Seigneur. Les Philistins renouvelèrent leurs attaques, vainquirent les Hébreux près de Silo, et s'emparèrent de l'Arche d'alliance. Apprenant que ses fils avaient péri dans la bataille, Héli tomba à la renverse, et se brisa la tête.

Au bout de quelques années, un autre grand-prêtre, Samuel, prit à son tour la judicature. Il détermina les Hébreux à rejeter les dieux étrangers dont le culte s'était introduit parmi eux. Déjà les Philistins avaient renvoyé l'Arche, dont la présence attirait sur leur pays toutes sortes de calamités. Ils furent vaincus en bataille rangée, et n'osèrent plus attaquer le peuple de Dieu.

Établissement de la royauté (1096 av. J.-C.). — Samuel, devenu vieux, tenta de rendre héréditaire dans sa famille l'autorité suprême, en associant ses fils aux fonctions de la judicature. Mais, au lieu de suivre les bons exemples de leur père, ils vendirent la justice. Comme les Ammonites étaient menaçants, les Hébreux demandèrent à Samuel de leur choisir un roi. L'union du sacerdoce et de la judicature avait été pour eux un malheur ; on ne pouvait attendre des grands-prêtres, vénérables par leur âge et leurs vertus, l'énergie nécessaire pour la guerre, et il fallait séparer le pouvoir religieux et le pouvoir civil. Samuel, après avoir consulté Dieu, se rendit aux vœux du peuple, qui obéit désormais sans interruption à des rois.

CHAPITRE IV.

Saul (1096-1056 av. J.-C.) — Saül, sur qui s'arrêta le choix de Samuel et qui reçut l'onction sainte, était le plus grand et le plus beau des hommes de la tribu de Benjamin. Son règne fut consacré à l'affranchissement de la Terre sainte, qu'opprimaient les peuples voisins. Les Ammonites étaient venus assiéger la ville de Jabès-Galaad (1) ; Saül mit en pièces les bœufs de sa charrue, et en envoya les morceaux dans toutes les tribus, avec ces paroles : « Ainsi seront traités les bœufs de ceux qui ne me suivront pas. » Une armée se réunit, et les ennemis furent taillés en pièces. Les Philistins ayant à leur tour envahi le territoire des Hébreux, Saül les défit près de Galgala (2).

(1) Dans la demi-tribu orientale de Manassé.
(2) Dans la tribu de Benjamin.

Afin que rien ne mît obstacle à la poursuite des vaincus, il avait maudit quiconque prendrait de la nourriture avant le soir; son fils Jonathas, désobéissant par ignorance, trempa le bout d'une baguette dans du miel sauvage, fut condamné à mort, et ne dut la vie qu'aux prières de l'armée. Enfin, les Amalécites, qui avaient refusé de livrer passage aux Hébreux après la sortie d'Égypte, furent exterminés à Siceleg (1).

Les victoires de Saül étaient le prix de sa soumission aux ordres que Samuel lui donnait de la part de Dieu. Mais la prospérité l'enivra. Avant de livrer bataille aux Philistins, il avait commis une première faute en offrant le sacrifice à la place du grand-prêtre qui se faisait attendre; c'était une usurpation des fonctions sacerdotales. Il se rendit coupable encore, en épargnant, contrairement aux injonctions de Samuel, Agag, roi des Amalécites, et en se réservant le butin le plus précieux. Dieu se retira de lui, et, d'après son ordre, Samuel alla à Bethléem sacrer David, jeune berger de la tribu de Juda.

Dès lors Saül tomba dans des accès de mélancolie et de fureur, que la musique seule pouvait calmer. David, habile à jouer de la harpe, fut appelé auprès de lui. Comme son élection était encore ignorée, le roi le prit en affection. Sur ces entrefaites, les Philistins recommencèrent la guerre. Le géant Go-

(1) Dans le pays des Philistins.

liath, sorti de leurs rangs, venait braver toute l'armée des Hébreux, et personne n'osait répondre à ses défis : David, armé d'une fronde, le renversa d'un coup de pierre au front, et, lui arrachant son épée, lui trancha la tête. Les Philistins, déconcertés, furent ensuite aisément battus. Saül récompensa David en lui donnant un commandement dans l'armée, et, après de nouveaux succès, lui accorda sa fille Michol en mariage. Toutefois, la jalousie entra dans l'âme du roi, quand il entendit les femmes chanter au retour du vainqueur : « Saül en a tué mille, et David dix mille; » et il s'écria : « Que ne lui donne-t-on aussi le titre de roi ? » Par un pressentiment confus des glorieuses destinées de David, Saül ne vit plus en lui qu'un rival odieux : il le chargea d'expéditions dangereuses, essaya de le percer de sa lance, et envoya des assassins pour le tuer. Échappé au péril par le secours de Jonathas et de Michol, poursuivi jusque dans la maison du grand-prêtre Abimélech, qui paya de sa tête son amitié pour lui, David chercha son salut dans la fuite. Deux fois il eut entre les mains la vie de son persécuteur, et ne lui rendit que le bien pour le mal : l'ayant trouvé endormi dans une caverne, il se contenta de couper un pan de son manteau, et, une nuit qu'il avait pénétré dans la tente royale, il enleva seulement la coupe et la lance de Saül.

Cependant, les Philistins avaient reparu. Avant de

les combattre, Saül voulut consulter la pythonisse d'Endor (1). Cette femme évoqua l'ombre de Samuel, qui prédit au roi sa défaite et sa mort. Les Philistins, en effet, remportèrent une victoire complète près du mont Gelboé (2), et Saül, après avoir vu périr Jonathas et deux autres de ses fils, se jeta sur la pointe de son épée. A cette nouvelle, David versa des larmes, exprima sa douleur dans un hymne funèbre, et fit mourir celui qui se vantait d'avoir frappé l'oint du Seigneur.

DAVID (1056-1016 av. J.-C.). — Après la mort de Saül, Isboseth, un de ses enfants, soutenu par onze tribus, disputa le pouvoir à David, qui n'avait été reconnu roi que par la tribu de Juda. La guerre civile dura sept ans. Enfin Isboseth fut abandonné par Abner, commandant de ses troupes, puis assassiné par deux officiers, que David punit du dernier supplice. Abner ne recueillit pas davantage le fruit de sa défection : le chef de l'armée royale, Joab, dont il avait tué le frère, lui donna la mort.

Accepté de tous les Hébreux, David conquit sur la tribu chananéenne des Jébuséens la forteresse de Sion, et la réunit à la ville de Jérusalem, où il établit sa résidence. Désormais le royaume eut une capitale. On y apporta l'Arche d'alliance, aux acclamations de

---

(1) Dans la tribu d'Issachar.
(2) Dans la tribu de Zabulon.

tout le peuple, et le roi lui-même, la harpe à la main, se mêla aux chants et aux danses des Lévites.

David voulut ensuite étendre la puissance des Hébreux sur les peuples voisins. Les Philistins, les Moabites et les Ammonites furent subjugués, l'Idumée et la Syrie conquises, et le royaume s'étendit de l'Euphrate à la mer Rouge. Mais l'orgueil que témoigna David après ses victoires, et le crime qu'il commit en exposant à une mort certaine Urie, l'un de ses officiers, dont il convoitait la femme Bethsabée, attirèrent sur lui la colère divine. Comme l'avait annoncé le prophète Nathan, David perdit un enfant qui lui était né de Bethsabée; un autre de ses fils, Ammon, fut assassiné par son frère Absalon; celui-ci se révolta, et, après avoir été vaincu, périt de la main de Joab, dans la forêt d'Éphraïm, où il était resté suspendu par son épaisse chevelure aux branches d'un arbre sous lequel sa mule avait passé. Un autre fils de David, Adonias, soutenu par Joab et par le grand-prêtre Abiathar, prétendit au trône; mais ses intrigues furent déjouées par le roi, qui, de son vivant, fit sacrer Salomon, deuxième fils de Bethsabée.

David avait témoigné le repentir de ses fautes dans les *Psaumes de la pénitence*. Auteur d'autres cantiques où il a célébré la grandeur de Dieu et prédit la venue du Messie, il ne lui était pourtant pas réservé d'élever au Seigneur un temple définitif. Il en réunit seulement les matériaux à Jérusalem; son allié Hiram, roi de Tyr, lui envoya des bois précieux du Liban.

SALOMON (1016-976 av. J.-C.). — Devenu roi, Salomon affermit son pouvoir en faisant mettre à mort Adonias et Joab, coupables de nouveaux complots, et en condamnant Abiathar à l'exil.

Il a laissé une grande réputation de sagesse. Deux femmes comparurent devant lui, se disputant un enfant dont chacune prétendait être la mère; l'une d'elles, ayant étouffé par malheur son fils pendant la nuit, avait enlevé celui de l'autre. Comme il n'y avait ni preuves ni témoins, Salomon ordonna de couper l'enfant en deux, et d'en donner une moitié à chaque femme. Celle dont le fils était mort approuva la sentence; mais l'autre, émue de tendresse et de crainte, aima mieux abandonner l'enfant. Salomon reconnut en elle la véritable mère, et lui fit rendre son fils.

Salomon est l'auteur de plusieurs livres qui font partie de la Bible : les *Proverbes*, recueil de sentences morales et de maximes de conduite pour tous les états de la vie; l'*Ecclésiaste* (1), où il montre la vanité des choses humaines; le *Cantique des cantiques*, chant nuptial d'une admirable poésie. Il avait aussi composé des paraboles, des cantiques, et des écrits sur l'histoire naturelle.

L'œuvre la plus mémorable du règne de Salomon fut la construction du temple de Jérusalem, sur le

(1) Mot qui veut dire le *Prédicateur*.

modèle du Tabernacle élevé par Moïse. Près de deux cent mille ouvriers furent employés à ce travail pendant sept ans, et, à la solennité de la dédicace, qui dura sept jours, on immola vingt-deux mille bœufs et cent mille moutons. Salomon se bâtit aussi un palais et une maison de plaisance, avec des écuries qui ne contenaient pas moins de douze mille chevaux; il eut un trône d'or et d'ivoire, fit porter devant lui des boucliers d'or, et marcha environné d'un splendide appareil, comme les monarques asiatiques. Il entoura Jérusalem de murailles, rebâtit ou fortifia un grand nombre de villes, et fonda, pour servir de station aux caravanes, au milieu du désert de Syrie, Tadmor ou Palmyre, dont les ruines rappellent encore l'antique splendeur. Les impôts payés par les sujets, les présents offerts par les rois alliés, les profits du commerce que des navires, partis d'Elath et d'Asion-Gaber sur la mer Rouge, faisaient avec les pays d'Ophir et de Tarsis (1), subvenaient à toutes les dépenses. La reine de Saba vint du fond de l'Arabie pour voir ce roi d'Israël dont on vantait la magnificence.

Mais le luxe engendra la corruption. Salomon, adoptant les mœurs orientales, se choisit une multitude de femmes parmi les nations avec lesquelles il était défendu aux Hébreux de s'allier, et elles l'entraînèrent au culte des faux dieux. Son pouvoir alors s'é-

(1) L'Afrique orientale et l'Arabie occidentale.

branla : les Syriens et les Iduméens secouèrent le joug ; les Hébreux murmurèrent contre les impôts ; Jéroboam, de la tribu d'Éphraïm, excita quelques tribus à la révolte, et, s'il fut obligé de s'enfuir en Égypte, on put du moins prévoir qu'après la mort de Salomon le royaume serait démembré.

CHAPITRE V.

Schisme des dix tribus (976 av. J.-C.). — Roboam, fils de Salomon, lui succéda. Il se rendit odieux par sa dureté et ses exactions. Les tribus ayant chargé Jéroboam, à son retour d'Égypte, de lui exposer leurs plaintes, il répondit : « Mon père vous a frappés avec des verges ; moi, je vous châtierai avec des verges de fer. » Alors éclata le *Schisme* (1) : dix tribus élurent pour roi Jéroboam ; celles de Benjamin et de Juda restèrent seules fidèles à Roboam. Il y eut deux royaumes distincts, *Israël* et *Juda*, le premier plus vaste et plus peuplé, le second plus riche, possédant la ville capitale et le Temple, centre de l'unité nationale.

Royaume d'Israel (976-721 av. J.-C.). — Jéroboam établit sa résidence à Sichem, qu'un de ses successeurs devait abandonner pour une ville nou-

(1) Mot grec qui veut dire *séparation*.

velle, Samarie. Voulant empêcher ses sujets d'aller à Jérusalem pour la célébration des fêtes, il éleva des veaux d'or à Dan et à Béthel, permit l'adoration des idoles sur les *hauts lieux*, c'est-à-dire sur les montagnes et les collines, mêla de nouveaux rites à ceux de Moïse, et confia le sacerdoce à d'autres qu'à la descendance de Lévi. Cet abandon du culte du vrai Dieu causa la ruine du royaume d'Israël, qui fut livré aux discordes civiles et aux invasions étrangères.

Achab. — De tous les successeurs de Jéroboam, le plus impie fut Achab. Il avait épousé Jézabel, fille d'Ithobal, roi de Tyr. Cette femme introduisit dans Israël le culte de Baal et des autres divinités phéniciennes. Vainement la sécheresse et la famine, annoncées par Élie, désolèrent le royaume pendant trois ans; vainement ce prophète convainquit d'imposture les prêtres des faux dieux, en faisant descendre sur l'autel le feu du ciel, qu'ils avaient inutilement appelé. Jézabel, ayant vu le peuple massacrer les imposteurs, voulut tuer Élie. Celui-ci parvint à fuir dans le désert, et il n'en revint que pour prédire à Achab et à Jézabel le châtiment qu'ils avaient mérité en faisant mourir le pauvre Naboth pour s'emparer de sa vigne. Achab périt, en effet, dans une bataille contre les Syriens; l'un de ses fils, Ochosias, mourut après un an de règne; l'autre, Joram, fut égorgé par Jéhu, capitaine de ses gardes, que le prophète Élisée avait sacré roi, et les têtes de soixante-dix membres de sa famille, massacrés avec lui, formèrent deux pyramides à la porte du palais ; Jézabel, précipitée d'une fenêtre, servit de pâture à des chiens (876 av. J.-C.).

Invasions assyriennes. — Le royaume d'Israël devait périr sous les coups des étrangers. L'usurpateur Manahem, dans l'espoir de s'affermir sur le trône, demanda la protection de Phul, roi d'Assyrie, et lui paya un énorme tribut. Après lui, Phacée se laissa enlever par Téglath-Phalasar, successeur de Phul et conquérant de la Syrie, tout le territoire situé à l'est du Jourdain, et, de l'autre côté de ce fleuve, les tribus d'Aser, Nephtali, Dan et Zabulon. Enfin, le dernier roi d'Israël, Osée, fut forcé dans Samarie, après une résistance de trois années, par Salmanasar, qui emmena une partie des Israélites en captivité à Ninive, sur les bords du Tigre (721 av. J.-C.). Parmi les prisonniers se trouvait le vertueux Tobie, qui, malgré les édits des Assyriens, prodigua des secours et des consolations à ses compagnons d'infortune. Salmanasar enleva encore aux Philistins les places de Gaza et d'Azoth, et se rendit maître de toute la Phénicie, moins la ville de Tyr, qui se défendit avec succès pendant cinq ans. Quant aux Hébreux qui étaient restés dans le royaume d'Israël, ils se confondirent bientôt avec les Cuthéens, tribu envoyée du centre de l'Asie par les vainqueurs; de cette union sortit un nouveau peuple, les Samaritains, dont la religion fut un mélange de superstitions avec quelques observances de la loi de Moïse.

Royaume de Juda (976-606 av. J.-C.). — Le royaume de Juda subsista plus longtemps que celui d'Israël. Le pouvoir n'y sortit jamais de la famille de David; le peuple fut, en général, moins infidèle à la loi de Moïse, et quelques princes, tels que Josaphat et Ézéchias, firent refleurir la piété et la justice.

Athalie. — Il y eut cependant, comme dans le royaume d'Israël, de grands exemples d'impiété. Joram, fils de Josaphat, avait épousé Athalie, fille d'Achab et de Jézabel, qui l'entraîna à adorer les idoles. Après la mort d'Ochosias, né de cette union, Athalie s'empara du trône par l'extermination des princes de la famille royale, et jouit pendant six ans du fruit de ses crimes. Mais un fils d'Ochosias, Joas, avait échappé au massacre : sa tante Josabeth, femme du grand-prêtre Joïada, l'avait élevé secrètement dans l'enceinte du temple. Un complot se forma entre les Lévites et les chefs de l'armée : Athalie fut mise à mort (870 av. J.-C.). Joas, guidé par les conseils de Joïada, gouverna d'abord sagement; mais plus tard il fit lapider Zacharie, fils du grand-prêtre, et laissa rétablir le culte des idoles.

Invasions assyriennes, Judith. — Quand les Assyriens eurent détruit le royaume d'Israël, ils ne tardèrent pas à envahir celui de Juda. Au retour d'une expédition malheureuse contre l'Égypte (1), Sennachérib, fils de Salmanasar, ayant vainement réclamé un tribut, vint assiéger Jérusalem, où régnait Ézéchias : à la prière de ce pieux roi, l'armée assyrienne fut décimée par un Ange exterminateur (707 avant J.-C.). Rentré dans ses États, Sennachérib se vengea sur les Israélites captifs, dont il fit périr un grand nombre. Deux de ses fils l'assassinèrent, et s'enfuirent en Arménie. Le troisième, Assar-Haddon, prit une revanche sur Manassès, fils d'Ézéchias. Ce prince impie fut emmené en servitude (670 av. J.-C.), et ne recouvra la liberté qu'en payant tribut.

Nabuchodonosor Ier, fils et successeur d'Assar-Haddon, ne se contenta pas de cette marque de servitude, et envoya des troupes contre Juda sous la conduite d'Holopherne. Les Hébreux se portèrent à leur rencontre jusqu'au-delà de Samarie, et occupèrent les défilés des montagnes. Les Assyriens mirent le siége devant Béthulie (2) : cette place, manquant d'eau, allait être forcée de capituler, lorsqu'une veuve jeune et belle, Judith, se rendit au camp ennemi sous prétexte d'y chercher un asile. Holopherne la fit venir à un festin ; quand elle le vit plongé dans le sommeil de l'ivresse, elle lui trancha la tête, et regagna la ville. Les assiégeants, frappés de terreur, s'enfuirent, et l'on

---

(1) Voy. plus loin l'*Histoire des Égyptiens.*
(2) Dans l'ancienne tribu de Zabulon.

en fit un grand massacre sur tous les chemins (655 av. J.-C.).

INVASIONS BABYLONIENNES. — Les Assyriens n'eurent pas le temps de réparer leur défaite : leur empire fut renversé, en 625, par les Babyloniens, qui devaient reprendre la lutte contre les Hébreux. Néchao, roi d'Egypte, voulut, en 609, conquérir la Palestine et la Syrie, et étendre sa domination jusqu'à l'Euphrate : le roi de Juda, Josias, qui voulut lui fermer le passage, perdit une bataille et la vie à Mageddo (1). Les Egyptiens ayant été refoulés dans leur pays par Nabuchodonosor II, ce roi de Babylone attaqua Jérusalem. Joachim, fils de Josias, fut emmené captif, en punition de sa tyrannie, avec une partie des habitants de la ville, et les vainqueurs emportèrent les vases sacrés du Temple, en 606. Rétabli sur le trône à condition qu'il se reconnaîtrait tributaire, Joachim se parjura ; mais les secours qu'il attendait de Néchao lui firent défaut, et, Nabuchodonosor ayant pris une seconde fois Jérusalem, il fut envoyé au supplice, en 598. Son fils Jéchonias fut à son tour dépossédé du trône. Enfin Sédécias, frère de Joachim, entraîna par sa révolte la ruine complète du royaume de Juda, en 587 : on tua devant lui ses deux fils, on lui arracha les yeux, et Jérusalem fut réduite en cendres. Tous les Hébreux furent emmenés à Babylone, excepté quelques-uns qu'on laissa dans le pays pour le cultiver.

(1) Dans la demi-tribu occidentale de Manassé.

CAPTIVITÉ DE BABYLONE (606-536 av. J.-C.). — La captivité de Babylone, que l'on fait commencer à la première invasion de Nabuchodonosor II, dura soixante-dix ans. Les Hébreux, généralement traités avec humanité, conservèrent leurs lois, leurs coutumes, leurs juges nationaux; ils purent acheter des terres, exercer certains emplois publics, et les jeunes gens de leurs principales familles furent même élevés à la cour (1).

LES PROPHÈTES. — Les calamités des Hébreux, la perte de leur indépendance nationale, leur asservissement aux peuples dominateurs de l'Asie, n'avaient pu être conjurés par les prophètes. Ces hommes, suscités de Dieu pour annoncer ses volontés et prédire l'avenir, vivaient séparés du reste du peuple, et portaient un costume particulier. On les distingue en *grands* et en *petits prophètes*. Les grands prophètes, au nombre de quatre, sont : *Isaïe, Jérémie, Ezéchiel* et *Daniel*. Isaïe annonça la captivité des Hébreux et leur délivrance, la venue du Messie et les circonstances de sa Passion; Manassès, roi de Juda, dont il avait blâmé l'impiété, le fit scier en deux. Jérémie, contemporain de la ruine de Jérusalem, l'avait prédite clairement; lorsque ce malheur fut arrivé, il le pleura dans de touchantes *Lamentations*. Ezéchiel fit partie des Hébreux emmenés à Babylone : il prophétisa la fin de la captivité, le rétablissement du Temple,

(1) Voy. plus loin l'*Histoire des Babyloniens*.

le règne du Messie et la vocation des Gentils. Daniel obtint un grand crédit auprès de Nabuchodonosor II, en lui expliquant ses songes, et annonça les révolutions qui devaient s'accomplir chez les Babyloniens, les Perses, les Grecs et les Romains. — Les petits prophètes, au nombre de douze, sont : *Osée*, *Joël*, *Amos*, *Abdias*, *Jonas*, *Nahum*, *Michée*, *Habacuc*, *Sophonie*, *Aggée*, *Zacharie* et *Malachie*.

HISTOIRE ANCIENNE.

ÉGYPTIENS.

CHAPITRE PREMIER.

Origine des Égyptiens. — D'après la Bible, les Égyptiens appartenaient à la race de Cham, et descendaient de Mesraïm, fils de ce patriarche. Après la dispersion des hommes, les Chamites avaient passé de l'Arabie méridionale en Éthiopie, où il exista, vers le confluent du Tacazzé et du Nil, un puissant empire appelé *Méroé*. De là partirent plusieurs colonies, qui, descendant la vallée du Nil à mesure que le travail des hommes faisait sur les eaux de ce fleuve la conquête du sol, formèrent le peuple égyptien.

Établissement de la royauté. — Ces colonies, au milieu desquelles les antiques traditions religieuses du genre humain cédèrent rapidement la place à toutes sortes de superstitions, obéirent d'abord à leurs prêtres ; puis, le pouvoir civil fut séparé du pouvoir religieux par les guerriers, qui voulurent un roi. Le premier que l'on revêtit de cette dignité est appelé *Ménès :* mais, pendant plusieurs siècles, il y eut simultanément des rois partout où une colonie s'était arrêtée, à Éléphantine, This, Thèbes, Memphis, Tanis, etc.

Ces petits souverains étaient choisis par les prêtres parmi les guerriers.

Osymandias; Mœris. — La chronologie des anciens rois d'Égypte n'est point encore fixée, même après les découvertes de la science moderne. Aux premiers temps de la royauté paraît appartenir *Osymandias*, à qui les légendes attribuent de grandes conquêtes en Asie et la fondation d'une bibliothèque, la plus ancienne du monde. Sur la porte de cet édifice étaient écrits les mots suivants : « *Trésor des remèdes de l'âme.* » Le tombeau d'Osymandias fut aussi un monument célèbre de l'Égypte; il était surmonté, dit-on, d'un cercle d'or de 365 coudées, et les murailles en étaient ornées de peintures et de sculptures représentant les expéditions militaires du défunt.

Le nom de *Mœris* rappelle une des œuvres les plus grandioses et les plus utiles de l'antiquité. L'Égypte, naturellement stérile, doit sa fécondité au limon que le Nil y dépose lors de ses inondations périodiques (1). L'inondation, si elle est insuffisante, ne laisse pas assez de limon pour que les semences se développent; si elle est surabondante, le sol reste trop longtemps submergé, et des semailles tardives peuvent donner une mauvaise récolte. Le roi Mœris remédia aux inégalités des crues du Nil, en faisant creuser un vaste lac ou réservoir, pour recueillir les eaux du fleuve, au moyen d'un canal, quand l'inondation était excessive,

(1) Voy. notre Géographie, à l'article *Égypte*.

et pour déverser, quand elle était trop faible, les eaux qu'il contenait. Au milieu du lac Mœris s'élevaient deux pyramides de 300 pieds, surmontées chacune d'une statue colossale, et dont on a retrouvé les ruines de nos jours (1).

INVASION DES PASTEURS (vers l'an 2000 av. J.-C.). — L'Égypte était encore partagée en plusieurs États, lorsque des tribus chananéennes ou arabes en soumirent tout le nord et le centre. Ces tribus, désignées dans l'histoire sous le nom d'*Hyksos* ou de *Pasteurs* (2), occupèrent le pays pendant plus de deux siècles et demi, et c'est dans cet intervalle que se placent le voyage d'Abraham en Égypte, l'élévation de Joseph et la servitude des Hébreux.

Cependant une dynastie de princes indigènes s'était maintenue à Thèbes. L'un d'eux, Thoutmosis, s'empara d'Avaris ou Péluse, principale place d'armes des Pasteurs, et les contraignit, pour la plupart, de sortir de l'Égypte. Les Égyptiens confondirent peut-être avec ces envahisseurs les Hébreux établis dans la terre de Gessen, erreur qui expliquerait les violences que ceux-ci eurent à souffrir après la mort de Joseph.

L'expulsion des Pasteurs fut suivie d'un change-

(1) Dans la province de Fayoum.
(2) *Hyksos* signifie, selon les uns, *rois pasteurs*; selon les autres, *captifs*, parce que ces étrangers furent ainsi représentés, après leur expulsion, sur les monuments; ou encore *impurs*, qualification que les peuples anciens donnaient à ceux qui n'étaient pas de leur religion.

ment dans l'organisation politique de l'Égypte : il n'y eut plus dès lors qu'un seul souverain pour tout le pays, et la royauté, précédemment élective, devint héréditaire.

Sésostris. — Le plus célèbre roi d'Égypte fut *Ramsès le Grand*, que les historiens grecs appellent *Sésostris*. Il était fils d'*Aménophis*, qui est peut-être le *Memnon* des Grecs, dont la statue, selon la fable, rendait des sons harmonieux au lever du soleil (1). On l'éleva, dit-on, avec tous les enfants mâles qui étaient nés le même jour que lui, et que l'on destinait à servir sous ses ordres. Parvenu au trône, il commença par soumettre les Éthiopiens à un tribut d'or, d'ivoire et d'ébène; puis, tandis qu'une flotte subjuguait les populations asiatiques sur les bords de la mer Rouge et au-delà, il partit avec une puissante armée de terre, et guerroya en Asie pendant neuf ans. Les traditions rapportaient qu'il avait pénétré jusqu'à l'Inde, parcouru la Scythie, la région du Caucase, l'Asie-Mineure et même la Thrace, laissant partout des colonnes et des inscriptions en mémoire de son passage, et qu'il dut rentrer en Égypte pour réprimer à Péluse une révolte de son frère Armaïs. Enorgueilli de ses victoires, il fit traîner son char par les rois qu'il avait ramenés captifs. L'un d'eux tenait, un jour, les yeux

---

(1) Cette statue était faite d'une pierre qui, exposée à l'humidité de la nuit, puis frappée par les rayons du soleil, produisait une crépitation sonore.

fixés sur la roue du char royal : comme on lui en demandait le motif, il répondit que cette roue était l'image de la fortune ; tel point qui arrive au sommet tombe au plus bas l'instant d'après. Sésostris comprit cette leçon et rendit la liberté aux prisonniers.

Ce prince jeta dans l'histoire un éclat si vif, qu'un grand nombre d'institutions et de monuments ont été rapportés à son règne. Il aurait divisé l'Égypte en trente-six *nomes* ou districts, administrés par des *nomarques*, bâti des villes, creusé des canaux pour régler le cours du Nil, construit des chaussées qui permissent aux habitants de communiquer pendant les inondations. On lui attribue le palais appelé *Ramesséum*, à Thèbes, les constructions de Karnak, le temple et les obélisques de *Louqsor*, dont l'un s'élève aujourd'hui sur la place de la Concorde à Paris.

Successeurs de Sésostris. — Une grande obscurité règne sur les siècles qui suivirent Sésostris ; quelques noms de rois ont seulement échappé à l'oubli :

Rhamsinit se rendit fameux par ses trésors ; les prêtres égyptiens disaient qu'il était descendu aux Enfers.

Deux frères, *Chéops* et *Chéphrem*, que l'on place aussi à une époque plus reculée, élevèrent les deux plus grandes pyramides de Gisèh, près de Memphis, destinées à servir de tombeaux aux rois ; la troisième fut l'œuvre de *Mycérinus*.

Des écrivains grecs donnent encore le nom de *Pro-*

tée à un prince contemporain de la guerre de Troie. Une tradition rapportait que Pâris, après avoir ravi Hélène, reine de Sparte, avait été poussé par une tempête dans les États de ce Protée, qui le retint prisonnier; en sorte que les Grecs firent inutilement la guerre aux Troyens pendant dix ans pour reconquérir Hélène, que son époux Ménélas vint ensuite chercher en Égypte.

RAPPORTS DES ÉGYPTIENS AVEC LES HÉBREUX. — A partir du xe siècle avant l'ère chrétienne, l'histoire d'Égypte devient plus certaine. La Bible nous apprend que Salomon épousa la fille d'un roi de ce pays. Un autre prince, *Sésac* ou *Sésonchis*, donna asile à Jéroboam rebelle, et, le soutenant plus tard contre Roboam, livra Jérusalem au pillage. — Vers l'an 740 avant J.-C., l'Égypte fut envahie par les Éthiopiens. C'était le moment où *Bocchoris*, renommé pour la sagesse de ses lois et la justice de ses arrêts, avait à se défendre contre un rival, l'aveugle *Anysis*, que lui opposaient les prêtres. Ces discordes firent le succès de l'invasion étrangère : le roi d'Éthiopie, *Sabacon*, que la Bible appelle *Sua*, prit Bocchoris dans Thèbes, l'envoya au bûcher, et contraignit Anysis à se réfugier dans les marais de la Basse-Égypte. Son alliance avec Osée, roi d'Israël, et celle de son fils *Tharaka* avec Ézéchias, roi de Juda, attirèrent sur l'Égypte les armes des Assyriens. Sennachérib étant venu mettre le siége devant Péluse, les Égyptiens en profitèrent pour secouer le joug des rois d'Éthiopie.

Le prêtre Séthos. — Les prêtres essayèrent alors d'enlever le pouvoir aux guerriers, et reconnurent pour roi l'un d'entre eux, Séthos. Les légendes égyptiennes racontaient que Séthos, ne trouvant pas de soldats qui consentissent à se battre sous ses ordres, implora le dieu Phta : celui-ci envoya pendant la nuit dans le camp des Assyriens une multitude de rats qui rongèrent les cordes des arcs et les attaches des boucliers. Sennachérib dut s'éloigner en toute hâte. La statue de Séthos le représentait tenant un rat à la main, avec cette inscription : « Apprenez par mon exemple à respecter les dieux. »

Les douze rois. — Après la mort de Séthos, les Égyptiens élurent douze rois, entre lesquels ils partagèrent le pays. Ces rois bâtirent, dit-on, à frais communs, un monument que l'on croit être plus ancien, le *Labyrinthe*. C'était un assemblage de palais, qui renfermaient trois mille chambres, moitié sur terre et moitié dessous ; il n'y avait qu'une seule entrée, mais elle donnait accès à une multitude de chemins enchevêtrés les uns dans les autres et où l'on errait presque sans fin. Dans la partie souterraine, on conserva des crocodiles sacrés.

Cependant la bonne intelligence ne dura pas longtemps entre les douze rois. Un oracle avait annoncé que celui d'entre eux qui ferait les libations sacrées avec une coupe d'airain deviendrait seul maître de toute l'Égypte. Or, un jour, il ne se trouva que onze coupes d'or; Psammétique se servit de son casque. Les autres rois le chassèrent, dans la crainte que la prédiction ne s'accomplît. Psammétique apprit d'un autre oracle qu'il vaincrait ses rivaux à l'aide d'hommes d'airain. Peu de temps après, quelques Grecs d'Asie-Mineure, couverts d'armures d'airain, furent jetés par une tempête sur la côte de l'Égypte : il fit alliance avec eux, et renversa les autres rois.

PSAMMÉTIQUE (656-617 av. J.-C.). — Le règne de Psammétique a opéré une révolution en Égypte. Les habitants de ce pays avaient la haine de l'étranger; ils ne se seraient jamais assis à table avec des gens d'une autre nation, et n'auraient voulu rien couper avec un instrument dont un étranger se serait servi ; au lieu de trafiquer directement, ils avaient recours à l'intermédiaire de hordes nomades; le roi Busiris de la fable, qui immolait les étrangers sur les autels, était le symbole de cette aversion générale. Psammétique, arrivé au trône avec l'appui des Grecs, leur ouvrit ses ports et ses marchés, fit apprendre le grec à ses enfants, et institua, pour les besoins du commerce, une classe d'interprètes.

Rompant ainsi avec les habitudes invétérées de son peuple, il crut nécessaire de s'appuyer sur des troupes étrangères. L'introduction de mercenaires grecs dans l'armée mécontenta les guerriers égyptiens, dont plus de deux cent mille émigrèrent en

Éthiopie. Aussi, lorsque Psammétique entreprit des conquêtes extérieures, ses forces furent insuffisantes, et il ne lui fallut pas moins de vingt-neuf ans pour prendre Azoth, ville du pays des Philistins.

Néchao (617-601 av. J.-C.). — Néchao, fils et successeur de Psammétique, voulut aussi que l'Égypte devînt un pays commerçant. Des navires furent construits sur la Méditerranée et sur la mer Rouge. Pour faire communiquer cette mer avec le Nil, on entreprit un canal de jonction; mais les exhalaisons malsaines des terres qu'on remuait causèrent la mort de cent vingt mille ouvriers, et, un oracle ayant déclaré qu'on ouvrait une route aux Barbares pour pénétrer en Égypte, les travaux furent abandonnés. Le canal de Néchao devait être repris, toujours en vain, par Darius Ier, roi de Perse, par Ptolémée Philadelphe, par l'empereur Adrien, et par le conquérant arabe Amrou. — Une autre entreprise de Néchao paraît avoir été plus heureuse, bien que les résultats n'en aient pas été conservés. Par son ordre, des navigateurs phéniciens partirent de la mer Rouge, et firent en trois années le tour de l'Afrique. A leur retour, ils racontèrent que, en un certain lieu, ils avaient vu le soleil se lever derrière eux, phénomène incroyable pour l'historien grec Hérodote et qui l'autorise à traiter de fable ce voyage, mais dont sont témoins ceux qui ont dépassé la ligne équatoriale.

L'Égypte n'ayant pas de bois de construction pour

entretenir et développer sa marine, Néchao songea à conquérir la région du Liban. Vainqueur de Josias, roi de Juda, à Mageddo (609), il pénétra jusqu'à l'Euphrate, et défit près de Carchémis le roi de Babylone Nabopolassar. Mais il fut vaincu à son tour par Nabuchodonosor II, fils de ce prince, à Circésium (606), et rejeté en Égypte.

PSAMMIS, APRIÈS. — Psammis, fils de Néchao, régna de 601 à 595, et ne fit qu'une expédition peu importante contre les Éthiopiens.

Apriès (595-570 av. J.-C.) engagea de nouveau l'Égypte dans des guerres en Asie. Maître de la Phénicie pendant quelque temps, vainqueur des Cypriotes dans un combat naval, il osa provoquer Nabuchodonosor, en s'alliant avec Sédécias, roi de Juda. Les Babyloniens le mirent en déroute, et, prenant l'offensive, saccagèrent la Basse-Égypte. — Une invasion dans la Cyrénaïque (1) ne réussit pas mieux. Les troupes envoyées contre les colons grecs de ce pays se mutinèrent après leur défaite, pensant qu'Apriès avait voulu les faire périr. Un certain Amasis, envoyé pour les apaiser, accepta d'elles le titre de roi; il s'ensuivit une guerre civile : Apriès fut vaincu et pris, puis étranglé dans la ville de Saïs.

AMASIS (570-526 av. J.-C.). — Amasis était de basse condition : tour à tour pâtre, chef de brigands et soldat, sa bravoure l'avait fait arriver aux postes les

(1) Au N.-O. de l'Égypte.

plus élevés. Comme les grands personnages lui montraient peu de déférence, il fit faire une idole avec un bassin d'or dans lequel il avait coutume de se laver les pieds, et, les voyant se prosterner devant cette idole, il leur dit : « Un bassin servant aux plus vils usages est devenu la statue d'un dieu et l'objet de votre adoration. Ma destinée est la même ; sorti des derniers rangs, mais placé à votre tête, j'ai droit à votre respect. » Les prêtres lui reprochaient de partager son temps entre les affaires et les plaisirs ; il répondit qu'un arc ne pouvait pas rester toujours tendu.

Pendant le règne d'Amasis, l'Égypte prospéra : le commerce prit une grande extension, les bords du Nil se couvrirent de villes et de villages, et la justice fut florissante. Les relations avec les Grecs devinrent de plus en plus actives : Amasis épousa une femme de Cyrène, céda aux marchands grecs la ville de Naucratis, dans la Basse-Égypte, envoya de l'argent pour la reconstruction du temple de Delphes, dévoré par un incendie, fit des offrandes à d'autres temples de la Grèce, et donna une hospitalité généreuse à Pythagore et à Solon, lorsqu'ils vinrent étudier la religion et les institutions de l'Égypte. On le consultait comme un sage. Ainsi, Polycrate, tyran de l'île de Samos, à qui jamais un malheur n'était arrivé, s'inquiéta des faveurs persistantes de la fortune, et crut s'imposer une perte irréparable en jetant à la mer, suivant le conseil d'Amasis, un anneau précieux. Cet anneau fut retrouvé dans le corps d'un poisson servi sur sa table. Les funestes pressentiments d'Amasis ne tardèrent pas à se réaliser; Polycrate fut pris par les Perses et mis en croix.

Conquête de l'Égypte par les Perses (525). — C'étaient aussi les Perses qui devaient enlever à l'Égypte son indépendance. Psamménit, fils d'Amasis, fut vaincu et tué par Cambyse, et l'Égypte forma une province de la monarchie persane (1).

CHAPITRE II.

Religion des Égyptiens. — Dans le tableau des croyances religieuses de l'Égypte, il faut distinguer celles dont les prêtres avaient gardé le secret et celles du peuple.

Les prêtres conservèrent peut-être la notion de l'unité de Dieu; car ils adoraient *Ammon*, l'être des êtres, que les Grecs assimilèrent à leur Jupiter, et dont les autres dieux ne furent que des émanations ou des attributs personnifiés. Ainsi, *Knef* était la force organisatrice du monde. *Phta* était le dieu de la vie, de la chaleur qui en est le signe chez les êtres animés, le dieu du feu, et, par ce dernier caractère, avait une analogie éloignée avec le Vulcain des Grecs. *Thoth* ou

(1) Voy. plus loin l'*Histoire des Perses*.

Hermès, surnommé *Trismégiste* (trois fois très-grand), était l'omniscience, l'intelligence infinie, le dieu du langage, de l'écriture, des sciences et des arts, et les Grecs reconnurent en lui quelques traits de leur Mercure. La sagesse divine fut adorée sous le nom de *Néith*, divinité analogue à Minerve. La Providence fut remplacée par deux divinités bienfaisantes : *Osiris*, dieu du jour, de la lumière, du soleil et du Nil, dont *Sérapis*, emblème de l'abondance, n'était qu'une forme ; et *Isis*, la lune, la terre fertile. Pour expliquer le mal qui existe en ce monde, on avait imaginé *Typhon*, dieu de la nuit, des ténèbres, du désert, des maladies et de la mort.

Le peuple égyptien ne connut qu'une idolâtrie grossière : il adora les animaux. Les prêtres, voulant représenter leurs dieux sous des formes visibles, leur avaient donné la figure d'animaux qui pouvaient avoir quelque ressemblance avec eux : le bélier était l'image d'Ammon, dieu tout-puissant ; *Apis*, taureau à poil noir, avec un triangle blanc sur le front, la figure d'un aigle sur le dos, celle d'un scarabée sous la langue, était le symbole d'Osiris, etc. Ce qui n'était qu'un signe pour les prêtres, fut un dieu réel pour le peuple. La peur fit rendre un culte à d'autres animaux, aux crocodiles, aux serpents, aux scorpions, aux rats, qui infestaient l'Égypte. L'ibis, sorte de cigogne, qui mange tous les reptiles, l'ichneumon, qui détruit les œufs des crocodiles, l'épervier, qui tue les scorpions et les vipères, les chats, ennemis des rats, les chiens, gardiens des troupeaux, furent adorés par reconnaissance. Les animaux sacrés étaient élevés et nourris dans les temples; les tuer était un crime digne de mort. Toutefois, les dieux d'une ville n'étaient pas ceux d'une autre, et il en résultait des divisions et des guerres. Il n'était pas jusqu'aux végétaux qui n'eussent leurs adorateurs : dans un pays où l'oignon, le poireau, le palmier, le lotus (1) étaient regardés comme des divinités, « tout était Dieu, selon le mot de Bossuet, excepté Dieu lui-même. »

Les Égyptiens croyaient à des récompenses et à des châtiments futurs. Dans leurs festins, on faisait circuler une tête de mort, pour rappeler aux convives la courte durée de la vie. Mais le dogme de l'immortalité de l'âme était défiguré chez eux par la croyance à la métempsychose (2) : il y avait dans l'Amenthi ou séjour des ombres une *pesée des âmes;* l'âme du méchant devait passer, durant trois mille ans, dans toutes sortes d'animaux, avant de rentrer dans un autre corps d'homme; l'âme du juste montait, après quelques années de purification, dans les régions célestes. La fable du *Phénix* était le symbole de l'immortalité de l'âme : le phénix, oiseau merveilleux de l'Égypte,

---

(1) Sorte de lis d'eau, dont la graine, assez semblable à celle du pavot, servait à faire de la pâte et du pain, et dont la racine, grosse comme une pomme, peut aussi se manger.

(2) De deux mots grecs signifiant *changement* et *âme*.

construisait, quand il sentait sa fin approcher, un nid de plantes aromatiques, qu'il exposait aux rayons du soleil et sur lequel il se consumait; de ses cendres naissait un autre phénix.

Les castes. — La population de l'ancienne Égypte était divisée en trois castes ou classes : les *prêtres*, les *guerriers* et le *peuple*. La classe sacerdotale occupait le premier rang. Les prêtres devaient leur puissance à la qualité de ministres des dieux ; à leurs richesses, car ils possédaient le tiers de toutes les terres avec exemption d'impôts, et prélevaient le dixième du revenu des autres citoyens ; aux fonctions administratives et judiciaires, dont ils avaient presque entièrement le privilége ; enfin, à leur instruction, car ils s'étaient réservé le secret des sciences, et possédaient une écriture particulière, les *hiéroglyphes* (1), mélange de signes figuratifs ou symboliques et de caractères alphabétiques qui couvrent les monuments égyptiens. — La classe des guerriers possédait aussi un tiers de l'Égypte. Elle était chargée de la défense du pays ; mais on ne pouvait la contraindre de faire des expéditions lointaines. Aussi les guerres extérieures furent-elles rares avant l'introduction des mercenaires grecs. Dans les assemblées, le vote d'un prêtre valait celui de dix guerriers. — Le reste du territoire appartenait primitivement à la caste populaire ; il paraît qu'au temps de Joseph cette caste abandonna ses

(1) En grec, *caractères sacrés*.

propriétés au roi, pour avoir du blé pendant la famine. On distinguait dans le peuple autant de classes que de professions, les laboureurs ou les fermiers du roi, des prêtres et des guerriers, les pâtres ou bouviers, les ouvriers ou artisans, les marchands, les marins ou bateliers, etc. Les professions étaient héréditaires dans les familles, et la barrière entre la caste populaire et les deux autres castes était infranchissable; mais entre prêtres et guerriers les mariages n'étaient pas interdits, comme on l'a cru longtemps, et l'on pouvait passer d'une caste dans l'autre.

Gouvernement. — Le pouvoir royal, absolu en principe, était limité, de fait, par les prêtres. En effet, le prince devait entendre chaque jour la lecture des livres sacrés qui lui retraçaient ses devoirs ; il était soumis à un cérémonial, à des règlements qui déterminaient l'emploi de son temps, et jusqu'à la qualité et la quantité de ses mets. Si, néanmoins, un roi avait été injuste et cruel, il était soumis, après la mort, comme tous les Égyptiens, à un jugement redoutable : son corps était porté devant une assemblée, où chaque citoyen avait le droit d'accusation, et, si quelque plainte était fondée, on le privait des honneurs de la sépulture, et son nom disparaissait des monuments publics.

Législation. — Les Égyptiens avaient un code, qu'ils attribuaient au dieu Thoth. Les lois particulières citées par les historiens appartiennent à des temps très-divers. Voici les plus remarquables :

L'homicide, même commis sur un esclave, était puni de mort, et l'on assimilait au meurtrier tout homme qui, le pouvant, ne sauvait pas son semblable en péril.

Celui qui avait connaissance d'un assassinat devait le dénoncer sous peine de flagellation, et, pour intéresser les villes à maintenir la sûreté des routes, la plus voisine du lieu où le crime avait été commis était tenue de célébrer à grands frais les funérailles de la victime.

Le père qui tuait son enfant était condamné à tenir le cadavre embrassé pendant trois jours.

Le parjure subissait la peine capitale, comme criminel envers les dieux et envers les hommes.

L'homme coupable d'adultère recevait mille coups de fouet, la femme avait le nez coupé.

On coupait la main à ceux qui falsifiaient les écritures, les monnaies, les sceaux, les poids et les mesures.

Le débiteur donnait sûreté sur ses biens, jamais sur sa personne. Un roi, nommé Asychis, inventa un singulier moyen d'obliger le débiteur à la bonne foi ; ce fut de donner pour gage du prêt la momie de son père (1). S'il ne payait pas sa dette, il était privé de la sépulture de la famille.

---

(1) On appelle *momies* les corps que l'on conservait, embaumés au moyen de matières salines et d'aromates, et emmail-

Par suite du voisinage de l'Arabie, le vol était devenu une habitude si profondément enracinée, qu'on le tolérait, mais en le réglant par des statuts. Les voleurs avaient un chef connu, auquel s'adressaient les personnes victimes d'un vol; on leur restituait l'objet dérobé, moyennant le quart de sa valeur. Ce fut pour détruire cette étrange coutume qu'Amasis enjoignit à tout Égyptien de déclarer chaque année au magistrat quels étaient ses moyens d'existence.

Justice. — La justice était rendue par les prêtres. Trente d'entre eux, tirés de Thèbes, de Memphis et d'Héliopolis, formaient un tribunal supérieur. Leur président portait au cou une chaîne d'or, à laquelle était suspendue une figurine en pierre précieuse, représentant la Vérité. Les affaires étaient traitées, non de vive voix, mais par écrit, afin que les juges ne fussent point entraînés par le pouvoir de l'éloquence. Après examen des pièces, le président rendait silencieusement la sentence, en tournant l'image de la Vérité vers la partie qui gagnait sa cause.

Lettres, sciences et arts. — Les Égyptiens eurent des poëmes et des chants nationaux, des annales, des livres de théologie et de morale; mais il ne nous est resté ou l'on n'a déchiffré encore aucun rouleau de

lotés dans des bandelettes enduites de cire. Ils étaient placés dans des cercueils de bois ou de cartonnage affectant la forme humaine et recouverts de peintures.

papyrus contenant des œuvres littéraires. Il ne paraît pas avoir existé de théâtre en Égypte.

On a souvent exagéré les connaissances de ce pays en *Astronomie*, parce qu'on s'est appuyé sur des monuments de l'époque grecque ou romaine. Les Égyptiens observèrent beaucoup d'éclipses, mais rien ne prouve qu'ils les eussent prédites. Ils fixèrent à 365 jours et 1/4 la durée de l'année solaire, mais ils ne mirent point en harmonie avec elle leur année civile, qui fut invariablement de 365 jours; en sorte que cette discordance jeta le désordre entre les mois et les saisons. Leurs sphères indiquaient grossièrement la position des astres. — Les Égyptiens étudièrent l'*hydraulique ;* les canaux qu'ils pratiquèrent de tous côtés témoignent, en effet, qu'ils possédaient l'art de niveler et de répartir les eaux pour les besoins de l'irrigation et de la navigation. Les inondations du Nil les obligèrent à étudier la *géométrie*, ou tout au moins les procédés pratiques de l'*arpentage*, pour retrouver la mesure et rétablir la délimitation des propriétés. Leur *mécanique* n'employait que le levier, le plan incliné, et surtout la force des bras, pour transporter et dresser debout d'énormes blocs de granit. — La *médecine* ne pouvait faire de grands progrès. Toute incision sur les cadavres était regardée comme un sacrilége, et ceux qui embaumaient les corps excitaient l'horreur générale : on ne pouvait donc étudier le mécanisme de la vie, pour en prévenir ou en guérir les altérations. A l'origine, les malades étaient exposés devant les maisons, et les passants indiquaient les remèdes qu'ils croyaient utiles; certaines recettes, transmises de père en fils, employées sans beaucoup de discernement, et auxquelles se mêlèrent des pratiques de magie, devinrent des lois imposées par la religion aux médecins. Ceux-ci ne donnaient même pas leurs soins à l'homme tout entier : il y avait des médecins pour la tête, pour les bras, pour le tronc, etc.

Les lettres et les sciences étaient réservées aux deux classes privilégiées; au peuple appartenait la pratique des arts *manuels*. Les Égyptiens surent tisser et teindre des tissus de lin et de byssus (1), travailler les métaux, fabriquer la poterie et le verre, préparer les cuirs, l'émail et le mastic pour les mosaïques, faire une sorte de papier avec les fibres du papyrus, graver sur pierres dures, etc.

Tandis que partout ailleurs les artistes ont exécuté de leurs mains ce que leur pensée avait conçu, ceux de l'Égypte ne furent que des ouvriers appliquant leur intelligence et les procédés mécaniques à l'exécution des conceptions des prêtres. L'art reçut ainsi de bonne heure certaines formes consacrées, et demeura stationnaire. L'*Architecture* égyptienne porte l'empreinte de la puissance, et non de la beauté. Les

---

(1) Espèce de coton.

monuments qui sont venus jusqu'à nous se distinguent par des proportions grandioses, jamais par l'élégance et la légèreté. Tels sont : les Pyramides de Gizèh, dont la plus grande a 223 mètres de côté à la base, et 142 mètres d'élévation ; le Sphinx, figure colossale qui en est voisine, et dont la tête et le cou, émergeant des sables de la plaine, n'ont pas moins de 25 mètres de hauteur; le *Sérapéum* de Memphis; les temples de l'ancienne Thèbes *aux cent portes,* dont on voit aujourd'hui les restes dans les villages de Karnak et de Louqsor sur la rive droite du Nil, et dans ceux de Gournah et de Médinet-Abou sur la rive gauche ; une foule d'obélisques monolithes, érigés à l'entrée des palais et des temples. — La *Sculpture* eut ses types, comme l'architecture. Les statues égyptiennes se ressemblent toutes : la religion enseignant que le bonheur suprême est dans le repos absolu, elles ont une pose à peu près uniforme et d'une immobilité complète; la figure est sans expression, les jambes sont réunies, les bras fixés le long du corps, les articulations à peine sensibles. Les scènes de mœurs ou d'histoire figurées sur les parois des monuments sont sculptées en creux, non en relief. — Les Égyptiens connurent la *Peinture* murale. Grâce à la beauté du climat, et peut-être aux procédés de fabrication, les couleurs ont conservé jusqu'à nos jours leur fraîcheur et leur vivacité. Mais on ne savait pas les nuancer, et elles sont juxtaposées sans aucune dégradation des teintes ; les personnages sont toujours maigres et raides. Les peintres ignoraient aussi la perspective.

HISTOIRE ANCIENNE.

PHÉNICIENS.

ORIGINE ET HISTOIRE DES PHÉNICIENS. — Parmi les tribus chananéennes qui furent dépossédées de la Terre promise par les Hébreux, les Phéniciens échappèrent seuls à leur domination. Ils descendaient de *Sidon*, fils aîné de Chanaan, qui donna son nom à leur plus ancienne ville. Une partie des Sidoniens alla ensuite fonder au sud la ville de *Tyr*, qui éclipsa bientôt sa métropole, et au nord celle d'*Aradus*. Les trois villes réunies en fondèrent une quatrième, *Tripolis*, et, plus tard encore, s'élevèrent *Byblos*, *Béryte* (aujourd'hui Beyrouth), et *Acco* (appelée ensuite Ptolémaïs, et maintenant Saint-Jean-d'Acre).

Les Phéniciens n'arrivèrent jamais à l'unité de gouvernement. Chaque ville eut ses *suffètes* ou *rois héréditaires*, dont l'autorité était tempérée par un conseil de magistrats et de prêtres. Il y avait, à Tripoli, une assemblée des députés des villes, quand il s'agissait de s'occuper des intérêts communs. Au nombre des rois de Tyr, on remarque : Hiram, qui fut l'ami de David et de Salomon; Ithobal, dont la fille Jézabel épousa

Achab, roi d'Israël; Pygmalion, dont la sœur, Élise ou Didon, fonda Carthage. Les Tyriens repoussèrent les attaques de Salmanasar, roi d'Assyrie; mais Nabuchodonosor II, roi de Babylone, s'empara de leur ville après un siége de treize ans, l'an 572 av. J.-C., et la détruisit de fond en comble. Ceux qui échappèrent à ce désastre se réfugièrent dans une île voisine, où ils bâtirent une nouvelle Tyr. Néanmoins, toute la Phénicie fit désormais partie de l'empire de Babylone, avec lequel elle devait tomber sous le joug des Perses.

RELIGION. — Le dieu suprême des Phéniciens était *Baal*, qu'ils adoraient aussi sous le nom de *Moloch* comme dieu du feu, et sous celui de *Melkarth* comme protecteur de Tyr et du commerce. Il avait une statue en airain, au pied de laquelle, dans les circonstances graves, on allumait un grand brasier, et dont les bras étendus recevaient des enfants que le feu dévorait. Le sang souillait également les autels d'*Astaroth* ou *Astarté*; le culte de cette déesse, que les Grecs appelèrent la Vénus phénicienne, était, en outre, l'occasion de monstrueuses débauches.

INDUSTRIE, COMMERCE ET COLONIES. — Resserrés entre la chaîne du Liban et la Méditerranée, dans un pays peu fertile, les Phéniciens demandèrent à l'industrie et au commerce les ressources qui leur manquaient. Non-seulement ils échangèrent leurs produits contre ceux de leurs voisins, mais ils trafiquèrent pour autrui, et se firent les facteurs du commerce universel.

Les Phéniciens ont inventé, dit-on, la fabrication du verre et la teinture de pourpre. Le verre ne leur servit, ni pour les miroirs, qui étaient des plaques de métal poli, ni pour les fenêtres, fermées par de simples rideaux et d'ailleurs fort étroites : ils en revêtirent les parois de leurs chambres, et en firent soit des vases, des coupes, des urnes funéraires, soit des colliers et autres ornements, en le mêlant à l'ambre et à l'ivoire travaillé. La decouverte de la pourpre fut due au hasard : un chien affamé ayant brisé un coquillage sur le bord de la mer, sa gueule se teignit d'un rouge vif ; la liqueur tirée des coquillages de même espèce fut employée pour la teinture des étoffes. Les Phéniciens fabriquèrent encore des meubles de luxe avec les cèdres du Liban, et des lainages très-recherchés des autres peuples.

Le commerce de la Phénicie embrassa tout le monde ancien. En Asie, où il se fit par caravanes, les marchands suivaient trois routes principales. Par la première, qui se dirigeait vers le sud, les Phéniciens allaient en Palestine, où ils se procuraient du blé, de l'huile et du vin ; en Arabie, d'où ils tiraient les parfums ; en Égypte, où se trouvait le lin nécessaire à la confection des voiles de leurs navires. La seconde route, dans la direction de l'est, conduisait, en passant par Damas et Palmyre, jusqu'à Babylone, qui fournissait des tapis, des étoffes brodées d'or et d'argent. La troisième, celle du nord, menait, d'un côté, en Asie-Mineure, où il y avait des marchés d'esclaves, surtout à Sardes, capitale de la Lydie; de l'autre, dans la région du Caucase, où l'on trouvait des vases de cuivre et des chevaux, et jusque dans la Bactriane, fréquentée par les marchands de soieries de l'Inde. — Depuis l'époque de David et de Salomon, les Phéniciens se servirent aussi des ports d'Élath et d'Asion-Gaber, sur la mer Rouge; leurs vaisseaux firent le commerce de l'ivoire, de l'or, des pierres précieuses, des épices, sur les côtes de l'Arabie et de l'Éthiopie, et, traversant l'océan Indien, pénétrèrent jusqu'à l'île de Taprobane (Ceylan), au sud de l'Inde, où l'on faisait la pêche des perles.

Du côté de l'occident, les Phéniciens parcoururent tous les rivages de la Méditerranée. Ils allèrent chercher des bois de construction dans les îles de Chypre, de Rhodes et de Crète. Repoussés, par les Grecs, de l'île de Thasos (1), où ils avaient trouvé des mines d'or, puis de l'Italie, où les Étrusques leur disputaient les profits du commerce, ils s'établirent à Malte, qui leur fournit du coton, du corail et de la poix; en Sicile, en Sardaigne et en Corse, d'où ils tirèrent du blé, du miel et de la cire; sur la côte septentrionale de l'Afrique, où des caravanes leur appor-

(1) Au nord de l'Archipel, aujourd'hui *Tasso*.

tèrent du centre de ce continent la poudre d'or et l'ivoire; enfin, en Espagne, ce Pérou de l'antiquité, où l'argent était si abondant, qu'on en put faire, dit on, des ancres de navires, et d'où l'on tirait encore du fer, du plomb, de la laine, des fruits confits.
— Les Phéniciens franchirent même les Colonnes d'Hercule (1), pour explorer l'océan Atlantique : du côté du midi, ils visitèrent les îles Fortunées (2) ; au nord, ils allèrent chercher de l'étain dans les îles Cassitérides (3), et de l'ambre sur les bords de la mer Baltique.

Pour assurer leurs relations avec les différentes contrées du monde, les Phéniciens y formaient des colonies. Ce n'étaient pas des établissements militaires, mais des comptoirs de commerce, autour desquels s'élevèrent des villes importantes, telles que Panorme (auj. *Palerme*) et Lilybée (*Marsala*) en Sicile, Gadès (*Cadix*), Malaca (*Malaga*) et Hispalis ou Italica (*Séville*) en Espagne, la grande et la petite Leptis (*Lébida*), Utique, Adrumète et Carthage en Afrique. Ils gardaient le secret le plus complet au sujet de leurs voyages, ou propageaient des fables

(1) C'étaient les deux rochers de Calpé en Europe et d'Abyla en Afrique, aujourd'hui Gibraltar et Ceuta.
(2) Ainsi nommées parce que la Fable y plaça les Champs-Élysées, séjour des bienheureux ; ce sont aujourd'hui les Canaries.
(3) C'est-à-dire *Iles d'étain*; ce sont aujourd'hui les Sorlingues ou Scilly.

effrayantes, afin d'éloigner la concurrence des navigateurs étrangers; car ils n'avaient point de forces militaires capables de protéger des colonies lointaines, et, partout où se présentèrent d'autres peuples, ils se retirèrent sans résistance.

Quand la Phénicie eut été conquise par les Babyloniens, son commerce lui échappa. Les Grecs, surtout depuis la fondation d'Alexandrie en Égypte par Alexandre le Grand, s'emparèrent du trafic en Asie et sur la Méditerranée orientale; du côté de l'ouest, ce fut Carthage qui devint la première puissance commerciale.

HISTOIRE ANCIENNE.

ASSYRIENS ET BABYLONIENS.

Origine des Assyriens et des Babyloniens. — La région de l'Asie que la famille de Noé avait occupée après le déluge, conserva, lors de la dispersion des hommes, une partie de ses habitants. Là se formèrent deux grands peuples, les Babyloniens et les Assyriens. Les premiers, dans la vallée inférieure du Tigre et de l'Euphrate, se rattachaient à un petit-fils de Cham, Nemrod, que la Bible appelle un *fort chasseur* devant Dieu, et qui fonda Babylone, comme l'indique le nom de cette ville, sur la rive de l'Euphrate où était la tour de Babel. Les seconds, plus au nord, tiraient leur nom d'Assur, l'un des fils de Sem, qui éleva de son côté, sur les bords du Tigre, une ville appelée Ninive, du nom de l'un de ses successeurs.

Premier empire d'Assyrie ou de Ninive. — Les deux peuples vécurent, pendant plusieurs siècles, indépendants l'un de l'autre. Vers l'an 2000 avant J.-C., ils subirent, en même temps que les Égyptiens, une invasion de pasteurs arabes. Lorsqu'ils en eurent été affranchis par Bélus, descendant d'Assur, le peuple assyrien prit naturellement la supériorité, et sa domination s'étendit sur toute la région du Tigre et de l'Euphrate. Ainsi se forma le premier empire d'Assyrie ou de Ninive.

Ninus. — Le plus ancien souverain d'Assyrie que l'histoire mentionne, Ninus, était fils de Bélus selon les uns, tandis que d'autres le font vivre longtemps après lui. Il entoura Ninive d'un mur de cent pieds de haut, garni de quinze cents tours d'une hauteur double ; ce mur avait assez d'épaisseur pour qu'on y pût conduire de front trois chars attelés. La ville, en forme de quadrilatère oblong, paraît avoir eu environ quatre-vingt-dix kilomètres de circuit : les cités de l'antique Orient étaient de vastes enceintes, renfermant, outre les habitations d'une tribu, ses troupeaux et ses champs.

Ninus fut un prince conquérant : il employa dix-sept années à soumettre les régions qui s'étendaient de l'Asie-Mineure à la Bactriane. Bactres, capitale de ce pays, avait bravé toutes ses attaques, lorsque Sémiramis, femme de l'un de ses officiers, parvint à escalader avec quelques soldats la citadelle placée sur un roc et que personne n'avait osé attaquer. Ninus enleva cette femme à son mari, qui se tua de désespoir.

Sémiramis. — Les traditions relatives à la vie de Sémiramis sont remplies de merveilleux. Née d'une déesse, ou plutôt d'une prêtresse de Syrie, elle fut exposée dans un lieu désert, nourrie miraculeusement par des colombes, et recueillie par des bergers, qui l'élevèrent comme leur fille. Un officier de Ninus, épris de sa beauté, l'épousa. Devenue reine après la prise de Bactres, elle obtint de Ninus qu'il lui confierait pendant trois jours le pouvoir suprême, le fit arrêter et mettre à mort.

Voulant ajouter encore aux conquêtes de son prédécesseur, elle entreprit une expédition dans l'Inde. On raconte que, n'ayant pas d'éléphants à opposer à ceux de l'ennemi, elle ordonna d'abattre trois cent mille bœufs, et de placer leurs peaux, convenablement disposées en formes d'éléphants, sur le dos des chameaux qui portaient ses bagages. Cette ruse ne réussit pas : les Assyriens furent taillés en pièces sur les bords de l'Indus.

Le nom de Sémiramis est surtout attaché aux monuments de Babylone; mais il n'est pas douteux qu'on a fait honneur à cette reine de beaucoup de travaux accomplis par ses successeurs. La ville eut une enceinte garnie de tours et percée de cent portes ; elle formait un carré de vingt-trois kilomètres de côté, et la largeur du mur suffisait au passage de six chars de front. On jeta un pont sur l'Euphrate, et, à ses extrémités, on bâtit deux palais immenses, mis en communication par une galerie passant sous le fleuve. Des quais magnifiques s'étendirent près de l'Euphrate, sur une longueur de trente kilomètres. Un temple, formé de huit étages qui s'amoindrissaient de plus en plus jusqu'au dernier, fut élevé au milieu de Babylone en l'honneur du dieu Bel ou Bélus. — On attribue encore à Sémiramis la fondation de Sémiramocerta (auj. *Van*) en Arménie, la construction des digues qui retenaient l'Euphrate dans son lit, un grand nombre de canaux et de routes, etc. Une montagne fut taillée de manière à la représenter entourée d'une centaine de guerriers gigantesques.

Sémiramis, détrônée, peut-être assassinée par son fils Ninyas, avait été, selon la tradition, enlevée au ciel sous la forme d'une colombe. On lui érigea une statue qui la représentait les cheveux et les vêtements en désordre, parce qu'un jour il lui avait suffi de se montrer, en interrompant sa toilette, pour calmer une sédition.

SARDANAPALE. — Avec Ninyas commence une longue suite de rois obscurs, plongés dans la mollesse, et qui laissèrent la plupart des provinces soumises reprendre leur indépendance. Le dernier de ces princes, Sardanapale, enfermé dans son palais, vêtu et fardé comme ses femmes, imitant leur voix, maniant avec elles le fuseau et la quenouille, mena une vie oisive et débauchée. Son nom est resté pour désigner tout homme mou et dissolu. On lui fit cette épitaphe : « Passant, bois, mange, amuse-toi ; tout le reste n'est rien. » Arbacès, commandant des troupes de la Médie, et Bélésis, prêtre de la Chaldée, se révoltèrent contre cet indigne souverain, et mirent le siège devant Ninive. Une partie des remparts ayant été renversée par un débordement du Tigre, ils pénétrèrent dans la ville. Sardanapale, qui s'était bravement défendu, fit dresser un bûcher, et se brûla avec ses femmes et ses trésors. L'empire assyrien fut alors démembré : l'Assyrie proprement dite eut ses rois particuliers, et il se forma un empire de Babylone et un royaume de Médie (l'an 759 av. J.-C.).

Premier empire de Babylone (759-680 av. J.-C.). — Le premier empire de Babylone, fondé par *Bélésis*, eut une courte durée. Un seul de ses princes, *Nabonassar*, mérite d'être mentionné, parce que l'époque de son avénement, correspondant à l'an 747 avant J.-C., fut adoptée comme ère par les Babyloniens. En 680, Assar-Haddon, roi d'Assyrie, réunit à ses États l'empire babylonien.

Deuxième empire d'Assyrie ou de Ninive (759-625 av. J.-C.). — Après la mort de Sardanapale, les rois d'Assyrie, contenus à l'est par les Mèdes, au sud par les Babyloniens, cherchèrent à s'agrandir vers l'occident, aux dépens de la Syrie, de la Phénicie et de la Palestine. Ce fut l'œuvre de *Phul*, de *Téglath-Phalasar*, de *Salmanasar* et de *Sennachérib* (1). Quand *Assar-Addon* eut fait rentrer les Babyloniens sous la domination assyrienne, *Nabuchodonosor I*er (2) conçut

(1) Voy. l'*Histoire des Hébreux*, p. 58 à 60.
(2) On le nomme aussi *Saosduchéus*.

l'espoir de triompher aussi des Mèdes : après avoir vaincu et tué dans les plaines de Ragau, en Mésopotamie, Phraortes, roi de ce peuple, il occupa pendant quelque temps la Médie. Mais, à la faveur du désastre d'Holopherne en Palestine, Cyaxare, fils de Phraortes, secoua le joug, prit à son tour l'offensive, et, poussant à la révolte Nabopolassar, gouverneur de Babylone, attaqua Ninive de concert avec lui. *Sarac* ou *Chinaladan*, dernier roi d'Assyrie, se brûla comme Sardanapale, et la ville fut complétement détruite en 625. Les vainqueurs se partagèrent les provinces assyriennes.

DEUXIÈME EMPIRE DE BABYLONE (625-538 av. J.-C.). — *Nabopolassar*, fondateur du second empire babylonien, transmit le pouvoir à son fils *Nabuchodonosor II*. Ce prince, conquérant du royaume de Juda et de la Phénicie (1), occupa ses captifs à embellir Babylone. Alors furent construits les *Jardins suspendus*, vastes terrasses en gradins, soutenues par des piliers et des voûtes, et où l'on faisait monter l'eau de l'Euphrate à l'aide d'industrieuses machines.

Lorsque Nabuchodonosor voulut contraindre les Hébreux à adorer la statue de Bel ou Baal, le prophète Daniel et trois autres jeunes gens, Ananias, Mizaël et Azarias, se refusèrent à cette idolâtrie, et furent jetés dans une fournaise. Ils échappèrent mi-

(1) Voy. l'*Histoire des Hébreux*, p. 61 et 62.

raculeusement à la mort. Daniel attira encore l'attention sur lui, en faisant éclater l'innocence de Susanne, calomniée par des vieillards qui n'avaient pu la séduire. Comblé de faveurs par Nabuchodonosor, il expliqua le songe dans lequel ce prince avait vu une statue dont la tête était d'or, la poitrine et les bras d'argent, le ventre et les cuisses d'airain, les jambes de fer et les pieds d'argile, statue renversée par une petite pierre qui devint une montagne couvrant toute la terre ; c'était l'image des empires d'Assyrie, de Perse, de Macédoine et de Rome, que remplacerait le royaume de Jésus-Christ et de son Église.

La prospérité enivra Nabuchodonosor. Suivant une prédiction de Daniel, il tomba en démence, se crut changé en bête, et mangea de l'herbe dans les champs. Sa folie dura sept années, pendant lesquelles sa femme Nitocris gouverna. Cette reine fit creuser près de Babylone un vaste lac, destiné à recevoir les eaux de l'Euphrate quand il débordait.

Evilmérodac, fils et successeur de Nabuchodonosor, fut moins favorable aux Hébreux. Les prêtres de Baal prétendaient que les offrandes faites à ce Dieu servaient à sa nourriture : Daniel, après avoir semé secrètement de la cendre sur le pavé du temple, prouva, par l'empreinte de leurs pas, qu'ils enlevaient ces offrandes pendant la nuit. Il fit ensuite périr un serpent que les Babyloniens adoraient comme une divinité. Ces actes lui firent beaucoup d'ennemis. Jeté dans une fosse aux lions, il en sortit sans avoir éprouvé aucun mal.

Après le règne de *Nériglissor*, meurtrier de son beau-frère Evilmérodac, et tué dans une bataille contre les Perses, après celui de *Laborosoarchod*, son fils, le dernier roi de Babylone fut *Balthasar*, deuxième fils de Nabuchodonosor, que quelques historiens appellent *Nabonid* ou *Labynit*. Il fut renversé par Cyrus, roi des Perses, qui réunit à ses États tout l'empire babylonien (1).

RELIGION DES ASSYRIENS ET DES BABYLONIENS. — Ces deux peuples, admettant l'éternité du monde, adoraient deux principes générateurs ou organisateurs : l'un, mâle, était *Bel* ou *Baal*, dont on faisait aussi le dieu du soleil ; l'autre, femelle, s'appelait *Mylitta*, et son culte était souillé par la débauche. Les planètes et les étoiles, qu'on regardait comme les conseillers ou les ministres du Dieu suprême, avaient été érigées en divinités. Les éléments, le Tigre, l'Euphrate, certains héros divinisés, des génies protecteurs sous forme de colombes, de poissons et de dragons, des génies funestes à figures monstrueuses, recevaient aussi les adorations publiques. — Les prêtres de la Chaldée, comme ceux de l'Égypte, se réservèrent les sciences et les arts, et exercèrent un grand nombre d'emplois dans le gouvernement. Ils expliquaient

---

(1) Voy. plus loin l'*Histoire des Perses*.

les songes, interprétaient le vol des oiseaux, lisaient dans les entrailles des victimes, et employaient la magie et les oracles au profit de leur intérêt ou de leur puissance.

Gouvernement. — Dans la région du Tigre et de l'Euphrate, où la douceur continue de la température énerve l'homme, où la fertilité de la terre le dispense presque du travail, les peuples se sont soumis au pouvoir absolu. Les biens et la vie des sujets appartenaient au souverain, à qui l'on rendait même les honneurs divins.

Industrie, commerce. — Les Assyriens et les Babyloniens tirèrent de la Syrie, de l'Arabie, des îles du golfe Persique, le lin et le coton qui leur manquaient. Ils en fabriquèrent des tissus d'une grande finesse et de couleurs éblouissantes. Sur leurs tapis, fort estimés dans les pays voisins, ils représentaient souvent des figures d'animaux. Ils surent battre et fondre les métaux, distiller les eaux de senteur, travailler les pierres dures et en faire des cachets ou des bijoux, sculpter le bois et la pierre, et y appliquer des couleurs. En échange des produits de son industrie, Babylone recevait les vins d'Arménie, les lainages de la Perse, l'encens de l'Arabie, l'or et l'ivoire de l'Éthiopie, les perles, les pierres précieuses et les épices de l'Inde.

Sciences et arts. — Les prêtres de la Chaldée, vivant sous un ciel sans nuages, se livrèrent naturellement à l'étude des astres, et mirent à profit, pour leurs observations, les hautes constructions du temple de Bel. Ils connurent la durée de l'année solaire, et prédirent les éclipses de lune ; mais ils ne parvinrent point à déterminer d'avance les éclipses de soleil. Aux connaissances sérieuses de l'astronomie ils mêlèrent les folles conjectures de l'astrologie, croyant trouver le secret de l'avenir dans la position des planètes.

Tout ce que les historiens de l'antiquité ont raconté au sujet des merveilles de Babylone, et les monuments de Ninive, que des fouilles ont mis à découvert, depuis 1844, au village de Khorsabad, près de Mossoul, attestent un développement assez considérable des arts. Le pays fournissant peu de pierres de taille, les constructions étaient en briques séchées au soleil ou cuites au four, et cimentées avec du bitume. Ces briques étaient couvertes d'inscriptions, la plupart du côté intérieur. On en possède un certain nombre au musée assyrien du Louvre, à Paris, ainsi que diverses œuvres apportées de Khorsabad ; ce sont : des statues colossales dont le dessin manque souvent d'exactitude et de vérité, mais qui ont du caractère et de l'animation ; des taureaux et des lions ailés à figure humaine ; des bas-reliefs représentant des épisodes militaires, des chasses, ou des scènes de la vie privée ; des figurines, des coupes, des colliers, des bracelets, des pierres gravées, etc.

6.

Les inscriptions des monuments assyriens sont en caractères *cunéiformes* ou *cludiformes*, c'est-à-dire en forme de coin ou de clou, genre d'écriture que les savants sont parvenus à déchiffrer.

HISTOIRE ANCIENNE.

MÈDES ET PERSES.

Rois de Médie. — Les Mèdes, qui devaient leur nom et leur origine à *Madaï*, fils de Japhet, habitaient à l'est de l'Assyrie et au sud de la mer Caspienne. Soumis de bonne heure aux Assyriens, ils se donnèrent pour roi, lors de la chute de Sardanapale, leur gouverneur *Arbacès* (579 ans av. J.-C.). Après la mort de ce prince, ils cessèrent d'avoir un seul chef : mais l'anarchie, à laquelle ils furent en proie pendant plusieurs années, les contraignit de renoncer au gouvernement républicain. Un juge de bourgade, *Déjocès*, renommé pour la sagesse de ses arrêts, reçut le pouvoir suprême. Ce fut lui, dit-on, qui établit le cérémonial de cour adopté depuis par tous les rois efféminés de l'Asie : aucun de ses sujets ne put pénétrer jusqu'à lui sans un ordre ; il fut interdit de rire ou de cracher en sa présence, et même de le regarder en face. Il fonda sur une colline Ecbatane, capitale de la Médie, et la fit entourer de sept enceintes concentriques, dont chacune surpassait de la hauteur de ses créneaux l'enceinte inférieure, en sorte qu'on les apercevait toutes du dehors. Les créneaux de la première enceinte étaient peints en blanc, de la seconde en noir, de la troisième en rouge, de la quatrième en bleu, de la cinquième en jaune ; ceux de la sixième étaient argentés, et de la septième dorés.

Phraortes, fils de Déjocès, subjugua les Perses, nation guerrière qui habitait la région de montagnes située au sud de la Médie et à l'est de la Babylonie. Mais il fut défait et tué, en 655, à Ragau, par Nabuchodonosor Ier, roi d'Assyrie, et les vainqueurs occupèrent pendant quelque temps la Médie. *Cyaxare Ier* profita de l'échec des Assyriens devant Béthulie (1), et ressaisit les provinces de son père. Il se disposait à prendre l'offensive, lorsqu'une horde de Scythes, venue du Nord, envahit la Médie, et la retint sous le joug pendant vingt ans. On se débarrassa de ces barbares, en les attirant à des festins où ils furent enivrés et mis à mort. Cyaxare, revenant alors à ses projets de vengeance, s'unit à Nabopolassar, gouverneur de Babylone, pour envahir l'Assyrie et renverser Ninive, en 625. Il étendit aussi sa domination sur l'Arménie, le nord de la Mésopotamie, et l'Asie-Mineure jusqu'au fleuve Halys.

A Cyaxare succéda son fils *Astyage*, qui, d'après Hérodote, n'eut qu'une fille, Mandane, mère de Cyrus. Xénophon ajoute un dernier roi de Médie,

(1) Voy. l'*Histoire des Hébreux*, p. 60.

Cyaxare II, frère de Mandane, qui aurait régné de 560 à 536, et dont Cyrus serait le successeur.

ENFANCE DE CYRUS. — Selon la tradition recueillie par Hérodote, Mandane avait eu un songe, dans lequel elle mettait au monde une vigne qui poussait au loin ses rameaux. Les devins consultés par Astyage déclarèrent que son petit-fils le renverserait du trône et soumettrait toute l'Asie. Pour prévenir le malheur qui le menaçait, Astyage donna Mandane en mariage à un chef perse, Cambyse, de la tribu des Pasargades et de la famille des Achéménides : il pensait que les Mèdes ne voudraient jamais obéir à un prince né dans un peuple vaincu. Puis, Mandane ayant eu un fils, qu'on appela Cyrus, il se le fit livrer, et enjoignit à Harpagus, l'un de ses officiers, de le mettre à mort. Celui-ci, pris de pitié pour l'enfant, ne voulut pas le tuer lui-même, et chargea Mithradate, bouvier du roi, de l'exposer dans quelque lieu désert, fréquenté par les bêtes féroces. Mais la femme de Mithradate venait de mettre au monde un enfant mort : on le substitua au jeune Cyrus, qui fut élevé comme fils du bouvier.

Dix ans après, Cyrus, au milieu des jeux de son âge, fut élu roi, et ordonna de battre de verges le fils d'un seigneur qui refusait de lui obéir. Le père de cet enfant se plaignit à Astyage ; Mithradate et Cyrus furent mandés à la cour. La fermeté des réponses que ce dernier fit au roi, sa ressemblance avec

Mandane, le rapprochement des dates, tout éveilla les soupçons d'Astyage. Mithradate, interrogé, menacé de la torture, avoua ce qui s'était passé. Astyage feignit une grande joie d'avoir retrouvé son petit-fils, et invita Harpagus à souper : à la fin du repas, on vint présenter à ce seigneur la tête et les mains de son enfant, dont le corps lui avait été servi sous forme de différents mets. Harpagus eut assez d'empire sur lui-même pour contenir sa douleur, et remit à un autre temps sa vengeance.

Triomphe des Perses sur les Mèdes. — Cyrus avait été renvoyé en Perse auprès de son père. Comme les devins avaient déclaré que sa royauté parmi les enfants était l'accomplissement du songe de Mandane, Astyage était désormais sans défiance. Mais, quelques années après, Harpagus, d'accord avec plusieurs seigneurs de la Médie mécontents de la tyrannie du roi, fit parvenir à Cyrus, cachée dans le corps d'un lièvre, une lettre qui l'engageait à se révolter, promettant de le seconder au moment favorable. Cyrus, ayant réuni un certain nombre de Perses, leur fit défricher un terrain rempli de ronces et d'épines ; le lendemain, il leur donna un festin, puis leur demanda quelle journée leur paraissait la meilleure. La réponse n'était pas douteuse. « Eh bien, leur dit-il, si vous me suivez, tous vos jours seront semblables à celui-ci ; soumis aux Mèdes, vous continuerez d'être accablés de travaux. » La guerre est décidée; Harpagus, qu'Astyage met imprudemment à la tête de ses troupes, fait défection dès la première bataille; Astyage, vaincu lui-même dans une nouvelle rencontre, est fait prisonnier, et réduit à terminer ses jours dans une condition privée.

Guerre de Cyrus contre Crésus. — Cyrus, devenu roi, ou abandonnant ce titre à son oncle Cyaxare II, guida les Mèdes et les Perses à la conquête du reste de l'Asie. Il avait déjà vaincu et tué Nériglissor, roi de Babylone, quand il apprit que les Lydiens prenaient les armes contre lui.

Ce peuple, le plus puissant de l'Asie-Mineure, vivait dans l'abondance, sur un territoire fertile, et avait une industrie florissante. Les mines du mont Tmolus lui fournissaient de l'or, et le Pactole, qui passait à Sardes, capitale du royaume, roulait aussi des paillettes dans ses eaux. Au nombre des souverains de la Lydie, la Fable place la reine *Omphale*, aux pieds de laquelle Hercule fila, et *Gygès*, possesseur d'un anneau d'or trouvé dans les flancs d'un cheval d'airain et qui le rendait invisible. Gygès était d'abord officier du roi *Candaule :* ce dernier, fier de la beauté de sa femme, la lui montra sans les voiles dont s'enveloppent d'ordinaire les femmes de l'Orient ; la reine, regardant cet oubli des convenances comme un outrage, exigea de Gygès qu'il poignardât Candaule, et lui donna sa main et la couronne.

Crésus, roi de Lydie à l'époque de Cyrus, était renommé pour son opulence. Lorsque Solon, l'un des sages de la Grèce, vint visiter sa cour, il crut l'éblouir en étalant devant lui ses trésors. « Aucun homme, lui demanda-t-il, fut-il jamais plus heureux que moi? — Oui, » répondit Solon ; et il cita d'abord Tellus d'Athènes, qui avait vu ses enfants et ses petits-enfants beaux et vertueux, et avait péri glorieusement en combattant pour sa patrie; puis deux Argiens, Cléobis et Biton, qui, après avoir traîné le char de leur mère à la fête de Junon, s'étaient endormis pour toujours dans le temple. Le philosophe ajouta que personne ne peut être estimé heureux avant d'avoir atteint le terme de la vie.

Le roi reconnut bientôt la vérité de ces paroles. De ses deux fils, l'un devint muet, l'autre fut tué par accident à la chasse. La guerre réservait encore d'autres douleurs à Crésus. Désireux d'arrêter les développements de la puissance des Perses et de venger Astyage, qui avait épousé sa sœur, il consulta l'oracle de Delphes. La pythie ayant répondu que, s'il faisait la guerre, « il détruirait un grand empire, » il crut qu'il s'agissait de celui des Perses et non du sien. Un autre oracle lui conseilla d'éviter la guerre, lorsqu'un mulet serait roi des Mèdes ; et il ne comprit pas qu'il s'agissait de Cyrus, dont le père et la mère étaient de nations différentes. Après une bataille peu décisive en Cappadoce, les Lydiens furent complètement vaincus à Thymbrée, en Phrygie (548 av. J.-C.). Les Perses prirent Sardes d'assaut. L'un d'eux allait frapper Crésus, lorsque le fils de ce prince, recouvrant la parole par un violent effort, s'écria : « Soldat, ne tue pas Crésus. » Le roi de Lydie fut condamné à périr sur un bûcher. Déjà le feu était allumé, quand on l'entendit répéter trois fois le nom de Solon. Interrogé par Cyrus, il raconta l'entretien qu'il avait eu avec cet Athénien ; le vainqueur, réfléchissant sur l'instabilité des choses humaines, fit éteindre le bûcher. Crésus donna, dit-on, le conseil aux Perses, pour assurer leur domination, de propager parmi les Lydiens les habitudes d'une vie efféminée.

Soumission des colonies grecques de l'Asie-Mineure. — Maître de la Lydie, Cyrus chargea Harpagus de soumettre les villes grecques des bords de la mer Égée (1). Ces villes, qui avaient naguère refusé de s'allier avec lui contre Crésus, lui envoyèrent des députés pour demander des conditions favorables ; mais il leur répondit par l'apologue du joueur de flûte et des poissons. Harpagus rencontra une vive résistance en Ionie et en Carie : les habitants de Phocée, plutôt que de subir le joug, s'embarquèrent, avec tout ce qu'ils possédaient, pour l'Occident ; ceux de Xanthe brûlèrent leurs femmes, leurs enfants et leurs esclaves, et se firent tous tuer en combattant.

Prise de Babylone (538 av. J.-C.). — Cyrus reprit ensuite l'exécution de ses desseins contre Babylone.

(1) Aujourd'hui l'Archipel.

Au passage du Gyndès, affluent du Tigre, l'un des chevaux blancs qui traînaient son char s'étant noyé, il voulut châtier la rivière, en la mettant hors d'état de nuire désormais: trois cent soixante canaux furent creusés pour disperser les eaux en diverses directions. Après toute une saison consacrée à cette stérile vengeance, les Perses continuèrent leur marche. Babylone résista pendant deux ans à leurs efforts. Enfin, Cyrus imagina de détourner les eaux de l'Euphrate dans le lac creusé pendant l'administration de la reine Nitocris, et de profiter d'une fête qui occupait les Babyloniens pour faire pénétrer ses soldats dans la ville par le lit du fleuve mis à sec. En ce moment, Balthasar donnait un festin aux grands de sa cour, et profanait les vases sacrés du temple de Jérusalem. Tout à coup, trois mots mystérieux, *Mané*, *Thécel*, *Pharès*, apparaissent en traits de feu sur le mur de la salle. Les prêtres de Babylone ne peuvent les comprendre, mais Daniel en explique le sens : « *Mané* (il a compté), Dieu a compté les jours de votre règne, et il en a marqué le terme; *Thécel* (il a pesé), Dieu vous a pesé dans la balance, et il vous a trouvé trop léger; *Pharès* (il a divisé), votre royaume a été mis en morceaux, il a été donné aux Mèdes et aux Perses. » Quelques instants après, les Perses arrivent, et Balthasar est égorgé.

Édit en faveur des Hébreux (536 av. J.-C.). — Par la prise de Babylone, Cyrus devint maître de la Syrie, de la Phénicie et de la Palestine qui en dépendaient. Frappé d'avoir vu son nom inscrit et ses conquêtes annoncées dans le livre d'Isaïe, il mit un terme à la captivité des Hébreux, et leur permit de retourner dans leur patrie. Mais ceux-ci s'étaient accoutumés à la vie voluptueuse des Babyloniens : il n'y en eut guère plus de quarante-deux mille, appartenant presque tous aux tribus de Juda et de Benjamin, qui partirent pour la Palestine, conduits par Zorobabel, issu de la maison de David, et par le grand-prêtre Josué ou Jésu. Les Phéniciens fournirent encore les matériaux du nouveau temple de Jérusalem, où l'on devait replacer les vases d'or et tous les objets sacrés enlevés jadis par Nabuchodonosor. Les travaux furent souvent interrompus, à cause des intrigues des Samaritains qui accusaient les Hébreux de vouloir se rendre indépendants; on les acheva néanmoins, grâce à la persévérance et aux encouragements des prophètes Aggée et Zacharie. Les Hébreux ne rétablirent pas la royauté ; les grands-prêtres furent les chefs de la nation, sous la surveillance du Sanhédrin, et restèrent soumis aux Perses.

Mort de Cyrus (529 av. J.-C.). — Après avoir consacré plusieurs années à l'organisation de ses vastes États, Cyrus porta la guerre dans le pays des Scythes, au nord de l'Iaxarte (1). Comme la tribu des Massagètes reculait dans le désert à son approche, il

(1) Aujourd'hui le Sihoun ou Sir-Daria.

fit dresser, d'après le conseil de Crésus, un repas abondant, et feignit de se retirer, ne laissant que de mauvaises troupes à la garde du camp. Les Massagètes revinrent, taillèrent en pièces les soldats abandonnés, puis se gorgèrent de viandes et de vin. Cyrus les surprit alors dans leur sommeil, les massacra ou les fit prisonniers. Au nombre des captifs se trouvait le fils de leur reine Tomyris : son ivresse dissipée, il obtint qu'on lui enlevât ses chaînes, et se donna la mort. Tomyris prit bientôt une éclatante revanche ; Cyrus étant tombé en son pouvoir, elle lui fit trancher la tête, et, la plongeant dans une outre pleine de sang, s'écria : « Rassasie-toi de ce sang que tu as tant aimé! » Un tombeau fut élevé par les Perses à leur chef, dans la petite ville de Pasargade, près de Persépolis : on croit en retrouver les restes au village moderne d'Istakhar.

CAMBYSE (529-522 av. J.-C.). — Cambyse, fils aîné de Cyrus, lui succéda. En attaquant l'Égypte, il ne fit que poursuivre la guerre engagée depuis longtemps entre ce pays et les rois de Babylone. Il reprochait au roi Amasis de lui avoir refusé la main de sa fille, et d'avoir envoyé à Crésus un corps d'Égyptiens, qui avaient combattu contre les Perses à Thymbrée. Excité, d'ailleurs, par un Grec mercenaire, Phanès, qu'Amasis avait mécontenté, il déclara la guerre à ce prince. Les Arabes fournirent l'eau dont les Perses avaient besoin en traversant le désert. La ville de Péluse, clef de l'Égypte du côté de l'Asie, succomba par suite d'un stratagème : Cambyse ordonna de placer au premier rang de ses troupes des chiens, des chats, des béliers, adorés par les Égyptiens ; ceux-ci n'osant se servir de leurs armes dans la crainte de blesser des animaux sacrés, la ville fut prise sans résistance sérieuse.

Psamménit, qui venait de remplacer Amasis, essaya de sauver l'Égypte par une grande bataille. Ses soldats, arrivés en présence de l'armée ennemie, où combattait Phanès, commirent, sous les yeux de ce traître, une abominable vengeance : ils égorgèrent ses enfants, recueillirent leur sang dans un grand vase, et, l'ayant mêlé avec du vin et de l'eau, burent cet horrible breuvage avant d'en venir aux mains avec les Perses. Cambyse leur infligea une déroute complète, s'empara de Memphis, dont les habitants avaient tué ses envoyés, et commit à son tour des cruautés qui rendirent à jamais odieuse aux Égyptiens la domination des Perses. Psamménit eut la douleur de voir sa fille, en habits d'esclave, réduite à porter de l'eau pour les soldats vainqueurs, et son fils, la corde au cou, un mors à la bouche, conduit au supplice avec deux mille autres victimes. Condamné lui-même pour avoir conspiré contre les Perses, on le tua en lui faisant avaler du sang corrompu de taureau. Cambyse s'acharna même contre les morts : s'étant rendu à Saïs, il ordonna d'enlever du tombeau le corps d'Amasis, de le battre de verges, de lui arracher la barbe et les cheveux, de le piquer à coups d'aiguillon, et, au mépris de la religion du pays, de le livrer au feu (525 av. J.-C.).

Maître de l'Égypte, Cambyse médita trois expéditions nouvelles. La première devait être dirigée contre Carthage; mais les Phéniciens refusèrent de fournir des vaisseaux pour attaquer leur plus belle colonie. La seconde avait pour but de soumettre l'oasis d'Ammon; les cinquante mille hommes qui furent chargés de cette mission périrent dans les sables. La troisième entreprise ne réussit pas mieux. Cambyse avait envoyé quelques hommes en Éthiopie, avec des présents pour le roi. Celui-ci comprit qu'ils étaient des espions; après avoir tendu en leur présence un arc d'une grandeur extraordinaire, il leur dit : « Quand les Perses pourront se servir de pareilles armes, qu'ils viennent attaquer les Éthiopiens. » Cambyse ne tint nul compte de cet avis, et franchit la frontière méridionale de l'Égypte. Après avoir épuisé leurs vivres, les Perses, encore fort éloignés de l'Éthiopie, mangèrent les bêtes de somme, puis les herbes du chemin. Ils finirent par se manger les uns les autres : on formait des groupes de dix hommes, et le sort désignait celui qui devait servir de pâture à ses neuf compagnons. Cambyse ne donna le signal de la retraite que lorsqu'il manqua lui-même de nourriture et d'eau.

Il se vengea sur les Égyptiens. Le tombeau d'Osymandias, à Thèbes, fut détruit, et les temples profanés. Les prêtres de Memphis, qui se réjouissaient d'avoir trouvé un bœuf Apis, et dont l'allégresse pouvait paraître une insulte, furent battus de verges ou mis à mort, et Cambyse perça de son épée leur nouveau dieu. La vie du roi des Perses ne fut plus dès lors qu'un tissu de violences et de folies. Non content de reléguer dans une province éloignée son frère Smerdis, qui seul avait pu tendre l'arc du roi d'Éthiopie, et dont il était jaloux, il le fit assassiner par Prexaspe, l'un de ses courtisans. En voyant un jeune chien rompre sa laisse pour aller au secours d'un autre chien terrassé par un lionceau, Méroé, sœur de Cambyse, avait pleuré, parce que personne ne vengerait le meurtre de Smerdis : Cambyse la tua à coups de pied. — Prexaspe, à qui ce prince demandait ce que les Perses pensaient de lui, répondit qu'ils le comblaient de louanges, mais qu'ils lui trouvaient trop de passion pour le vin. « Ils pensent donc, dit Cambyse, que le vin me fait perdre la raison? Tu vas en juger. » Il boit outre mesure, fait placer à quelque distance le fils de Prexaspe, et, lui tirant une flèche au cœur : « Dis maintenant, s'écria-t-il, que les Perses ont perdu l'esprit, et qu'on ne saurait mieux frapper le but. » Prexaspe eut la bassesse de répondre : « Un dieu même ne viserait pas plus juste. » — Cambyse fit encore enterrer vivants, la tête en bas, douze Perses de la plus haute distinction. Crésus, qui l'importunait de ses conseils, se déroba d'abord à ses coups par la fuite. Des officiers, chargés de le tuer, n'exécutèrent pas cet ordre donné dans un accès de fureur; Cambyse s'en réjouit, mais envoya au supplice ceux qui lui avaient désobéi. Cruel même dans le châtiment des coupables, il fit écorcher vif un juge prévaricateur, et contraignit le fils de ce malheureux à s'asseoir sur un siége recouvert de sa peau.

L'horreur qu'excitaient les crimes de Cambyse fit naître chez les Mèdes l'espoir de reprendre leur empire en Asie. Un de leurs Mages ou prêtres profita de sa ressemblance avec Smerdis, dont peu de personnes savaient la mort, pour prendre le titre de roi à Suze. A cette nouvelle, Cambyse partit d'Égypte; il était arrivé en Syrie, lorsqu'en montant précipitamment à cheval, il fut mortellement blessé à la cuisse par son épée, qui s'échappa du fourreau. Les Égyptiens remarquèrent que c'était à l'endroit même où il avait frappé le bœuf Apis, et regardèrent cet événement comme une punition des dieux. Avant d'expirer, Cambyse réunit ses officiers, leur déclara qu'il avait fait tuer Smerdis, et que le rebelle était un imposteur; mais on crut qu'il voulait, par un mensonge, priver du trône son frère, qu'il avait toujours détesté.

SMERDIS LE MAGE (522 av. J.-C.). — Le faux Smerdis, reconnu roi par les Mèdes et les Perses, se maintint pendant huit mois, grâce à la douceur de son gouvernement. Il exempta d'impôts pour trois ans ses sujets. Mais la vie retirée qu'il menait dans une forteresse, le soin avec lequel il se couvrait la tête d'une tiare, même pendant la nuit, éveillèrent les soupçons d'Otanes, l'un des grands de la Perse. Otanes, se rappelant qu'autrefois Cyrus avait fait couper, pour quelque crime, les oreilles à un Mage qui ressemblait à Smerdis, chargea sa fille Phédyme, admise parmi les femmes du roi, de s'assurer si celui-ci avait des oreilles. La fourberie fut ainsi découverte. Otanes et six autres Perses formèrent un complot, surprirent le Mage dans sa demeure, et le tuèrent avec son frère. En même temps, Prexaspe réunissait la multitude, avouait le crime dont il avait été l'instrument, et, tout à la fois pour attester la vérité de ses paroles et s'infliger un châtiment, se précipitait du haut d'une tour. Les Perses mirent à mort tous les Mages qu'ils purent saisir, et célébrèrent désormais une fête commémorative, la *Magophonie* ou massacre des Mages.

DARIUS Ier. — Les sept conjurés désignèrent un jour où ils se rendraient à la porte de la ville, après être convenus de reconnaître pour roi celui dont le cheval hennirait le premier après le lever du soleil. Darius, fils d'Hystaspe, dut le pouvoir à une ruse de son écuyer. Celui-ci conduisit à l'avance le cheval de son maître dans le lieu désigné, où il avait fait attacher une cavale. Il conseilla aussi à Darius de se tourner vers l'occident, du côté d'une montagne dont les premiers rayons du soleil devaient frapper le sommet avant qu'il se montrât du côté de l'orient. Le jour fixé, dès que les concurrents arrivèrent au rendez-vous, le cheval de Darius reconnut l'endroit où il avait vu la cavale, et se mit à hennir. Le nouveau roi, qui appartenait d'ailleurs à la famille des Achéménides, affermit son autorité en épousant Atossa, fille de Cyrus.

Darius Ier ne fut cependant pas accepté sans résistance par toutes les provinces : il lui fallut comprimer des révoltes dirigées par de prétendus descendants des anciens rois. Près de la ville de Kermanchah (Kourdistan), sur le flanc du mont Bisoutoun, des bas-reliefs accompagnés d'inscriptions rappellent ces guerres civiles. Les historiens grecs ne nous ont raconté que l'insurrection de Babylone, qui regrettait de n'être plus la capitale d'un grand empire. Les Babyloniens assiégés déployèrent une rare énergie : ils étranglèrent, comme bouches inutiles, plus de la moitié des femmes ; ils surent repousser tous les assauts, et déjouer le stratagème qui avait autrefois réussi à Cyrus. Mais Zopyre, fils de l'un des conjurés qui avaient égorgé Smerdis le Mage, se coupa le nez et les oreilles, se mit le corps tout en sang à coups de lanières, et se présenta aux rebelles comme une victime des cruautés de Darius. Les Babyloniens, le croyant animé du désir de la vengeance, lui donnèrent un commandement. Ainsi qu'il en était convenu avec le roi, les Perses se laissèrent battre toutes les fois qu'il fit une sortie ; chargé bientôt de la direction de la défense, il ouvrit les portes de la ville aux assiégeants. Les fortifications de Babylone furent abattues, et l'on mit en croix trois mille rebelles avec leurs chefs (516 av. J.-C.).

Darius voulut ensuite continuer les conquêtes des Perses vers l'occident. Ses lieutenants s'étant emparés de Samos, dont le tyran Polycrate fut mis à mort, et de quelques autres îles de la mer Égée, il entreprit de faire expier aux Scythes d'Europe l'invasion de leurs ancêtres en Asie, au temps de Cyaxare Ier. Après avoir traversé le Bosphore (1) et soumis une partie de la Thrace, il franchit le Danube sur un pont, dont il confia la garde à des troupes grecques levées dans l'Ionie (513 av. J.-C.). Les Scythes se retirèrent vers le nord, emmenant leurs troupeaux, comblant les fontaines et les puits, détruisant même l'herbe des campagnes sous les pas de leurs chevaux. Darius manquait de tout au milieu du pays désolé, quand arriva un héraut chargé de lui présenter un oiseau, un rat, une grenouille et cinq flèches. Gobryas, l'un des Perses qui avaient tué le faux Smerdis, interpréta ce message symbolique : « A moins, dit-il, de nous envoler dans l'air comme les oiseaux, de nous cacher sous terre comme les rats, ou de sauter dans des marais comme les gre-

(1) Aujourd'hui le canal de Constantinople.

nouilles, nous n'échapperons pas aux flèches des Scythes.» Les Perses opérèrent leur retraite, harcelés constamment par l'ennemi, et leur roi ne dut son salut qu'à la vigueur d'un chameau chargé de vivres et d'eau. Ils avaient couru, sans le soupçonner, un autre péril : les officiers qui gardaient le pont du Danube avaient été sollicités de le couper par les Scythes et par Miltiade, commandant des colons athéniens établis dans la Chersonèse de Thrace. La proposition fut rejetée par l'influence d'Histiée, tyran de Milet, et les débris de l'armée persane purent rentrer en Asie. Darius conserva néanmoins la Thrace.

Dans le but de relever l'honneur de ses armes, il fit une expédition dans l'Inde, que le voyageur Scylax était allé reconnaître par son ordre. Le pays fut soumis jusqu'à l'Indus (508 av. J.-C.). Ce fut là le dernier agrandissement de l'empire, qui eut pour limites au nord l'Iaxarte, la mer Caspienne, le Caucase, le Pont-Euxin (mer Noire) et le Danube; à l'ouest, la chaîne du Rhodope, la mer Egée, la Méditerranée orientale et la Cyrénaïque; au sud, l'Ethiopie, la mer Rouge, l'Arabie et la mer des Indes; à l'est, l'Indus et les montagnes d'où il descend. Désormais, l'histoire des Perses fut mêlée à celle des Grecs.

MŒURS, RELIGION ET INSTITUTIONS DES MÈDES ET DES PERSES. — Originairement les mœurs de la Médie et celles de la Perse offraient un contraste frappant. Les Mèdes étaient adonnés au faste et à la mollesse ; les membres des grandes familles avaient le visage fardé, les paupières peintes, le cou et les bras chargés de colliers et d'ornements, et se couvraient de fins tissus aux brillantes couleurs. Les Perses, au contraire, se distinguaient par des mœurs rudes et presque sauvages : ils n'étaient vêtus que de peaux, buvaient de l'eau, se nourrissaient de pain, de cresson et de légumes, ne prenaient plaisir qu'à la lutte, à la course et à la chasse. Mais, depuis Cyrus, l'influence des Mèdes et surtout des Lydiens les corrompit ; ils abandonnèrent leurs montagnes pour se répandre dans les plaines fécondes de l'Euphrate et du Tigre, perdirent peu à peu, au milieu de peuples plus civilisés, leur simplicité et leur ardeur guerrière, et tombèrent dans tous les excès et les raffinements de la vie voluptueuse.

La religion des Mèdes et des Perses fut moins grossière que celle des Assyriens et des Babyloniens. A une époque fort reculée selon les uns, au VIIe siècle avant l'ère chrétienne selon les autres, un sage de la Bactriane, Zoroastre, leur apporta le *mazdéisme* (1). Sa doctrine est contenue dans un livre intitulé *Zend-Avesta* (parole vivante), et suivie encore de nos jours par les Guèbres ou Parsis de l'Hindoustan et de la Perse. Zoroastre attribue l'existence de toutes choses

(1) De *mazda* (loi suprême) dans la langue zende.

à deux principes : *Ormuzd*, principe du bien, source de la lumière et de la chaleur, a créé l'homme, les animaux utiles, et tous les biens du corps et de l'âme ; *Ahriman*, principe du mal, auteur des ténèbres et du froid, a produit les animaux malfaisants, les plantes vénéneuses, les fléaux de tout genre, les passions mauvaises de l'homme, les vices et les crimes. Ormuzd et Ahriman, qui président à des esprits ou génies bons et mauvais, sont en guerre continuelle ; mais Ahriman sera vaincu au bout de douze mille ans ; après s'être purifié avec les méchants dans un abîme de feu, il ira se placer au milieu des bons près du trône d'Ormuzd ; l'empire de la lumière embrassera tout l'univers, et alors commencera le bonheur éternel.

Ormuzd était adoré sous les emblèmes du soleil et du feu. Les Perses rendaient aussi un culte à *Mithra*, le premier des esprits célestes, le grand médiateur entre les hommes et le ciel. Ils offraient leurs sacrifices en plein air, sur la cime des montagnes, ne pensant pas qu'on pût renfermer la divinité dans des temples. Les Mages prêchaient que la vie de l'homme est une lutte contre le mal, et qu'après la mort on était récompensé ou puni, selon qu'on aurait vaincu ou succombé. Comme les prêtres chaldéens, ils prétendaient lire l'avenir dans les astres, et ils s'attribuaient la puissance surnaturelle que désigne le nom de *magie*.

Le gouvernement des Perses était despotique. Le

souverain, qu'on appela toujours *le grand roi*, disposait de la vie et des biens de ses sujets. Son autorité, cependant, pouvait être modérée par l'influence des Mages, et par un conseil que formaient, du droit de leur naissance, les descendants de ceux qui avaient aidé Darius à renverser Smerdis. On honorait le monarque à l'égal des dieux, et nul ne pouvait approcher de son trône sans fléchir le genou. Ses ordres se transmettaient d'une extrémité à l'autre de l'empire, au moyen de courriers à cheval placés de distance en distance sur les routes; et, en cas de péril, une série de feux allumés lui portait rapidement la nouvelle. Il résidait alternativement, selon les saisons, à Babylone, Suze, Ecbatane et Persépolis.

Cyrus avait partagé ses Etats en cent vingt circonscriptions appelées *satrapies*. Darius, en les réduisant à vingt, donna aux satrapes une autorité plus étendue, et, par conséquent, plus dangereuse. Les satrapes, surveillés d'abord par des agents spéciaux qu'on appelait *les yeux et les oreilles du roi*, devaient plus tard s'affranchir de ce contrôle, et mettre à profit, pour exciter des révoltes et se rendre indépendants, les antipathies que la différence des races, des mœurs, des religions et des langues entretenait parmi les peuples englobés dans l'empire.

Les rois de Perse prélevaient des tributs sur leurs sujets. La Médie fournissait des chevaux et des moutons, l'Arabie de l'encens, l'Egypte du blé, etc. Mais, outre les impôts en nature, il y avait aussi des contributions en or et en argent, dont le produit, au lieu d'être employé aux besoins du service public, était dévoré par le luxe de la cour. Les satrapes, obligés de pourvoir aux dépenses dans leurs provinces, commettaient des exactions de tout genre : ainsi, quatre villes étaient affectées au seul entretien des chiens du satrape de Babylone. Darius fut le premier qui fit frapper des monnaies à l'effigie royale; on les appela *dariques*, et elles reçurent aussi le nom d'*archers* ou de *sagittaires*, parce qu'elles représentaient un soldat lançant une flèche.

Au temps de Cyrus, l'armée des Perses, formée par de rudes exercices, était la plus redoutable de l'Asie. Mais son organisation fut bientôt modifiée : les rois entraînèrent à la guerre une multitude d'hommes qui combattirent sans ordre ni discipline; ils déployèrent dans les camps tout l'appareil des cours, et les gens inutiles ou qui ne servaient qu'au plaisir embarrassèrent la marche et les mouvements des troupes. Un seul corps conserva des qualités militaires, celui des *Immortels*, composé de dix mille hommes et formant la garde particulière du monarque.

HISTOIRE GRECQUE.

CHAPITRE PREMIER.

LES ORIGINES.

CARACTÈRES DU PEUPLE GREC. — Ce qui distingue le peuple grec, ce n'est pas le courage, l'activité, l'intelligence, l'aptitude à la civilisation. Ces qualités, qu'il eut sans doute au plus haut degré, se rencontrent aussi chez les peuples qui l'ont précédé. Des sociétés policées occupaient les régions du Nil et de l'Euphrate, quand les Grecs vivaient encore dans la barbarie. Thèbes aux cent portes, Memphis, Ninive, Babylone, étaient de splendides cités, lorsque la Grèce n'avait que des villages. En remontant de quelques générations, les Grecs arrivaient aux incertitudes et aux obscurités de la Fable, tandis que les prêtres de l'Égypte montraient les statues de plus de trois cents rois, et l'on raconte qu'ils disaient à Solon : « Vous êtes des enfants qui ne savez que les choses d'aujourd'hui et d'hier. » Alors que les Phéniciens faisaient le commerce dans le monde entier, les Grecs, qui leur empruntèrent l'écriture, les poids et mesures, les monnaies, s'aventuraient à peine sur la mer Égée. Les riches plaines de l'Argolide et de la Thessalie n'auraient pu rivaliser avec celles de l'Égypte et de la Mésopotamie, fécondées par de prodigieux travaux d'irrigation. A l'époque où s'élevaient les pyramides, les obélisques, les temples égyptiens, et les palais des villes de l'Orient, les Grecs en étaient encore aux constructions les plus grossières.

Cependant la civilisation n'est sortie ni de l'Égypte, ni de l'Asie ; elle vient de la Grèce. Le monde oriental, arrivé vite à un certain développement, s'est arrêté immobile et comme enfermé dans d'infranchissables limites. Avec les Grecs, l'humanité marcha ; elle connut le *progrès*.

Il y eut de ce fait plusieurs causes. D'abord, la Grèce n'eut pas, ainsi que les sociétés antérieures, de caste sacerdotale dominante, gardienne jalouse du passé, intéressée à tenir les hommes asservis à des institutions immuables ; les prêtres n'y formèrent point une classe à part, supérieure aux guerriers, ou leur disputant la suprématie. Les rois des anciens temps exerçaient, au contraire, les plus hautes fonctions du sacerdoce, et l'on peut voir, dans l'*Iliade* d'Homère, l'humble attitude du devin Calchas et du prêtre Chrysès devant Agamemnon. — En second lieu, le rôle attribué en Grèce à la parole dans la conduite des affaires publiques fut essentiellement favorable au progrès. Les chefs donnaient la raison de leurs actes; ils en rendaient compte devant leurs soldats ou en présence du peuple assemblé. Les mesures importantes du gouvernement étaient soumises à la discussion, et du conflit des opinions jaillissait la lumière. — La configuration géographique de la Grèce aidait, d'ailleurs, à l'expansion des forces individuelles. Le pays était partagé en vallées étroites, isolées les unes des autres par des montagnes qui se croisaient en tous sens, ou par des mers qui découpaient profondément le littoral. Les familles se groupèrent en tribus; plusieurs tribus eurent leur centre dans une ville, où chaque homme traita les intérêts publics comme les siens propres, avec la même suite et la même passion. Ainsi se formèrent de multiples foyers de pensée et d'action, où l'individu devint un citoyen; le gouvernement de la cité ne fut plus l'affaire d'un homme ou d'une classe, mais le droit et le devoir de tous.

Le libre essor et l'autonomie des villes firent tout à la fois la grandeur et la faiblesse des Grecs. Ils connurent la *cité*, et jamais la *nation*. Dévoués à leur ville, animés du patriotisme local le plus ardent, ils ne voulurent point faire à l'unité politique du pays, à l'utilité générale, le sacrifice de leur indépendance: les invasions des Perses, la prédominance d'Athènes ou de Sparte, les conquêtes de la Macédoine et de Rome, ne purent les engager pour longtemps dans une action commune; leurs confédérations temporaires furent frappées d'impuissance.

Pélasges. — Les Grecs avaient l'ambition de ne descendre d'aucun peuple étranger : ils se disaient *autochthones*, c'est-à-dire nés ou sortis du sol même, et, en signe de cette prétention, les femmes d'Athènes portaient une cigale comme ornement dans leur chevelure. Les premiers habitants de la Grèce, connus sous le nom de *Pélasges*, arrivèrent de l'Asie à une époque incertaine, soit après avoir traversé l'Archipel, dont les îles leur servaient d'étapes, soit plus vraisemblablement en traversant la Thrace et la Macédoine. C'est, en effet, dans ces régions, au mont Piérus, que la Fable place le séjour primitif des Muses; c'est de là qu'elle fait descendre vers le midi les premiers prêtres-chanteurs qui civilisèrent les hommes, *Orphée, Linus, Olen, Amphion, Musée, Mélampus* (1).

Les Pélasges étaient, à l'origine, très-barbares, puisqu'ils habitaient, dit-on, au milieu des bois et dans les cavernes, et qu'ils se nourrissaient de glands et de fruits. Ils se civilisèrent peu à peu, et prirent des habitudes en rapport avec la nature du sol qu'ils occupaient : ils menèrent la vie pastorale en Arcadie et dans les autres régions de montagnes, se firent

---

(1) Le nom de *Grecs* était celui d'une tribu d'Épire; les Romains l'appliquèrent à toute la population de la Péninsule.

agriculteurs en Thessalie et en Argolide, exercèrent la piraterie dans les pays maritimes ; quelques-uns exploitèrent les mines, et l'on raconte que, pour s'éclairer dans les entrailles de la terre, ils portaient une petite lampe attachée au milieu du front, ce qui donna peut-être naissance à la fable des *Cyclopes*.

Il reste quelques monuments de l'époque pélasgique, à Mycènes et à Tirynthe en Argolide, à Orchomène de Béotie, etc. Ce sont des murailles dites *Pélasgiques* ou *Cyclopéennes*, formées tantôt de blocs assemblés sans mortier ni ciment, et qui se soutiennent par leur propre masse, tantôt de pierres dégrossies qui entrent les unes dans les autres.

Hellènes. — Quelques siècles après l'arrivée des Pélasges, la Grèce reçut une autre population, celle des *Hellènes*, également originaires de l'Asie. Les Hellènes furent amenés par *Deucalion*, fils de ce *Prométhée* que le Jupiter de la Fable fit enchaîner sur le Caucase, où un vautour devait lui dévorer éternellement le foie, pour le punir d'avoir enseigné l'usage du feu aux peuplades sauvages du Nord. Les traditions ne parlent ni de luttes sérieuses entre les Pélasges et les Hellènes, ni d'un changement de langue et d'institutions après le triomphe des derniers ; d'où l'on peut conclure que les deux peuples étaient de même race et ne tardèrent pas à se confondre. Le nom d'*Hellènes* désigna tous les Grecs, et la Grèce entière fut appelée *Hellade*.

Pour expliquer l'origine des tribus helléniques, les Anciens avaient imaginé la généalogie suivante : Deucalion eut deux fils, *Hellen*, dont le nom fut appliqué à tout le peuple, et *Amphictyon*, qui s'établit dans la région où se réunit plus tard le *Conseil amphictyonique* (1). D'Hellen naquirent Eolus, Dorus et Xuthus; les deux premiers furent la tige des *Éoliens* et des *Doriens;* les enfants du troisième, Ion et Achéus, donnèrent naissance aux *Ioniens* et aux *Achéens*.

Colonies venues de l'Orient. — Aux Pélasges et aux Hellènes se mêlèrent des colonies orientales, composées d'hommes plus civilisés, et dont les chefs exercèrent souvent la royauté. Ces colonies se rapportent à trois âges différents. Dans les temps pélasgiques on vit arriver le Phénicien *Inachus*, qui aborda en Argolide, et l'Égyptien *Ogygès*, dont le nom est resté à un déluge, inondation produite en Béotie et en Attique par l'engorgement des canaux qui dirigeaient vers la mer les eaux du lac Copaïs (2). Après l'établissement des Hellènes en Grèce, *Danaüs*, qu'on croit être le même qu'Armaïs, frère du roi d'Égypte Sésostris, vint fonder à Argos une dynastie royale; *Cécrops* apporta d'Égypte en Attique l'olivier et le froment, apprit aux anciens habitants l'usage du fer,

---

(1) Voy. page 141 ce qui est relatif à ce conseil.
(2) Aujourd'hui lac de *Topolias*.

régla les cérémonies du culte, substitua les offrandes de grains et de farine aux sacrifices sanglants, et fonda les douze bourgades dont la réunion devait former au temps de Thésée la ville d'Athènes; *Cadmus* amena une colonie de Phéniciens en Béotie, et bâtit la Cadmée, citadelle de Thèbes. Enfin, au XIV° siècle avant l'ère chrétienne, *Pélops*, fils de Tantale, roi de Phrygie, fit connaître les arts de l'Asie-Mineure à la Grèce méridionale, sur laquelle ses descendants étendirent leur domination, et qui de son nom fut appelée Péloponèse (1).

Les enfants de Pélops, *Atrée* et *Thyeste*, sont célèbres par la haine qui les anima l'un contre l'autre : Atrée, non content d'avoir servi dans un festin à Thyeste les membres de ses enfants, voulut le faire assassiner par Égisthe, un fils qui ne le connaissait pas ; Egisthe, instruit du mystère de sa naissance, tua Atrée, dont les fils, *Agamemnon* et *Ménélas*, régnèrent sur Mycènes et Sparte.

TEMPS HÉROÏQUES. — Les premiers siècles qui s'écoulèrent après la formation du peuple grec ont été nommés *Temps héroïques;* ils furent entièrement remplis par les exploits de quelques *héros*, qui consacrèrent leur force à défendre les autres hommes contre les animaux féroces ou les brigands, et que la reconnaissance publique transforma en *demi-dieux*. Parmi ces héros, on remarque : *Minos*, roi de Crète,

(1) C'est-à-dire, *île* ou *presqu'île de Pélops* (auj. Morée).

qui poursuivit les pirates sur l'Archipel, et qui, pour avoir été le défenseur du droit, fut placé par la Fable au nombre des juges des Enfers ; *Persée*, de la famille des rois d'Argos, libérateur d'Andromède, qu'un monstre marin allait dévorer.

Mais le plus célèbre des héros fut *Hercule*, sur lequel les traditions mythologiques ont entassé les exploits de plusieurs hommes et de plusieurs générations. Les Anciens eux-mêmes distinguaient plusieurs Hercules. Celui dont parle la Fable était Argien d'origine, mais né à Thèbes, et avait étouffé deux serpents dans son berceau. Entre autres travaux, il délivra Thèbes du joug d'Orchomène, tua en Argolide le lion de Némée et l'hydre de Lerne, détruisit en Arcadie les oiseaux du lac Stymphale et le sanglier du mont Érymanthe, nettoya les écuries d'Augias, roi d'Élide, en y faisant passer le fleuve Alphée, dompta le fleuve Achéloüs, donna Diomède, roi de Thrace, en pâture aux chevaux que ce prince nourrissait de chair humaine, prit la ville de Troie, dont il tua le roi Laomédon, vainquit les Centaures en Thessalie, les Amazones en Asie-Mineure, Busiris et Antée en Afrique, Géryon en Espagne, Cacus en Italie, joignit l'Atlantique à la Méditerranée en séparant les monts Calpé et Abyla (appelés depuis *Colonnes d'Hercule*), ravit les pommes d'or du jardin des Hespérides, amena le chien Cerbère à la lumière du jour en délivrant Thésée des Enfers, et se brûla sur le mont Œta pour échapper aux souffrances que lui causait la robe empoisonnée du centaure Nessus, don funeste de sa femme Déjanire, dont il avait excité la jalousie (1).

Thésée, fils d'Égée, roi d'Athènes, punit plusieurs brigands des maux qu'ils faisaient endurer à leurs victimes : Sinnis fut attaché par les membres à des branches d'arbres violemment courbées, qui le mirent en pièces en se redressant ; Sciron fut poussé du haut d'une montagne dans la mer; Procuste, qui coupait les pieds des voyageurs quand ils dépassaient son lit en longueur, ou les étirait s'ils étaient trop courts, périt par le même supplice. Vainqueur d'un taureau qui infestait la plaine de Marathon, Thésée affranchit encore les Athéniens d'un tribut de sept jeunes garçons et sept jeunes filles qu'ils devaient payer tous les neuf ans à Minos II, roi de Crète : à l'aide d'un fil que lui donna Ariane, fille de ce prince, il put se diriger dans le labyrinthe où les victimes étaient livrées en pâture au Minotaure (2), tua ce monstre, et enleva Ariane, qu'il abandonna dans l'île de Naxos. Il était convenu avec son père, s'il revenait vainqueur, de remplacer les voiles noires de son navire par des

---

(1) Selon la mythologie, l'*hydre* était un monstre à neuf têtes ; les *Centaures*, des êtres à corps de cheval et à tête d'homme ; les *Amazones*, des femmes guerrières qui s'étaient brûlé le sein droit pour mieux tirer de l'arc ; les *Hespérides* étaient des îles de l'Occident (Canaries, Cap-Vert?).

(2) C'est-à-dire *taureau de Minos*, monstre moitié homme et moitié taureau.

voiles blanches : mais il oublia ce signal, et Égée, croyant que son fils avait succombé, se jeta dans la mer qui conserva son nom.

EXPÉDITION DES ARGONAUTES. — Outre la vie légendaire des héros, les temps héroïques de la Grèce contiennent un certain nombre d'expéditions entreprises par les tribus helléniques. La plus ancienne, celle des Argonautes, tira son nom du navire *Argo*, sur lequel s'embarquèrent, à Iolchos, les Éoliens de la Thessalie, conduits par Jason. Orphée, Hercule, Thésée, Castor et Pollux, princes de Sparte, le médecin Esculape, en faisaient partie. Il s'agissait de conquérir, sur la côte orientale du Pont-Euxin (1), les trésors du roi de Colchide Æétès, figurés dans la Fable par l'image d'une *toison d'or* que gardait un dragon, et sans doute de châtier les pirates qui venaient dévaster les rivages de la Grèce. Médée, fille d'Æétès, fournit à Jason les moyens de réussir, et le suivit à son retour en Grèce.

ŒDIPE ; GUERRES DES SEPT CHEFS ET DES ÉPIGONES. — Peu de temps après l'expédition des Argonautes, la Béotie fut le théâtre d'événements tragiques. Un oracle avait prédit à Laïus, roi de Thèbes, qu'il serait tué par son fils, et que celui-ci épouserait sa mère. Afin d'éviter de pareils malheurs, Laïus fit exposer

---

(1) C'est-à-dire *mer bonne aux étrangers*; on appelait ainsi ironiquement la mer Noire, parce que les habitants sauvages de ses bords immolaient les étrangers.

sur le mont Cithéron l'enfant qu'il eut de Jocaste. L'enfant, suspendu par une courroie qui lui traversait les pieds (d'où lui vint le nom d'*OEdipe*, pieds enflés), fut recueilli par des marchands, emmené à Corinthe, et élevé à la cour du roi Polybe. Ayant appris plus tard qu'il n'était pas le fils de ce prince, OEdipe voulut aller à Delphes et demander à l'oracle d'Apollon le secret de sa naissance. Il rencontra Laïus dans un défilé de la Phocide, lui disputa le passage, et le tua sans le connaître. Sur ces entrefaites, les environs de Thèbes étaient désolés par un monstre que la Fable appelle le *Sphinx :* la main de Jocaste et le trône furent promis à celui qui les en délivrerait. OEdipe accomplit cet exploit, et épousa Jocaste, qui lui donna deux jumeaux, Etéocle et Polynice, et une fille, Antigone. Une peste fondit bientôt sur Thèbes. Les dieux ayant déclaré qu'elle ne cesserait que par la punition du meurtrier de Laïus, le devin Tirésias le fit connaître : Jocaste se donna la mort ; OEdipe, après s'être crevé les yeux, partit avec Antigone pour l'Attique, et mourut au bourg de Colone.

Etéocle et Polynice se haïssaient mutuellement ; on disait qu'ils s'étaient battus dans le sein de leur mère. Ils convinrent de régner tour à tour, chacun une année. Le premier, à l'expiration de son pouvoir, refusa de céder le trône ; le second fit appel aux différents peuples de la Grèce, et Adraste, roi d'Argos, dont il devint le gendre, vint avec six autres chefs attaquer la ville de Thèbes. Les deux fils d'Œdipe s'entre-tuèrent pendant une sortie des habitants ; on les porta sur le même bûcher, et, selon la tradition, la flamme se divisa pour ne pas confondre leurs cendres. Créon, leur oncle, qui dirigea désormais la défense, contraignit les assiégeants à se retirer, et, pour punir Antigone d'avoir rendu les derniers honneurs à Polynice, la fit enfermer vivante dans le tombeau de son frère. — La *Guerre des sept chefs* contre Thèbes n'avait pas réussi : quelques années après, les *Épigones* ou fils de ces chefs les vengèrent. Thèbes fut prise, et la postérité de Polynice mise en possession du trône.

GUERRE DE TROIE. — La guerre de Troie, l'événement capital des temps héroïques, eut pour but de venger l'injure faite à Ménélas, roi de Sparte, dont la femme Hélène avait été enlevée par Pàris ou Alexandre, l'un des fils de Priam, roi de Troie. Le roi de Mycènes, Agamemnon, frère de Ménélas, commandait en chef ; autour de lui combattaient beaucoup de rois, Diomède d'Argos, Idoménée de Crète, Ulysse d'Ithaque, Nestor de Pylos, en Élide, les deux Ajax, l'un de Locride, l'autre de Salamine, Achille de Phthiotide (Thessalie), etc. La flotte grecque partit d'Aulis, après qu'on eut rendu les dieux propices par le sacrifice d'Iphigénie, fille d'Agamemnon. Le siége de Troie dura dix ans : parmi les défenseurs de cette ville, Hector et Enée méritèrent par leur bravoure une renommée égale à celle des chefs grecs. Les assiégeants, qui avaient tiré leurs navires à sec sur le rivage, furent contraints de se répandre dans les pays voisins de la ville, soit pour se procurer des vivres par le pillage, soit même pour cultiver les champs, dont ils attendaient les moissons. Dans les derniers temps de la lutte, Achille vengea la mort de Patrocle, son ami, en tuant Hector ; il fut frappé lui-même d'une flèche que lui lança Pâris, et celui-ci périt de la main de Philoctète, qui avait été le compagnon d'Hercule. Enfin, Troie fut prise à l'aide d'un stratagème : d'après le conseil d'Ulysse, les Grecs, feignant de renoncer au siége, allèrent se cacher derrière la petite île de Ténédos ; un immense cheval de bois avait été abandonné par eux. Les Troyens abattirent une partie de leurs murailles, pour faire entrer ce trophée qu'ils destinaient comme offrande à la déesse Minerve. Pendant la nuit, une troupe de guerriers, sortie des flancs du cheval, mit le feu à la ville : les Grecs, qui avaient débarqué de nouveau, envahirent tous les quartiers ; Priam et ses enfants furent égorgés ; sa femme Hécube, sa fille Cassandre, Andromaque, veuve d'Hector, furent emmenées en esclavage (l'an 1270 av. J.-C.).

Les chefs victorieux éprouvèrent, à leur retour, d'effroyables calamités. L'un des Ajax, qui n'avait pu se faire adjuger les armes d'Achille, revendiquées par Ulysse, s'était tué dans un accès de démence ; l'autre périt foudroyé dans une tempête sur la mer Égée. Ulysse erra dix ans sur les mers avant de rentrer à Ithaque, où sa femme Pénélope et son fils Télémaque se défendaient à grand'peine contre des prétendants ambitieux. Diomède faillit périr sous les coups de son épouse adultère, et alla fonder en Italie Venouse, Canosa et Bénévent. Idoménée, chassé par ses sujets, bâtit Salente dans le même pays. Agamemnon fut assassiné par sa femme Clytemnestre et par Égisthe, et les deux coupables périrent sous les coups de son fils Oreste.

Invasion dorienne dans le Péloponèse. — La période des temps héroïques se termina par un grand déplacement de populations en Grèce. Les *Héraclides* ou enfants d'Hercule, chassés du Péloponèse, s'étaient retirés chez les Doriens, la tribu la plus obscure de la race hellénique, qui vivait au sud de la Thessalie, dans le canton appelé Doride. Un siècle environ après la guerre de Troie, les Doriens, cédant aux prières des Héraclides, se jetèrent sur le Péloponèse, enlevèrent aux descendants de Pélops l'Élide, la Messénie, la Laconie, l'Argolide et la Corinthie, et refoulèrent les populations pélasgiques en Arcadie et en Achaïe. Cette conquête eut des résultats désastreux : les anciens habitants furent presque partout réduits en esclavage ; les vainqueurs, encore barbares, étouffèrent les premiers développements de l'agriculture, de l'industrie, du commerce et des arts.

COLONIES GRECQUES EN ASIE-MINEURE. — Une des conséquences de l'invasion dorienne fut l'émigration d'une partie des vaincus vers l'Asie-Mineure. Des *Eoliens* colonisèrent l'île de Lesbos, et bâtirent en Mysie, dans le canton qui prit le nom d'Éolide, les villes de Smyrne et de Cumes. Plus au sud, sur les côtes de la Lydie, les *Ioniens* occupèrent un territoire qui prit le nom d'Ionie, et où l'on vit s'élever les villes de Milet, Éphèse, Phocée, Myonte, etc.; les îles de Samos et de Chio reçurent aussi des colonies, et Milet devint à son tour la métropole de Sinope, de Trébizonde, et d'une foule d'autres établissements, par le moyen desquels elle s'empara de tout le commerce du Pont-Euxin. Des *Doriens* prirent part aussi à ce mouvement de colonisation : ils s'établirent dans l'île de Rhodes, et laissèrent leur nom à la Doride, canton de la Carie où ils fondèrent Cnide et Halicarnasse. C'est principalement dans les colonies d'Asie-Mineure que la civilisation grecque, si rudement éprouvée dans le Péloponèse, se développa jusqu'à l'époque des guerres Médiques.

CHAPITRE II.

SPARTE ET ATHÈNES.

RÉVOLUTIONS DES VILLES GRECQUES. — Après les temps héroïques, si l'on excepte les villes de Sparte et d'Athènes, l'histoire de la Grèce est peu connue pendant plusieurs siècles. On ne peut signaler qu'une suite de révolutions à peu près identiques dans toutes les cités. D'abord, les anciens rois, qui étaient tout à la fois pontifes, juges et chefs de guerre, abusèrent de leur autorité, et furent renversés par quelques familles puissantes, dont les membres, habitués au maniement des armes et combattant à cheval, étaient désignés par le nom de *cavaliers* ou *chevaliers*. L'oppression que ces familles firent peser sur les citoyens amena ensuite des insurrections : tantôt les *démagogues* ou chefs du peuple s'emparèrent du pouvoir après la victoire, et, quelque usage qu'ils en fissent, ils reçurent la qualification de *tyrans* ; tantôt le peuple lui-même dirigea ses affaires, et ainsi furent constitués des gouvernements démocratiques ou républicains.

Les crises intérieures des villes grecques amenèrent souvent l'émigration des partis qui succombaient. Il y eut, au VIIIe siècle avant l'ère chrétienne, un mouvement de colonisation vers l'Occident. Dans l'Italie méridionale, où des Éoliens avaient autrefois bâti Cumes, métropole à son tour de Naples, s'élevèrent : Locres, qui reçut de Zaleucus une sage constitution ; Tarente, dont les habitants fondèrent à leur tour Héraclée et Brindes; Sybaris, que le luxe et la mollesse de ses habitants ont rendue célèbre ; Crotone, patrie de l'athlète Milon. Les Grecs fondèrent en Sicile les villes de Messine, Léontium, Catane, Sélinonte, Ségeste, Agrigente et Syracuse.

AMPHICTYONIES. — Il n'existait aucun lien entre les villes grecques. Comme elles ne pouvaient cependant méconnaître les avantages de l'union, des essais furent tentés pour former une confédération. On appela *Amphictyonies* les assemblées où plusieurs cités se faisaient représenter, pour traiter de leurs intérêts communs. La plus célèbre, celle qui fut spécialement désignée par le nom de *Conseil amphictyonique*, se réunit deux fois l'an, à Delphes, et à Anthéla, près des Thermopyles ; ses membres s'appelaient *pylagores*. Toute Amphictyonie avait pour but de maintenir la tranquillité en jugeant les différends qui s'élevaient entre les villes, de condamner et de punir certains attentats contre la religion. Mais les Amphictyonies n'avaient pas de forces suffisantes pour faire respecter leurs décisions ; elles n'étendaient leur juridiction que sur des portions restreintes de territoire. Ce fut donc une institution presque toujours impuissante.

Jeux publics. — Les jeux publics, où l'on venait en foule de toutes les parties de la Grèce, aidèrent au rapprochement des villes et des tribus. On en distinguait quatre principaux :

1° Les *Jeux Olympiques*, qu'on célébrait tous les quatre ans en l'honneur de Jupiter, à Olympie, ville de l'Élide; ils furent établis, dit-on, par Hercule, mais renouvelés au IXe siècle av. J.-C.;

2° Les *Jeux Pythiques*, consacrés à Apollon, vainqueur du serpent Python, et qui se célébraient aussi tous les quatre ans à Delphes;

3° Les *Jeux Isthmiques*, fondés par Thésée à l'isthme de Corinthe en l'honneur de Neptune, et célébrés tous les trois, quatre ou cinq ans;

4° Les *Jeux Néméens*, établis à Némée en l'honneur d'Hercule, et célébrés tous les trois ou cinq ans.

Ces divers jeux étaient la lutte, le pugilat, le disque, la course à pied, à cheval et en char; il y avait aussi des concours de poésie et de musique. Le prix n'était qu'une couronne d'olivier, de laurier, ou d'autre feuillage; mais les vainqueurs étaient reçus en triomphe dans leur ville natale, on inscrivait leurs noms sur des registres publics, ils recevaient des honneurs, on leur élevait même des statues.

Les jeux publics, accompagnés de cérémonies religieuses, ont entretenu les relations amicales entre les

Grecs : toute guerre était suspendue pendant les fêtes d'Olympie. Mais il ne faudrait pas exagérer la force de ce lien national.

Sparte. — Cette unité politique, qui ne put être établie ni par l'influence des Amphictyonies, ni par la communauté des fêtes et des cérémonies religieuses, les villes de Sparte et d'Athènes tentèrent, sans plus de succès, de la fonder par les armes et par l'éclat de leurs services.

Sparte, centre des Doriens du Péloponèse, imposa aux habitants de la Laconie un joug écrasant. La ville d'Hélos, qui fit la résistance la plus vive, fut détruite de fond en comble, et ses habitants réduits en esclavage : le nom d'*Hilotes* désigna désormais tous les esclaves du pays, quelle que fût leur origine. Un régime de violence ne pouvait engendrer que des troubles, et, pour en sortir, on résolut d'établir des lois. Ce soin fut confié à Lycurgue.

Lycurgue (vers 880 av. J.-C.). — Le roi Polydecte, son frère, étant mort, la veuve lui offrit de tuer l'enfant qu'elle portait dans son sein, s'il voulait partager le trône avec elle. Lycurgue, ne voulant pas d'un pouvoir acheté par le crime, feignit d'accepter cette proposition ; mais il se saisit de l'enfant à sa naissance, le présenta aux Doriens, et le fit proclamer roi sous le nom de *Charilaüs* (joie du peuple). Quand le pouvoir du jeune prince fut affermi, il s'éloigna pour échapper aux attaques de ses ennemis, et alla étudier les institutions de la Crète, de l'Égypte et de la Lydie. A son retour, il trouva sa patrie déchirée de nouveau par les factions. Ce ne fut pas sans obstacle qu'il accomplit les réformes devenues nécessaires ; dans une sédition, il fut assailli à coups de pierres, et un jeune homme lui creva un œil d'un coup de bâton. Après avoir donné une constitution aux Spartiates, il leur fit jurer de n'y rien changer pendant son absence ; il se laissa, dit-on, mourir de faim à l'étranger, et voulut qu'on jetât son corps dans la mer, de peur que, si on le rapportait à Sparte, ses compatriotes ne se crussent déliés de leur serment. L'oracle de Delphes, le proclamant « le plus sage des hommes, ami des Dieux et dieu plutôt qu'homme, » avait déclaré que l'observation de ses lois rendrait la république florissante.

Ses lois. — Lycurgue n'écrivit pas ses lois ; elles se conservèrent pendant quelque temps par tradition orale, en sorte que certaines dispositions y furent peut-être introduites après lui. Les ressemblances qu'on a pu constater entre la législation de Sparte et celle de la Crète ne prouvent pas que Lycurgue a imité Minos : les deux législateurs se sont bornés à consacrer les coutumes de la race dorienne, qui occupait les deux pays.

Lycurgue se proposa pour but de mettre un terme aux dissensions intérieures par une forte organisation du gouvernement, et d'affermir la conquête dorienne en Laconie, en faisant des Spartiates un peuple de soldats invincibles.

I. *Classification des personnes.* — Afin d'assigner à chacun ses droits et ses devoirs, il divisa les habitants du pays en trois classes : les Spartiates, les Laconiens ou Lacédémoniens et les Hilotes. Les *Spartiates*, descendants des conquérants doriens, possédaient seuls des droits politiques; ils avaient le privilége de participer au gouvernement et aux magistratures; retranchés à Sparte, où nul étranger ne pouvait passer la nuit, ils s'occupaient d'exercices militaires, ou bien ils formaient de petits camps en Laconie pour contenir les vaincus. — Les *Laconiens*, population indigène à laquelle les Doriens avaient laissé la liberté personnelle, mais aucuns droits politiques, s'occupèrent d'agriculture et d'arts manuels. — Les *Hilotes*, au nombre de plus de cent mille, endurèrent toutes les rigueurs de l'esclavage. Propriété de l'État, ils étaient répartis entre les Doriens, dont ils cultivaient les terres. On les punissait de mort pour les fautes les plus légères. On les enivrait, afin de les donner en spectacle aux jeunes Spartiates à qui l'on voulait inspirer le dégoût de l'ivrognerie. Toutes les précautions furent prises pour empêcher les réunions et les soulèvements d'esclaves. Défense leur était faite de quitter la terre à laquelle on les avait attachés. Il leur était interdit de sortir de leurs habitations pendant la nuit; de temps à autre, les Spartiates se répandaient dans les campagnes, le poignard à la main, et faisaient la chasse aux Hilotes. Ces malheureux venaient-ils à se multiplier, les plus jeunes et les plus vigoureux étaient employés pendant la guerre aux entreprises les plus périlleuses, et Thucydide rapporte qu'un jour 2,000 Hilotes, reconnus pour les plus braves, furent enlevés sans qu'on sût jamais ce qu'ils étaient devenus.

II. *Répartition des terres.* — Après avoir classé les personnes, Lycurgue fit une répartition des terres. Neuf mille portions de terre, les meilleures de la Laconie, furent assignées aux neuf mille familles spartiates. Les Laconiens, dont il ne fallait pas faire des auxiliaires pour les Hilotes, reçurent 30,000 portions composées toutefois de terres de qualité inférieure et soumises à un tribut. Le législateur prétendait maintenir une certaine égalité de fortune entre les familles : à cet effet, il prohiba les aliénations de propriétés; il crut pouvoir empêcher la formation d'une richesse mobilière, en s'opposant au commerce des Spartiates avec les étrangers, au développement de l'industrie, à l'introduction des métaux précieux, et en ne tolérant, pour les usages journaliers, qu'une lourde monnaie de fer (1).

III. *Organisation des pouvoirs publics.* — Les Doriens, à l'époque de la conquête, obéissaient à deux chefs;

---

(1) Il fallait une charrette à deux bœufs pour porter une somme de *dix mines* (500 fr.), et une chambre entière pour la contenir.

les familles de ces chefs, qu'on appelait les *Proclides* et les *Agides*, restèrent en possession de la dignité royale. Lycurgue conserva les deux *rois*, qui commandèrent l'armée en temps de guerre et dirigèrent les sacrifices pendant la paix. — Le pouvoir souverain appartint, en réalité, à un *Sénat* de 28 Spartiates, âgés de 60 ans au moins, nommés à vie, et présidés par les rois. Ce Sénat faisait les lois, imprimait la direction aux affaires de la république, traitait avec les États voisins, et jugeait les causes capitales. — Il y eut, à Sparte, des *Assemblées*, exclusivement composées des Spartiates en armes et convoquées chaque mois à la nouvelle lune ; elles acceptaient ou rejetaient, mais sans discussion, les lois proposées par le Sénat, nommaient les prêtres et les magistrats, et décidaient la guerre, la paix, et les alliances. — Sparte obéit enfin à un quatrième pouvoir, celui des *Ephores* ou inspecteurs. On appelait ainsi cinq magistrats annuels, dont l'institution, selon quelques historiens, fut postérieure de plus d'un siècle à Lycurgue, et qui avaient pour fonction de protéger les citoyens contre les violences ou les injustices des magistrats. Ils étendirent peu à peu leur influence et leurs attributions, à ce point qu'ils eurent le droit de convoquer et de suspendre les assemblées, de demander compte à tous les magistrats de leur administration, de contrôler les actes du Sénat, de nommer et de révoquer les chefs de l'armée, de mettre les rois eux-mêmes en jugement.

IV. *Règlements sur l'éducation et la vie privée.* — Voulant former des guerriers, Lycurgue s'empara de la vie entière du citoyen. Les enfants difformes ou de constitution faible étaient précipités, à leur naissance, dans un gouffre voisin du mont Taygète ; les autres, confiés à des nourrices robustes, avaient un bouclier pour berceau, et pour jouet une lance. L'État s'emparait d'eux à l'âge de sept ans. On les habituait à marcher pieds nus, le corps à peine vêtu, même pendant l'hiver, à ne craindre ni la solitude, ni les ténèbres, à coucher sur la dure, à se nourrir des aliments les plus grossiers. L'éducation ne consistait qu'en exercices de force et d'agilité, sous la surveillance des magistrats et des vieillards, et les jeunes filles elles-mêmes apprenaient à lutter, à sauter, à courir, à lancer le javelot. L'enfant à qui la douleur arrachait une plainte était flétri comme un lâche : chaque année, les jeunes Spartiates, réunis devant l'autel de Diane, étaient frappés de verges, sous les yeux du peuple, afin qu'ils s'accoutumassent à la souffrance, et l'on en vit mourir de leurs blessures. Le vol était pour eux un exercice : celui qui s'était laissé surprendre était puni pour avoir manqué d'adresse. Un jeune Spartiate, ayant dérobé un renard, le tenait caché sous ses vêtements, et se laissa déchirer la poitrine plutôt que de trahir par un cri son larcin.

De vingt ans à soixante, les Spartiates étaient soldats. Même en temps de paix, leur existence était réglée par des lois sévères. Ils se reposaient des exercices militaires et gymnastiques par des chants en l'honneur des anciens héros, par une danse armée qu'on appelait la *Pyrrhique* (1), et par des conversations en ce langage simple, concis et sentencieux, qui reçut le nom de *laconisme*. Pour empêcher le luxe et la mollesse, il était prescrit que les repas se feraient en commun, par tables de quinze personnes : chacun devait fournir tous les mois un boisseau de farine, huit mesures de vin, cinq livres de fromage, deux livres et demie de figues. Un roi Agis ne put obtenir de manger chez lui au retour d'une expédition. Le mets national des Spartiates était le *brouet noir*, mélange de petits morceaux de viande, de sel, de vinaigre et de sang ; pour y prendre plaisir, il fallait, comme un cuisinier le dit un jour à un roi de Pont, s'être baigné dans l'Eurotas, ou, selon une réponse faite à Denys, tyran de Syracuse, qui ne trouvait pas le brouet propre aux palais délicats, l'assaisonnement nécessaire, l'appétit. — Lycurgue avait également déterminé l'étoffe et la forme des vêtements, le genre des habitations, la nature des meubles, à la fabrication desquels on ne devait employer que la scie et le marteau. Les hommes ne se mariaient qu'à trente ans, les femmes à vingt. Les célibataires expiaient chaque année, par des outrages publics, le tort de ne pas donner de défenseurs à la république.

(1) On en attribuait l'invention à Pyrrhus, fils d'Achille.

La vieillesse était honorée, parce qu'à Sparte la vie était remplie de grandes actions. Aux funérailles il n'y avait point de pleurs, et le deuil ne devait durer que onze jours, afin que les âmes ne fussent pas énervées par la douleur.

V. *Appréciation générale*. — On ne peut méconnaître que la législation de Lycurgue imprima aux Spartiates une rare énergie ; qu'elle développa chez eux les qualités militaires, et que, selon la remarque de Xénophon, les autres peuples furent, par comparaison avec eux, des enfants dans l'art de la guerre. L'organisation politique était bien appropriée aussi au génie de la race dorienne, puisqu'elle subit l'épreuve des siècles ; à la fin même de son existence, Sparte ne crut pouvoir se régénérer que par un retour aux lois de Lycurgue. — Mais ces lois étaient un attentat permanent contre les droits et les sentiments les plus légitimes de l'humanité. Dans une classification de personnes qui avait la conquête pour principe, les Hilotes étaient privés, non-seulement de liberté et de propriété, mais encore de la dignité d'hommes. C'était une chimère de vouloir immobiliser les fortunes, comme s'il était possible d'enlever à quiconque possède une terre le droit de l'améliorer, de l'accroître, d'en disposer à son gré ; un siècle à peine s'était écoulé depuis Lycurgue, et déjà ceux qui avaient aliéné leurs terres réclamaient une nouvelle répartition de la propriété. En vain des entraves étaient mises à la formation de la richesse par le moyen de l'industrie et du commerce : la guerre même mettait les Spartiates en contact avec leurs voisins, dont ils enlevaient les dépouilles et adoptaient les arts.

Il faut ajouter que jamais la liberté individuelle ne subit un plus effroyable despotisme. Le même système d'éducation, le même genre de vie étaient imposés à tous, sans distinction de sexes, au mépris des droits de la famille et des aptitudes particulières. La proscription des enfants contrefaits ou faibles, le sacrifice de l'âme au corps, de la vie intellectuelle et morale à la vie physique, la tolérance accordée au vol, la tyrannie qui pesait sur le citoyen depuis la naissance jusqu'à la mort, la préoccupation des intérêts de l'État au détriment des intérêts particuliers, tout condamne l'œuvre de Lycurgue. On peut recueillir, dans l'histoire de Sparte, des mots sublimes et des traits d'héroïsme; une femme disait à son fils en lui donnant son bouclier : « Reviens avec ou dessus, » pour indiquer qu'il devait vaincre ou mourir. Un soldat se plaignait d'avoir une épée trop courte : «Tu feras un pas de plus, » lui dit sa mère. Mais les affections les plus naturelles ont été anéanties au profit d'une seule, l'amour de la patrie. Une mère apprend que son fils a péri, et dit froidement : « Je sais que j'ai enfanté un mortel. » Une autre tue le sien, qui a fui dans le combat, et s'écrie : «L'Eurotas ne coule pas pour les cerfs.»

Celle-ci dit à son enfant : « Des bruits fâcheux se répandent sur ton compte; qu'ils cessent, ou meurs. » Celle-là court au devant d'un courrier : « Quelles nouvelles ? lui crie-t-elle. — Vos cinq fils sont morts. — Ce n'est pas ce que je demande. La victoire est-elle à nous ? — Oui. — Allons rendre grâces aux Dieux. » Chez les femmes une dure insensibilité, un héroïsme farouche ont pris la place des vertus douces et modestes.

Guerres de Messénie. — Par une contradiction bizarre, Lycurgue, en faisant des Spartiates un peuple organisé pour la guerre, leur avait interdit les conquêtes. Sa volonté ne fut pas respectée. La Messénie était plus fertile que la Laconie, et les Spartiates aspirèrent à s'en emparer. Une insulte faite à quelques jeunes filles de Sparte, dans un temple élevé à frais communs sur les frontières des deux pays, servit de prétexte aux hostilités (744 av. J.-C.). Euphaès, roi de Messénie, ayant été tué dans un combat, Aristodème, son successeur, le vengea en immolant Théopompe, l'un des rois de Sparte, avec 300 prisonniers. Obligé néanmoins de se retrancher sur le mont Ithôme, il s'y défendit pendant dix ans. Sur la foi d'un oracle, et pour assurer la victoire à son peuple, il sacrifia sa propre fille aux Dieux; mais, bientôt poursuivi par les remords, il se tua sur le tombeau de la victime. Les Messéniens, découragés, se soumirent en 724; ils conservèrent leurs terres, à condition de livrer à leurs vainqueurs la moitié des produits ; la forteresse de l'Ithôme fut rasée.

Au bout de quarante ans, la Messénie se lassa du joug, et fut soutenue dans une nouvelle guerre par l'Arcadie, qu'alarmait l'ambition de Sparte. Le héros de la lutte fut Aristomène, jeune guerrier du sang royal. Il osa pénétrer seul et de nuit dans Sparte, et suspendre à la porte du temple de Minerve un bouclier avec cette inscription : « Offert à la déesse, sur les dépouilles des Spartiates. » Ceux-ci, vaincus dans toutes les rencontres, consultèrent l'oracle de Delphes, qui leur conseilla de demander un général aux Athéniens. On leur envoya, par dérision, un poëte boiteux, Tyrtée. Battu près de Stényclaros, Tyrtée ranima par ses chants le courage des Spartiates ; dans une nouvelle affaire, Aristomène, abandonné par les Arcadiens, fut complétement défait. Il soutint un siége de onze ans sur le mont Ira. Pris dans une sortie nocturne avec cinquante de ses compagnons, il fut jeté dans la Céada, gouffre où l'on précipitait les criminels ; mais son bouclier, qu'il avait obtenu de garder en considération de son courage, le protégea dans sa chute. Deux jours après, il aperçut un renard qui venait dévorer les cadavres, et, le saisissant par la queue, se fit traîner jusqu'à l'ouverture qui lui avait livré passage. Il réussit à rentrer dans Ira. Mais, pendant une nuit d'orage, les Spartiates, avertis par un esclave fugitif que les remparts étaient mal gardés, s'en emparèrent. Aristomène se fraya un passage à travers les ennemis, et se retira en Arcadie. Aristocrate, roi de ce pays, apprenant qu'il songeait à surprendre Sparte dégarnie de ses défenseurs, en fit avertir l'ennemi, et fut lapidé par ses sujets, indignés de sa trahison. Aristomène alla mourir à Rhodes ; quelques Messéniens partirent pour l'Italie méridionale, où ils fondèrent Rhégium (auj. Reggio) ; ceux qui étaient restés dans leur pays furent réduits en esclavage (l'an 668 av. J.-C.).

GUERRES EN ARCADIE ET EN ARGOLIDE. — Les Spartiates ne se bornèrent pas à la conquête de la Messénie. Au siècle suivant, ils attaquèrent les Arcadiens, mais ne purent s'emparer que du territoire de Tégée (l'an 546).

Puis, ils pénétrèrent en Argolide. Ils convinrent avec les Argiens de remettre à 300 hommes choisis de part et d'autre le soin de terminer leur querelle. Un Spartiate et deux Argiens seulement survécurent au combat : ces derniers coururent annoncer leur victoire à Argos ; mais les Spartiates prétendirent que leur champion était resté maître du champ de bataille. On en vint à un engagement général : les Argiens, vaincus, furent assiégés dans leur ville ; une jeune fille, Télésilla, en combattant à la tête de ses compagnes, contraignit les Spartiates à se retirer (l'an 514). Pour perpétuer le souvenir de cet événement, les Argiens instituèrent une fête annuelle, pendant laquelle les femmes étaient vêtues en hommes et les hommes en femmes.

A l'époque où éclatèrent les guerres Médiques, Sparte était la puissance la plus redoutable de la Grèce : sauf l'Argolide, une partie de l'Arcadie, la Corinthie, l'Achaïe et l'Élide, elle était maîtresse du Péloponèse.

ATHÈNES. — Aller de Sparte à Athènes, c'est passer de l'esprit de despotisme au génie de la liberté, de l'immobilité au progrès. Appelés tous à participer aux affaires publiques, contraints par la pauvreté de leur sol à chercher des ressources dans l'industrie et le commerce, les Athéniens ont vécu dans une agitation féconde. Chez eux, le travail fut un honneur, la culture de l'intelligence une nécessité et une passion. Recueillir le miel des abeilles du mont Hymette, extraire le marbre du Pentélique, cultiver l'olivier dans la plaine, armer des navires pour le Pont-Euxin, la Thrace, l'Égypte, l'Italie et la Sicile, délibérer sur les intérêts de l'État, juger dans les tribunaux, contempler au théâtre les infortunes des dieux et des héros ou les ridicules des hommes, suivre à l'Académie ou au Lycée (1) les entretiens des philo-

---

(1) L'Académie, gymnase avec promenades, tirait son nom d'un certain Académus, à qui elle avait appartenu. Le lieu où s'élevait le Lycée était consacré à Apollon Lycien (tueur de loups).

sophes, leur activité suffit à tout. Sparte, née pour la guerre et ne vivant que pour elle, fut bien vite épuisée d'hommes ; elle put disparaître, sans dommage pour l'humanité. Athènes, dont on peut à peine compter les généraux, les administrateurs, les poëtes, les historiens et les artistes, a été la plus grande lumière de la Grèce et l'institutrice du genre humain.

L'Archontat. — A l'époque de la conquête du Péloponèse par les Doriens, des Ioniens cherchèrent un asile en Attique. Ils y furent poursuivis : Codrus, dernier roi d'Athènes, entreprit de repousser l'invasion. Un oracle ayant déclaré que la victoire appartiendrait au parti dont le chef aurait été tué, il se rendit, déguisé en bûcheron, auprès du camp dorien, et fut frappé mortellement par un soldat qu'il avait provoqué. Les Doriens, convaincus alors que les Dieux leur seraient contraires, battirent en retraite sans avoir combattu. Les Athéniens pensèrent qu'aucun homme n'était digne de succéder au généreux Codrus, et remplacèrent la royauté héréditaire par l'*archontat*, magistrature à vie et responsable (1). L'archonte était choisi par les grandes familles dans les descendants de Codrus. En 754, l'archontat devint décennal ; en 684, il fut partagé entre neuf citoyens, nommés pour un an.

Au milieu de ces révolutions de l'archontat, la situation de l'Attique devint embarrassante. Les Ioniens

(1) En grec, *archonte* signifie chef.

avaient pris la supériorité dans ce pays qui les avait reçus comme des fugitifs : en possession des meilleures terres, et nommés pour cette raison *Pédéens* ou habitants des plaines, ils se qualifiaient aussi d'*Eupatrides* ou nobles, levaient des impôts, exerçaient les magistratures, et jugeaient les procès d'après des règles inconnues à la multitude. L'ancienne population avait été peu à peu refoulée vers la mer ou vers les montagnes, et ainsi s'étaient formées les deux classes des *Paraliens* (habitants du rivage) et des *Hyperacriens* (montagnards). Les uns et les autres, vivant chétivement de la culture de mauvaises terres, ou de l'exercice de quelques arts manuels, étaient souvent réduits à emprunter aux Eupatrides, et, quand ils ne pouvaient rembourser, il leur fallait abandonner le peu qu'ils possédaient, ils devenaient même esclaves. La rapacité et la violence des Eupatrides engendrèrent de fréquentes séditions.

DRACON ; CYLON ; ÉPIMÉNIDE. — On crut mettre un terme au désordre, en chargeant un homme d'une vertu rigide, Dracon, de rédiger des lois (en 624). Dracon s'imagina que la sévérité des châtiments empêcherait tout le mal, et ne fit guère usage que de la peine de mort : il ne connaissait pas, disait-il, de châtiment plus doux pour les fautes légères, et n'en voyait pas d'autre pour les grands crimes. L'oisiveté, le vol de fruits ou de légumes dans un jardin, étaient punis avec la même rigueur que le sacrilége et l'homicide. On a pu dire que les lois de Dracon étaient écrites avec du sang. Il fut impossible de les appliquer.

Les troubles reparurent. Un eupatride, nommé Cylon, en profita : tandis qu'une partie des Athéniens étaient allés aux jeux Olympiques, il surprit l'Acropole (1) et exerça la tyrannie (en 612). Bientôt assiégé par le peuple, il réussit à s'échapper, et se retira à Mégare, auprès du tyran Théognis, son beau-père ; mais ses complices, à qui l'on avait promis la vie sauve, furent égorgés au pied d'un autel des Euménides où ils s'étaient réfugiés.

Une peste qui ravagea l'Attique fut considérée comme le châtiment de ce sacrilége. Pour la faire cesser, on manda de Crète, d'après le conseil d'un oracle, le sage Épiménide, qui avait passé quarante ans dans la retraite, et qu'on disait avoir commerce avec les Dieux. Épiménide fit des cérémonies expiatoires, éleva de nouveaux autels, et, après avoir rétabli la paix entre les partis, ne voulut emporter d'autre récompense qu'un rameau de l'olivier consacré à Minerve.

Solon. — Peu de temps après le départ d'Épiménide, la discorde ayant éclaté de nouveau, Solon, archonte en 593, accepta de donner des lois à sa patrie. C'était un descendant de Codrus ; il avait acquis une grande fortune dans le commerce. Deux

(1) Nom de la citadelle d'Athènes, signifiant *ville haute*.

événements avaient attiré sur lui l'attention. D'abord, il avait commandé avec succès un corps d'Athéniens envoyé dans la Phocide, pour châtier quelques habitants de ce pays coupables d'avoir usurpé des terres consacrées à Apollon. Puis, à une époque où les Athéniens, découragés par plusieurs expéditions infructueuses contre les habitants de Mégare qui leur avaient enlevé l'île de Salamine, avaient décrété la peine de mort contre quiconque proposerait encore de faire des armements, Solon avait composé une élégie guerrière, et, contrefaisant l'insensé, était venu la réciter sur la place publique ; son enthousiasme passant dans l'âme de ses auditeurs, on l'avait chargé de diriger une nouvelle expédition, et il avait repris Salamine.

Ses lois. — Le premier soin de Solon fut de remédier aux maux présents. Sans aller jusqu'à l'abolition des *dettes*, il en facilita le paiement, tout à la fois en retranchant du capital les intérêts, et en augmentant la valeur nominale de la monnaie ; il fit mettre les débiteurs en liberté, et abolit la contrainte par corps. S'il donna aux griefs des pauvres cette satisfaction, il conserva aux riches toutes leurs propriétés.

Solon s'occupa ensuite de la réforme politique. Il divisa les citoyens libres en *quatre classes*, d'après la fortune. Tous, sans exception, purent assister aux assemblées et y donner leur vote ; mais les membres des trois premières classes purent seuls prétendre aux fonctions publiques ; les archontes ne furent même tirés que de la première classe. Solon n'appelait donc aux magistratures importantes et à la direction de l'État que les hommes qui avaient la richesse ou au moins une certaine aisance.

Tout Athénien avait une part du *pouvoir législatif*, puisque l'assemblée du peuple votait les lois, décidait de la paix et de la guerre, autorisait la levée des impôts, et nommait les magistrats. Il avait aussi une part du *pouvoir judiciaire :* car Solon voulut que six mille citoyens, désignés chaque année par le sort, fussent chargés de juger, soit tous ensemble, soit par commissions, toutes les causes civiles. Le jugement des procès criminels fut réservé à l'*Aréopage* (1), tribunal dont on faisait remonter l'origine aux temps mythologiques, et qui, composé des archontes sortis de charge, siégeait la nuit et n'admettait que rarement le ministère des avocats, dans la crainte d'être ému par la vue des accusés ou par la puissance de la parole.

Les Archontes se partagèrent le *pouvoir exécutif*. Le premier s'appelait *Éponyme*, parce qu'il donnait son nom à l'année ; le second, l'*archonte-roi*, accomplissait certains sacrifices, confiés jadis aux rois ; le troisième, qu'on nommait *polémarque*, avait dans ses attributions les affaires militaires ; les six autres, dits

---

(1) Il tirait son nom de la *colline de Mars*, où il siégeait.

thesmothètes (législateurs), étaient chargés de la promulgation et de l'exécution des lois.

En appelant tout le peuple athénien aux assemblées, Solon constituait un gouvernement démocratique. Mais il jugea nécessaire de donner un contrepoids à l'autorité populaire, par le moyen du *Sénat* et de l'*Aréopage*. L'Attique étant divisée en quatre tribus ou régions, le sort désignait dans chacune d'elles cent citoyens pour faire partie du Sénat : ce corps de quatre cents membres préparait les projets de loi pour l'Assemblée du peuple, et avait le droit de rendre des ordonnances qui, sans avoir été soumises à cette Assemblée, avaient force de loi pendant un an ; il pouvait ainsi neutraliser et suspendre les résolutions du peuple. L'Aréopage, plus puissant encore, révisait et cassait au besoin les décisions de l'Assemblée ; il veillait, en outre, au maintien de la constitution, à l'emploi des deniers publics, recevait les comptes de gestion des Archontes, s'assurait des moyens d'existence de chaque citoyen, et punissait ceux qui vivaient dans l'oisiveté.

On peut considérer aussi comme des mesures de précaution contre les abus de la démocratie quelques lois particulières de Solon. Par exemple, tout citoyen devait, sous peine d'infamie, prendre parti dans les moments de troubles, parce qu'alors il devient impossible à une poignée de factieux d'imposer par un coup de main leur volonté au pays. Il était permis d'accuser un citoyen devant le peuple: mais l'accusateur était puni, s'il ne réunissait au moins le quart des suffrages.

Appréciation. La législation de Solon était incontestablement supérieure à celle de Lycurgue. La classification des citoyens à Athènes ne consacrait pas des iniquités révoltantes comme à Sparte : aucun homme n'était complétement et à jamais privé de droits politiques, et, s'il y avait un privilége pour la fortune, le citoyen de la quatrième classe trouvait une compensation dans l'exemption d'impôts, et il pouvait acquérir par le travail le revenu qui donnait entrée dans les classes privilégiées; une aristocratie existait, mais elle n'avait pas le caractère exclusif de caste, puisqu'elle n'était pas protégée par des barrières infranchissables. Lycurgue chassait de la Laconie les étrangers ; Solon accordait protection à leur industrie et à leur commerce, sous condition de se fixer pour toujours en Attique et de payer chaque année une légère contribution. Les Athéniens avaient de nombreux esclaves; mais ceux-ci pouvaient se faire vendre à un autre maître s'ils étaient maltraités, et la loi punissait les violences graves commises sur leur personne. — Solon ne songea pas à régler la fortune des citoyens ; il l'abandonna aux efforts individuels, au travail de chacun, et l'on n'entendit jamais demander dans Athènes le remaniement et la répartition des propriétés. — Au point de vue du gouvernement, Solon ne se flattait point d'avoir fait une œuvre parfaite, mais il estimait que sa législation était celle qui convenait le mieux au génie mobile des Athéniens. Tous les éléments étaient habilement combinés dans la Constitution, de manière à tempérer la démocratie, à la protéger contre les caprices et les entraînements. — A Athènes, l'individu ne fut pas, comme à Sparte, sacrifié entièrement à l'État. Les règlements relatifs à l'éducation prescrivaient les exercices de l'esprit aussi bien que ceux du corps : la jeunesse fortifiait ses membres dans les gymnases, mais elle étudiait les lettres et les arts. Le citoyen était capable de sacrifices en temps de guerre, mais les affections de famille ne lui étaient point interdites, et celui-là seul qui accomplissait les devoirs de la vie privée était jugé digne de s'occuper des intérêts publics. La liberté imprima aux Athéniens un admirable élan en toutes choses, et tandis que Sparte, après d'éclatants triomphes militaires, fut brisée par quelques désastres et tomba dans l'oubli, ils se relevèrent plusieurs fois de leurs défaites, éclairant encore la Grèce quand ils ne pouvaient plus la gouverner. Sparte a laissé des souvenirs plus grands que sympathiques, et l'admiration qu'on ne peut quelquefois lui refuser est mêlée de répugnance ; Athènes toujours attire et charme, car elle est la seconde patrie des hommes civilisés.

Les Pisistratides. — Solon mérita d'être mis au

nombre des sept *Sages de la Grèce* (1). Après avoir fait jurer aux Sénateurs et aux Archontes de n'apporter aucune modification à ses lois avant dix ans, il s'éloigna d'Athènes. Mais les rivalités des anciens partis ne tardèrent pas à reparaître, et le retour même du législateur ne put les calmer. Un neveu de Solon, *Pisistrate*, après s'être fait un parti dans les Hypéracriens par ses libéralités et son éloquence, se présenta, couvert de sang, sur la place publique, et prétendit avoir été maltraité par les Eupatrides à cause de son zèle pour les intérêts du peuple. Autorisé à prendre une garde de 600 hommes, il l'augmenta peu à peu, et finit par s'emparer de l'Acropole (en 561). Deux fois Lycurgue et Mégaclès, chefs des Eupatrides et des Paraliens, le chassèrent : il parvint à rentrer dans Athènes, et conserva définitivement le pouvoir. Il en usa sagement : entourant Solon de respects, lui demandant souvent conseil, il fit observer les lois établies et s'y soumit lui-même. Peut-être une autorité vigoureuse était-elle nécessaire pour plier les Athéniens au joug de la législation. Pisistrate se montra généreux envers ses ennemis, simple et modeste dans sa vie, encouragea de ses deniers l'agriculture, fit voter une loi d'après la-

---

(1) Les autres étaient *Thalès* de Milet, *Bias* de Priène (Ionie), *Pittacus* de Lesbos, *Cléobule* de Rhodes, *Myson* de Thessalie, *Chilon* de Sparte, qui s'étaient tous occupés de l'homme et de l'art de le gouverner.

quelle les soldats mutilés seraient nourris aux frais de l'État, ouvrit ses propres jardins comme promenade aux pauvres, consacra l'argent du trésor à la construction des temples d'Apollon et de Jupiter, des bâtiments du Lycée, et de nombreuses fontaines, forma la première bibliothèque de la Grèce, ordonna de recueillir et de mettre en ordre les poésies d'Homère; en un mot, il mit tous ses soins à faire oublier à ses concitoyens la perte de leur liberté.

Quand il mourut (en 538), ses fils *Hipparque* et *Hippias* héritèrent de sa puissance. Après quatorze années d'une administration sage, leur autorité fut menacée. Hipparque avait insulté, en l'excluant d'une cérémonie religieuse, la sœur d'Harmodius, jeune Athénien qu'il avait vainement essayé de s'attacher. *Harmodius* trama un complot avec *Aristogiton*, son ami : Hipparque fut frappé mortellement, pendant une fête de Minerve, et Harmodius tué par les gardes de sa victime; Aristogiton, mis à la torture et pressé de dénoncer ses complices, se plut à nommer les meilleurs amis d'Hippias, qui les envoya au supplice. Une femme, Lééna, dans la crainte que la douleur ne lui arrachât des révélations, se coupa la langue avec les dents.

Hippias, devenu soupçonneux et cruel, fit périr un grand nombre d'Athéniens, et exigea de lourds impôts; chassé par une insurrection populaire, en 510, il se retira auprès de Darius Ier, roi de Perse. Les Eupatrides, dirigés par *Isagoras*, et soutenus par le roi de Sparte Cléomène, exploitèrent à leur profit cette révolution, et bannirent d'Athènes 700 familles. Mais *Clisthène*, chef du parti populaire, reprit bientôt l'avantage, et, en consolidant la Constitution, la rendit plus démocratique. L'Attique fut divisée en dix tribus, nommant chacune 50 sénateurs, et le Sénat se trouva ainsi porté à 500 membres. Pour amoindrir l'influence des grands dans l'Assemblée du peuple, on admit parmi les citoyens un certain nombre d'étrangers domiciliés et même d'esclaves. Désormais tout Athénien put monter à la tribune et haranguer l'Assemblée. On prévint le retour de la tyrannie par l'institution de *l'ostracisme* (1) : le peuple prononçait le bannissement pour dix ans contre tout citoyen à qui ses richesses, ses talents, ses services, donnaient trop d'influence dans l'État, et qui pouvait faire courir des dangers à la liberté publique. Ce jugement, pour lequel il fallait 6,000 suffrages au moins, n'avait rien d'infamant, et n'entraînait ni la confiscation de biens ni la perte des droits de citoyen ; c'était une mesure de précaution qu'une démocratie ombrageuse prenait à l'égard des hommes soupçonnés d'ambition. Un siècle ne s'était pas encore écoulé depuis l'établissement de l'ostracisme, quand on cessa d'y recourir : le peuple, en décrétant ce genre d'exil con-

(1) D'un mot grec qui signifie *coquille*. Chacun inscrivait son vote sur une coquille.

tre un factieux méprisable, nommé Hyperbolus, avait en quelque sorte déshonoré la peine, qu'il ne voulut plus appliquer à aucun homme de bien.

Tout en développant sa constitution politique, Athènes augmentait sa flotte, et envoyait des colonies en Eubée, dans les Cyclades, à Lemnos, sur les côtes de la Chersonèse de Thrace. Elle était la première puissance maritime de la Grèce, lorsque ce pays eut à défendre son indépendance contre les Perses.

CHAPITRE III.

LES GUERRES MÉDIQUES.

Causes des guerres Médiques. — On donne le nom de *guerres Médiques* aux luttes que les Grecs soutinrent contre les Mèdes et les Perses, de 500 à 449 avant Jésus-Christ. Le désir qu'avait la reine Atossa de posséder des esclaves grecques et les excitations d'Hippias ne suffiraient pas pour expliquer les agressions de Darius. La guerre avait pour cause l'extension progressive de l'empire des Perses vers l'Occident : Cyrus s'était avancé jusqu'à la mer Égée; Darius avait pénétré dans la Thrace et imposé un tribut à la Macédoine. Les secours que les Athéniens envoyèrent à Aristagoras de Milet, qui s'était révolté, l'incendie de Sardes par leurs soldats (en 500), ne firent que donner à Darius un prétexte longtemps attendu. Ayant demandé son arc, ce prince tira une flèche vers le ciel en s'écriant : « Puissé-je me venger des Athéniens ! » Chaque jour, avant le repas, un de ses officiers lui répéta trois fois ces paroles : « Seigneur, souvenez-vous des Athéniens. »

Expédition de Mardonius (l'an 492). — Après avoir comprimé la rébellion de l'Ionie, Darius confia le commandement d'une armée de terre et de mer à son gendre Mardonius, qui prit sa route par la Thrace. La flotte fut poussée par les vents sur les rochers du mont Athos, les troupes de terre assaillies pendant la nuit par des tribus barbares, et Mardonius, blessé, dut retourner en Asie : il avait perdu vingt mille hommes et trois cents vaisseaux.

Expédition de Datis et d'Artapherné (490). — Un officier mède, Datis, et le neveu du roi, Artapherne, furent chargés d'une nouvelle invasion. Afin d'éviter les longueurs d'une attaque par le nord de la Grèce, ils traversèrent la mer Égée, reçurent la soumission des Cyclades, excepté Naxos, qui fut brûlée, et ruinèrent Érétrie, ville de l'Eubée (1), qui s'était associée à l'expédition des Athéniens en Ionie. Des hérauts avaient été envoyés dans toutes les villes grecques pour demander *la terre et l'eau* (2) : ils furent jetés dans une fosse profonde à Sparte ainsi qu'à Athènes, où l'on condamna à mort l'interprète qui avait souillé la langue grecque en traduisant les ordres d'un barbare. Guidés par Hippias, les Perses débarquèrent en Attique, près du village de Marathon.

Les Athéniens n'avaient que dix mille hommes à opposer à plus de cent mille ennemis. La ville de

(1) C'est aujourd'hui l'île de Négrepont.
(2) Présenter un peu de terre et d'eau à un prince, c'était, chez les Perses, faire acte de complète soumission.

Platée leur envoya mille soldats; les Spartiates armèrent des troupes, mais une loi religieuse les empêchait de se mettre en marche avant la pleine lune, et elles ne devaient arriver qu'après la bataille. L'armée athénienne obéissait à dix généraux, un de chaque tribu, et de ce nombre étaient Miltiade, Thémistocle, Aristide : ils commandaient alternativement, chacun pendant une journée; mais ils se mirent tous sous les ordres de Miltiade, qui cependant attendit, pour combattre, le jour qui le plaçait de droit à la tête de l'armée.

BATAILLE DE MARATHON. — Miltiade adossa ses soldats à une colline, afin qu'ils ne pussent être tournés, et fit abattre des arbres sur ses ailes, pour empêcher les mouvements de la cavalerie ennemie. Au signal de l'action, les Grecs, évitant de s'exposer longtemps aux flèches des Perses, allèrent droit à eux, et, après quelques heures d'une lutte corps à corps, les mirent en déroute. Hippias resta parmi les morts. Une partie des vaincus furent poussés dans un marais qui offrait l'aspect d'une prairie; les autres regagnèrent en toute hâte leurs vaisseaux, dont plusieurs furent coulés ou pris. Cynégire, frère du poète tragique Eschyle, retint un navire de la main droite, qu'on lui coupa d'un coup de hache, puis de la main gauche qu'il perdit encore, et s'attacha à sa proie avec les dents. Un soldat, qui voulut être le premier à porter la nouvelle de la victoire, courut sans s'arrêter, de Marathon à Athènes, où il tomba mort de fatigue.

A la direction que prit la flotte des Perses, Miltiade devina que leur projet était de tourner la presqu'île de l'Attique, et de tenter un coup de main sur Athènes. Il revint dans cette ville à marche forcée, et l'ennemi, voyant que les habitants étaient sur leurs gardes, se retira sans rien entreprendre. — On fit des funérailles magnifiques aux guerriers qui avaient péri dans la plaine de Marathon ; leurs noms furent gravés sur des colonnes commémoratives ; le peintre Polygnote représenta Miltiade à la tête des autres généraux, au moment où il exhortait les troupes au combat.

Mort de Miltiade. — Pendant que les Perses fuyaient vers l'Asie, Miltiade voulut se rendre maître des Cyclades, qui seraient devenues autant d'avant-postes et de remparts pour l'Attique en cas de nouvelles attaques. L'île de Paros lui opposa une résistance vigoureuse : elle était cependant sur le point de succomber, lorsqu'un incendie s'y déclara pendant la nuit ; Miltiade prit le feu pour un signal annonçant l'arrivée d'une flotte persane, et leva le siége. Des envieux l'accusèrent d'avoir trompé le peuple par la promesse de brillantes conquêtes, ruiné le trésor et peut-être accepté l'or des Perses. Il fut condamné à une amende de cinquante talents (1), et mourut bientôt des blessures qu'il avait reçues (en 489).

(1) Environ 280,000 francs.

ARISTIDE ET THÉMISTOCLE. — Aristide et Thémistocle se disputèrent alors le pouvoir dans Athènes. Le premier, que recommandaient son désintéressement, sa sagesse, son dévouement au bien public, dirigeait le parti aristocratique ; le second, ambitieux plein de génie, que « les lauriers de Miltiade empêchaient de dormir, » et qui avait à faire oublier les désordres de sa jeunesse, était à la tête de la démocratie. Aristide disait que c'en était fait de la république, si on ne les jetait l'un et l'autre au fond d'un puits. La question de l'ostracisme ayant été posée entre les deux rivaux, l'intrigue l'emporta sur la vertu : Aristide fut banni. On raconte qu'un paysan, qui ne savait pas écrire, le pria d'écrire sur sa coquille le nom d'Aristide. « Quel tort vous a t-il-fait ? lui demanda « celui-ci. — Aucun, répondit le paysan ; je ne le « connais même pas ; mais je suis fatigué de l'en- « tendre appeler le Juste. »

Du moins, Thémistocle usa de l'autorité dans l'intérêt de sa patrie. Prévoyant, en effet, un retour offensif des Perses, il persuada aux Athéniens de consacrer à l'augmentation de la flotte le produit des mines d'argent du Laurium, exerça les troupes, et s'assura l'alliance des villes voisines.

INVASION DE XERXÈS. — Darius, occupé par une insurrection de l'Égypte, était mort sans avoir réparé ses défaites. Son fils Xerxès prépara une terrible vengeance. Plus de cinquante nations soumises à son empire furent convoquées à Sardes, où l'on vit arriver, dit-on, cinq millions de personnes, en y comprenant les valets d'armée, les femmes, les enfants et les vieillards. La flotte de combat se composait de douze cents bâtiments, qu'accompagnaient trois mille vaisseaux de transport.

Habitué à ne rencontrer aucune résistance, fier de commander à toute l'Asie, Xerxès conçut un orgueil qui dégénéra souvent en folie. Deux ponts de bateaux qu'il avait fait construire entre Abydos et Sestos, pour franchir l'Hellespont, ayant été brisés par une tempête, il fit trancher la tête aux ouvriers; il ordonna de jeter des chaînes dans la mer, de lui donner trois cents coups de fouet, de la marquer d'un fer rouge. Les ponts furent rétablis; l'armée mit sept jours et sept nuits à les traverser, et les bagages tout un mois. Arrivé en Thrace, Xerxès, voulant connaître le nombre de ses soldats, fit construire une enceinte de murs contenant dix mille hommes, et la remplit autant de fois qu'il fut nécessaire. Il passa ensuite une revue; en contemplant toute cette multitude, il ne put retenir ses larmes, et comme son oncle Artabaze, qui avait cherché à le dissuader de la guerre, lui demandait le motif de sa pitié : « C'est, répondit-il, que de tant d'hommes il n'en restera pas un seul dans cent ans ! » Il poussa la démence jusqu'à adresser une lettre au mont Athos, sur lequel s'étaient brisés les vaisseaux de Mardonius, et le menaça de sa colère ;

la montagne fut, en effet, séparée du continent par un large canal, qui livra passage à toute la flotte persane.

Léonidas aux Thermopyles (l'an 481). — Les Thraces et les Macédoniens n'avaient opposé aucune résistance au grand roi; les villes mêmes de la Béotie, à l'exception de Thespies et de Platée, avaient fait leur soumission à ses ambassadeurs. Mais, dans le reste de la Grèce, on se mit en défense : Thémistocle fit rappeler Aristide; des secours furent demandés aux colonies d'Italie et de Sicile ; les députés des villes se réunirent à l'isthme de Corinthe, et décernèrent le commandement aux Spartiates. Xerxès disait à un roi de Sparte, Démarate, que l'on avait chassé de sa patrie : « Croyez-vous que vos concitoyens osent me « résister ? — Quand toute la Grèce se soumettrait, « répondit l'exilé, les Spartiates n'en seraient que « plus ardents à défendre leur liberté; ne fussent-« ils que mille, et moins encore, ils se présente-« raient au combat. » Sparte, qui songeait surtout à protéger le Péloponèse, fit décider que l'armée grecque, qui était de 60,000 hommes, occuperait l'isthme, et que la flotte, forte de deux cent quatre-vingts bâtiments, et commandée par le Spartiate Eurybiade, bien que les Athéniens en eussent fourni plus de la moitié, irait surveiller les mouvements des Perses dans la mer Égée; afin de ne point paraître abandonner la Grèce centrale, elle envoya trois cents hommes avec le roi Léonidas aux Thermopyles (1). A cette poignée de héros se joignirent quelques milliers de soldats des autres villes.

Xerxès, arrivé aux Thermopyles, envoie demander à Léonidas ses armes. « Viens les prendre, » répond celui-ci. La lutte s'engage; les assaillants sont si nombreux, que leurs flèches obscurcissent le soleil : « Tant mieux, dit un Spartiate, nous combattrons à l'ombre. » Tous les efforts des Perses échouent, mais la trahison leur vient en aide : un pâtre de Thessalie, Ephialte, leur indique un sentier où l'on peut tourner la position des Grecs. Ils approchent : « Les Perses sont près de nous, crient des soldats. — Dites plutôt que nous sommes près d'eux, » répond froidement Léonidas. Après avoir congédié ses compagnons, excepté les Spartiates et quelques Thespiens qui veulent partager son sort, il fond pendant la nuit sur le camp ennemi, y jette le désordre, et, quand il succomba, 20,000 Perses avaient été tués. On grava plus tard sur le tombeau des Spartiates l'inscription suivante : « Passant, dis à Lacédémone que nous sommes morts ici pour obéir à ses lois. » Deux Spartiates avaient survécu à leurs compagnons : l'un se tua pour échapper au mépris de ses concitoyens; l'au-

(1) Ce défilé, dont le nom signifie en grec *Portes chaudes* (il y avait des sources thermales), était situé entre la chaîne de l'OEta et la mer, et conduisait de Thessalie en Locride.

tre trouva plus tard une mort glorieuse sur le champ de bataille de Platée.

Tandis que l'on combattait aux Thermopyles, 400 vaisseaux des Perses se perdirent sur la presqu'île de Magnésie, et la flotte grecque, après un engagement heureux avec les autres près du cap Artémisium, au nord de l'Eubée, se replia vers l'isthme de Corinthe.

BATAILLE DE SALAMINE. — Après avoir traversé la Phocide et brûlé Thespies et Platée en Béotie, Xerxès marcha sur Athènes. L'oracle de Delphes avait ordonné aux habitants de cette ville de chercher un refuge dans des murailles de bois : Thémistocle leur ayant fait comprendre qu'il s'agissait de vaisseaux, tous ceux qui pouvaient combattre rejoignirent la flotte, et les autres se retirèrent à Trézène et dans l'île d'Égine. Quelques vieillards prirent l'oracle à la lettre, et se retranchèrent à l'Acropole, au milieu d'une enceinte de pieux : les Perses les égorgèrent, et mirent le feu à la ville.

Pendant ce temps, on délibérait sur la flotte grecque. Thémistocle proposa de se tenir dans le détroit qui sépare l'île de Salamine de la côte de l'Attique, afin que l'ennemi ne pût profiter de sa supériorité numérique. Eurybiade combattit cet avis, et, dans la chaleur de la discussion, alla jusqu'à lever son bâton sur l'illustre Athénien : « Frappe, dit celui-ci, mais écoute; » et il développa ses raisons avec tant de force, que tous les Grecs furent entraînés. Cependant, Thémistocle craignit un changement de décision, et dépêcha secrètement à Xerxès un agent pour l'informer que la flotte grecque, épouvantée, allait se disperser, et qu'il était possible de l'anéantir en ordonnant immédiatement l'attaque. Le roi donna dans le piége. Embarrassés par leur multitude même, les vaisseaux des Perses ne purent manœuvrer ; un grand nombre furent coulés ou pris, et, au milieu d'une confusion inexprimable, Artémise, reine de Carie, combattit seule avec intrépidité; ce qui fit dire à Xerxès que « les hommes s'étaient conduits comme des femmes, et les femmes comme des hommes. » Le monarque avait assisté, du haut d'un trône élevé sur le rivage, au désastre de sa flotte; sur un nouvel avis du rusé Thémistocle, qui lui faisait craindre que des navires grecs ne fissent voile vers l'Hellespont pour lui couper la retraite, il regagna précipitamment l'Asie, laissant sur les chemins une grande partie de son armée épuisée par les maladies, la fatigue et la faim.

BATAILLES DE PLATÉE ET DE MYCALE (en 479). — Tout n'était pas fini : Mardonius était resté avec 300,000 hommes d'élite en Béotie. L'armée de terre des Grecs, sous les ordres du Spartiate Pausanias et d'Aristide, lui livra bataille dans les plaines de Platée, et remporta une éclatante victoire. Mardonius périt avec la plupart des siens.

Le même jour, la flotte grecque, qui avait poursuivi les vaincus de Salamine, les attaquait près du promontoire de Mycale en Ionie : le Spartiate Léotychidès et l'Athénien Xanthippe, chargés du commandement, eurent un triomphe complet.

Ici se termine la première période des guerres Médiques : les Perses, après avoir été les agresseurs, auront désormais à se défendre sur leur propre territoire. Les Grecs, en effet, s'organisant en fédération permanente, ont décidé qu'ils entretiendront une armée et une flotte pour continuer la guerre en Asie.

Reconstruction d'Athènes. — Après le départ des Perses, les Athéniens, non contents de relever leur ville, voulurent la protéger par des fortifications contre une nouvelle attaque. Les Spartiates affectèrent d'en être effrayés : il était dangereux, disaient-ils, d'avoir, en dehors du Péloponèse, des villes fortes où les Perses pourraient s'établir et se défendre. Thémistocle sut déjouer leur dessein. Après avoir recommandé à ses concitoyens de pousser vivement les travaux, il se rendit à Sparte, gagna du temps par la lenteur calculée de ses négociations, et finit par affirmer que l'œuvre était abandonnée. Des députés partirent pour Athènes, afin de vérifier l'état des choses; ils y furent gardés comme otages. Thémistocle, informé que les fortifications étaient achevées, déclara alors que les Athéniens avaient usé de leur droit et étaient prêts à le soutenir par les armes. On n'osa le retenir. De retour à Athènes, il améliora le port du

Pirée, et le joignit à l'aide des *longs murs* à la ville.

Trahison de Pausanias. — Le dissentiment passager de Sparte et d'Athènes n'empêcha pas les Grecs de reprendre la lutte contre les Perses. Pausanias, mis à la tête des forces helléniques, alla reconquérir Sestos et Byzance. Mais tout à coup on le vit adopter le costume et les mœurs asiatiques, se faire escorter d'une garde étrangère, et traiter ses subordonnés avec arrogance. Il avait accepté l'or des Perses, et Xerxès lui avait promis la main de sa fille, s'il l'aidait à asservir la Grèce. Sur les plaintes des alliés, Sparte rappela Pausanias (en 476). Quelques années plus tard, les Éphores apprirent qu'il continuait ses intrigues, et résolurent de le mettre en jugement : le traître se réfugia dans un temple de Minerve. Comme on ne voulut pas violer cet asile, on en mura les issues ; la mère de Pausanias apporta, dit-on, la première pierre, et il mourut de faim dans l'enceinte sacrée.

Exil et mort de Thémistocle. — Thémistocle s'était joué des Spartiates : ils se vengèrent, en propageant le bruit qu'ils avaient trouvé des preuves de sa complicité avec Pausanias. Les Athéniens, d'ailleurs, fatigués de la vanité du vainqueur de Salamine, qui parlait sans cesse de ses services et de sa gloire, prirent prétexte des rapines dont ses ennemis l'accusaient, et le bannirent par l'ostracisme. Thémistocle alla successivement à Argos, à Corcyre, et chez Admète, roi des Molosses en Épire, et enfin demanda asile aux Perses. Xerxès venait d'être assassiné par Artaban, capitaine de ses gardes (en 472); son fils Artaxerxès Longue-Main (1) accueillit avec faveur le proscrit et lui assigna les revenus de trois villes d'Asie-Mineure, Magnésie pour son pain, Lampsaque pour son vin, et Myonte pour sa bonne chère. Bientôt après, Thémistocle s'empoisonna, soit pour n'être pas contraint de porter les armes contre sa patrie, soit par crainte de compromettre sa réputation militaire à la tête des troupes du grand roi.

Mort d'Aristide. — La guerre allait être, en effet, reprise avec vigueur. La trahison de Pausanias avait fait passer des Spartiates aux Athéniens l'hégémonie (2) de la Grèce; Aristide, après avoir fixé à 460 talents (2 millions et demi de fr.) la contribution annuelle des confédérés et en avoir opéré la répartition au gré de tous, avait déposé le trésor commun dans le temple d'Apollon à Délos. Au moment où il allait ouvrir les hostilités, la mort l'enleva : il était si pauvre, que l'État dut pourvoir à ses funérailles et à la subsistance de ses filles.

Cimon. — La direction des forces helléniques passa entre les mains de Cimon, fils de Miltiade. C'était un

---

(1) Ainsi nommé parce qu'il avait la main droite plus longue que la gauche.

(2) Mot d'origine grecque, signifiant *commandement en chef* des forces d'une fédération.

homme lourd, ignorant, dépourvu du talent de la parole, et qui avait mené la vie de plaisir ; néanmoins sa bravoure, son désintéressement, sa générosité envers les pauvres, l'avaient rendu populaire. Il chassa complétement les Perses de la Thrace, fonda la colonie d'Amphipolis, fit la conquête de Thasos et de Scyros, affranchit les villes grecques d'Asie-Mineure du joug d'Artaxerxès, et, en un seul jour, à l'embouchure de l'Eurymédon (1), remporta une double victoire sur la flotte et l'armée des Perses (en 466).

Ses exploits ne le mirent pas à l'abri de l'ingratitude des Athéniens. Dans un tremblement de terre qui fit écrouler sur la ville de Sparte les cimes du Taygète, vingt mille personnes périrent ; les Hilotes et les Messéniens crurent que le moment était favorable pour secouer le joug. Athènes, à qui les Spartiates demandèrent du secours, était disposée à les laisser périr : mais Cimon pensait que la rivalité d'un peuple puissant était nécessaire à ses concitoyens, et il leur fit craindre que le succès des esclaves de la Laconie ne fût, pour ceux de l'Attique, un encouragement à la révolte. Des troupes furent envoyées ; quand elles atteignirent les frontières de la Laconie, la troisième guerre de Messénie venait de finir par un effort suprême des Spartiates, qui les invitèrent à se retirer. A cette nouvelle, les Athéniens accusèrent

---

(1) Rivière de Pamphylie.

Cimon de les avoir exposés à un outrage ; comme on le savait partisan du gouvernement aristocratique et admirateur des vertus guerrières de Sparte, l'assemblée du peuple le frappa d'ostracisme (en 461).

Pendant son absence, des querelles éclatèrent entre les villes grecques, et faillirent amener une guerre générale. Athènes envoya, pour soutenir une révolte de l'Égypte contre les Perses, une flotte qui périt presque tout entière. Cimon, rappelé avant la fin de son exil, rétablit la concorde entre les Grecs, et occupa les esprits en poursuivant la guerre médique. L'île de Chypre fut conquise ; il ne restait à soumettre que la ville de Citium, quand Artaxerxès demanda la paix. Cimon mourut pendant les négociations : mais, pour que le grand roi ne fût pas tenté de profiter de cet événement, on le lui cacha avec soin ; l'armée athénienne elle-même n'apprit la mort de son chef qu'un mois après, lorsqu'elle rentra au Pirée (1). Le *traité de Cimon* (en 449) consacra le triomphe des Grecs sur les Perses : les colonies grecques de l'Asie-Mineure étaient affranchies ; aucunes troupes persanes ne pouvaient en approcher à moins de trois journées de marche ; la mer Égée était déclarée possession grecque, et il était interdit aux vaisseaux du grand roi d'y pénétrer.

(1) Le vase qui renferme les cendres de Cimon est à la Bibliothèque impériale de Paris.

CHAPITRE IV.

PRÉPONDÉRANCE D'ATHÈNES.

PÉRICLÈS. — Athènes avait joué le principal rôle dans les guerres Médiques : les colonies d'Asie-Mineure lui devaient leur indépendance, et la Grèce entière sa sécurité. La supériorité de sa marine, ses nombreuses colonies, les victoires de ses grands hommes, le noble usage qu'elle avait fait de l'hégémonie, lui assuraient le premier rang parmi les villes grecques. En même temps elle devenait le centre et le foyer des lettres et des arts. A la tête de son gouvernement parut alors un homme illustre, Périclès, dont le nom désigne dans l'histoire un siècle tout entier.

Il était fils de Xanthippe, l'un des vainqueurs de Mycale, et petit-neveu de Clisthène, chef du peuple après l'expulsion des Pisistratides. Sa ressemblance avec Pisistrate pouvant réveiller de fâcheux souvenirs, il s'était tenu longtemps à l'écart, et, tout en prenant place parmi les chefs de la démocratie, il n'avait point espéré, du vivant de Cimon, une influence considérable dans l'État. Un des auteurs de l'exil de ce général, il fut le premier à demander son rappel. Après la mort de Cimon, il réussit, sans avoir aucun titre, sans exercer aucune magistrature, à diriger en maître le peuple athénien.

Divers moyens le firent arriver au pouvoir. Son esprit était très-cultivé : il avait étudié la philosophie et la politique dans l'école d'Anaxagore, et s'était formé à la dialectique par les leçons de Zénon d'Élée. Telle était son habileté dans la discussion, qu'un de ses adversaires disait : « Quand je l'ai terrassé, quand je le tiens sous moi, il crie encore qu'il n'est pas vaincu, et le persuade au peuple. » Les Anciens nous donnent la plus haute idée de l'éloquence de Périclès : « ses paroles, selon les expressions d'un contemporain, étaient comme des éclairs et des foudres qui ébranlaient toute la Grèce. » On l'avait surnommé *l'Olympien*, à cause de la majesté de ses discours ; comme il avait la prudence de ne pas prodiguer son talent, d'abandonner les affaires peu importantes à des orateurs secondaires de son parti, et de ne parler que dans les circonstances décisives, c'était un nouveau motif de le comparer à Jupiter, qui, laissant à des dieux subalternes le soin de veiller sur les détails, se réservait la direction générale du monde. Avant de monter à la tribune, Périclès se disait en toute circonstance : « Souviens-toi que tu vas parler à des hommes, à des Grecs, à des Athéniens. » Possesseur d'une immense fortune, on ne pouvait le soupçonner d'obéir à la cupidité ; au contraire, il se montrait économe et modeste dans son intérieur, mais prodigue de ses biens en faveur des pauvres. Chargé de quelques expéditions dans la mer Égée et le Pont-Euxin, il fit preuve de talents militaires, et on lui sut gré d'encourir le reproche de timidité plutôt que de compromettre les troupes sans la certitude du succès. Il savait pardonner les injures ; un homme l'ayant poursuivi, le soir, d'invectives grossières jusqu'au seuil de sa maison : « Prenez des flambeaux, dit-il à deux esclaves, et reconduisez cet homme chez lui, car la nuit est bien noire. »

Périclès gagna encore la multitude par les changements qu'il fit opérer dans la constitution de l'État. Déjà Aristide n'avait pas cru pouvoir refuser aux citoyens de la quatrième classe, qui avaient vaillamment combattu contre les Perses, les droits politiques dont jouissaient les membres des trois autres classes. C'était donner aux plus pauvres habitants d'Athènes, qui étaient les plus nombreux, le droit de choisir dans leurs rangs les chefs de la république, en haine peut-être des classes élevées, et, par conséquent, ouvrir l'accès du pouvoir à des démagogues incapables ou violents. Périclès, à son tour, amoindrit l'Aréopage, en lui faisant enlever par le peuple ses plus importantes attributions politiques, surtout le droit de veiller au maintien de la Constitution et d'annuler les décisions de l'Assemblée. Puis, il établit des distributions d'argent en faveur des pauvres : une obole par jour (1) fut assignée à tout citoyen que le sort avait désigné pour se rendre aux tribunaux, ou qui allait aux grandes assemblées du peuple ; le trésor public fournit aussi aux indigents de quoi payer leur entrée aux représentations théâtrales. Beaucoup d'Athéniens perdirent l'habitude du travail, et prirent le goût de l'oisiveté et des plaisirs ; on dissipa en amusements les ressources qui auraient été fort utiles à la République dans les moments de danger.

Lorsqu'il eut atteint son but, Périclès prit ses mesures pour être à l'abri de l'inconstance populaire. D'abord, il écarta des assemblées tout élément étranger, au moyen d'une loi enlevant les droits de citoyen aux habitants de l'Attique qui n'étaient pas nés d'un père et d'une mère athéniens. Ensuite il éloigna les citoyens les plus turbulents, soit en leur donnant une forte solde pour servir sur la flotte, soit en fondant des colonies sur les bords du Pont-Euxin, dans la Chersonèse de Thrace, dans les îles de la mer Égée, et à Thurium en Italie. Quant aux Athéniens paisibles, il leur donna du travail, et les charma par des spectacles. C'était le temps où l'on représentait les tragédies d'Eschyle, de Sophocle et d'Euripide, et les comédies d'Aristophane. Athènes se couvrit de splendides monuments. Au sommet de l'Acropole, les architectes Ictinus et Callicrate élevèrent le *Parthénon*,

(1) Quinze centimes.

temple de Minerve dont Phidias sculpta les bas-reliefs ; la statue de la déesse, en or et en ivoire, était l'ouvrage du même artiste, ainsi que le Jupiter d'Olympie. Mnésiclès bâtit les *Propylées*, magnifiques colonnades qui donnaient accès au Parthénon. L'*Odéon* fut construit pour les concours de chant, de flûte et de lyre. En même temps les peintres Polygnote, Zeuxis, Parrhasius, Timanthe, multipliaient leurs chefs-d'œuvre. Les merveilles des arts donnaient à la ville d'Athènes une immense réputation, et un écrivain du temps de Périclès disait : « Insensé qui n'a pas vu Athènes ; insensé aussi celui qui la voit sans l'admirer ; plus insensé encore celui qui la voit, l'admire et l'abandonne. »

Périclès, comme tous les grands hommes d'Athènes, encourut la défaveur du peuple. Ses ennemis, n'osant d'abord l'attaquer ouvertement, le frappèrent dans ses affections. Le philosophe Anaxagore, accusé d'impiété, dut partir pour l'exil. — On prétendit que Phidias avait dérobé une partie de l'or destiné à la statue de Minerve : l'artiste, comme s'il eût prévu l'accusation, avait fait sa statue de manière à pouvoir en détacher les ornements ; le métal fut pesé, et l'innocence de Phidias reconnue. Néanmoins on le retint en prison, pour avoir placé la figure de Périclès et la sienne dans un bas-relief du bouclier de Minerve qui représentait le combat de Thésée contre les Amazones. — Une femme célèbre de Milet, Aspasie, qui exerçait, par son esprit et sa beauté, une grande influence dans Athènes, fut attaquée sur le théâtre ; les poètes comiques l'appelaient *la Junon du Jupiter Athénien, l'Omphale, la Déjanire du nouvel Hercule.* On la mit même en jugement, comme coupable d'avoir tourné la religion en raillerie et corrompu les mœurs par ses exemples. Périclès, qui l'avait épousée, eut recours aux supplications et aux larmes pour la sauver : mais elle se défendit éloquemment elle-même, et obtint de ses juges une sentence favorable.

L'envie s'enhardit enfin jusqu'à demander compte à Périclès des deniers publics. Il évita de présenter des justifications, tantôt en faisant choisir parmi ses partisans quinze cents juges qui le renvoyèrent absous, tantôt en offrant de payer de sa propre fortune les monuments élevés pendant son administration, à condition que son nom seul y serait inscrit. Le peuple ne voulut pas qu'un simple citoyen passât aux yeux de la postérité pour l'auteur des merveilles dont Athènes était remplie. On a dit cependant qu'afin d'échapper au contrôle qu'il redoutait, Périclès avait engagé ses concitoyens dans la *guerre du Péloponèse.*

GUERRE DU PÉLOPONÈSE (de 431 à 404 avant Jésus-Christ). — Cette grande lutte eut deux causes beaucoup plus sérieuses : la jalousie de Sparte contre Athènes, et le mécontentement que les Athéniens avaient excité parmi les alliés. Sparte, après avoir essayé de soutenir le parti aristocratique dans Athènes après l'expulsion d'Hippias, n'avait pu voir sans dépit les triomphes de Miltiade, de Thémistocle, d'Aristide et de Cimon ; elle regrettait l'hégémonie que la trahison de Pausanias lui avait fait perdre, et, lors de la troisième guerre de Messénie, elle s'était montrée ingrate à l'égard de sa rivale qui lui portait secours. — De son côté, Athènes ménageait peu les Grecs. Cimon, en proposant aux alliés de les dispenser du service personnel dans la guerre médique, et en les amenant à fournir seulement des vaisseaux et de l'argent, avait préparé leur asservissement : tandis qu'Athènes augmentait ses forces, ils se désarmaient, perdaient l'habitude de la guerre, devenaient sujets et tributaires. La force fut employée contre plusieurs villes qui avaient repoussé une pareille condition. A son tour, Périclès, sans consulter les alliés sur les intérêts de la confédération, éleva leur contribution à six cents talents (1) ; il fit transporter le trésor commun de Délos à Athènes, et y puisa pour les embellissements de sa patrie ; il exigea que certains procès fussent soumis par les confédérés aux tribunaux athéniens. Quand il invita les villes grecques à envoyer des députés à Athènes pour accomplir les sacrifices qu'on avait promis aux Dieux pendant la

---

(1) Environ 3,300,000 francs.

guerre médique, l'esprit d'indépendance locale se révolta : obéir à cette injonction, c'eût été reconnaître Athènes pour capitale.

Un incident fit éclater la guerre. L'île de Corcyre s'était soulevée contre Corinthe; les Athéniens lui promirent du secours, contrairement au droit public de la Grèce qui défendait de soutenir une colonie contre sa métropole. A cette nouvelle, les Spartiates convoquèrent tous ceux qui avaient à se plaindre d'Athènes : les peuples du Péloponèse, et, en général, ceux des Grecs qui appartenaient à la race dorienne et avaient des institutions aristocratiques, répondirent à leur appel. Athènes avait pour elle les états d'origine ionienne et de constitution démocratique.

Pendant les premières années, la guerre ne consista qu'en dévastations réciproques : les troupes de la ligue péloponésienne, conduites par Archidamus, roi de Sparte, ravagèrent les campagnes de l'Attique, tandis que la flotte athénienne désola les côtes ennemies. Une peste, apportée de l'Égypte au Pirée, vint ensuite fondre sur Athènes; l'affluence des gens de la campagne dans la ville la rendit plus terrible, et le médecin Hippocrate de Cos, qui avait refusé les riches présents d'Artaxerxès pour consacrer ses soins aux Grecs, fut à peu près impuissant. Périclès lui-même succomba au fléau : il se vantait, avant d'expirer, de n'avoir fait porter le deuil à aucun citoyen.

Nicias et Cléon. — Après la mort de Périclès, Nicias, chef du parti aristocratique, et le corroyeur Cléon, orateur violent de la multitude, déchirèrent Athènes par leurs discordes. La guerre ne put être conduite avec vigueur, et l'on combattit de tous côtés, sans plan, sans unité de direction. Tandis que les Spartiates ruinaient Platée, alliée d'Athènes, les Athéniens s'emparèrent de Potidée, colonie de Corinthe dans la Chalcidique, et, pour punir Mitylène de s'être révoltée, condamnèrent à mort mille de ses habitants, et firent couper le poing à ceux qui auraient pu servir dans la marine. Une de leurs escadres, aux ordres de Démosthènes, réveilla l'insurrection en Messénie, et aida les habitants de ce pays à reconstruire Pylos; le général spartiate Brasidas, qui voulut s'opposer aux travaux, fut battu, et quatre cent vingt de ses soldats se laissèrent bloquer dans la petite île de Sphactérie. Afin d'obtenir leur liberté, les Spartiates firent des propositions de paix : Athènes les rejeta. Cléon, déclamant contre les lenteurs de Démosthènes, se faisait fort d'enlever Sphactérie en huit jours; le peuple le prit au mot, et la fortune le servit : un incendie dévora les forêts où les Spartiates se défendaient, et ils durent se rendre prisonniers. Les Athéniens occupèrent encore l'île de Cythère (Cérigo), importante position au sud du Péloponèse, et la ville de Méthone (Modon), sur la côte de la Messénie.

Brasidas conçut alors un plan dont le succès aurait ruiné Athènes : c'était de transporter la guerre sur les côtes de la Macédoine et de la Thrace, où les Athéniens avaient d'importantes colonies, et d'où ils tiraient leur blé, leurs cordages et leurs bois de construction. Il voulait d'un même coup les affamer et ruiner leur marine. Tandis qu'un corps de troupes occupait une partie des forces athéniennes en Béotie et les battait près de Délium, il partit pour la Macédoine, et obtint l'alliance de Perdiccas II, roi de ce pays. Cléon, envoyé pour le combattre, perdit une bataille et la vie sous les murs d'Amphipolis ; Brasidas fut tué au milieu de son triomphe. Les deux hommes les plus opposés à la paix étant morts, Nicias parvint à faire signer le traité qui porte son nom (en 421) : on se restituait de part et d'autre les conquêtes et les prisonniers.

ALCIBIADE. — La paix avait été conclue pour cinquante ans ; mais elle fut bientôt rompue par l'influence d'Alcibiade. C'était le neveu et le pupille de Périclès : sa beauté physique, l'élégance de ses manières, les grâces efféminées de sa parole plaisaient au peuple athénien ; il distribuait de l'argent, donnait des fêtes, faisait courir des chars aux Jeux Olympiques, et cherchait tous les moyens d'attirer sur lui l'attention. Tantôt, à la suite d'une gageure, il souffletait l'un des principaux citoyens d'Athènes ; tantôt il coupait la queue de son chien. Il était, d'ailleurs, sans scrupule et sans retenue dans ses mœurs. Apprenant que Périclès travaillait à rendre ses comptes, il disait : « Il ferait bien mieux de chercher à ne pas les rendre. » Il s'exerçait un jour à la lutte ; vivement pressé par son adversaire et sur le point d'être renversé, il le mordit à la main et lui fit lâcher prise : « Tu mords comme une femme, lui dit celui-ci. — Non, reprit Alcibiade, mais comme un lion. »

Alcibiade voulait augmenter son crédit par la guerre. Il poussa les Argiens à prendre les armes contre Sparte, et ne les protégea point contre la défaite qu'ils essuyèrent près de Mantinée. Il fit ensuite attaquer l'île de Mélos, l'une des Cyclades, qui ne reconnaissait pas la domination athénienne. Mais une occasion de succès plus brillants lui fut offerte en Sicile.

Syracuse avait pris la prééminence dans cette île. La ville d'Égeste, colonie ionienne, menacée dans son indépendance (en 416), implora le secours d'Athènes, Malgré l'opposition de Nicias, une expédition fut résolue : les Athéniens rêvaient la conquête, non-seulement de la Sicile, mais de Carthage et de toute la côte d'Afrique, et l'on ne voyait dans les rues que gens occupés à tracer des plans sur le sable.

EXPÉDITION DE SICILE. — La guerre de Sicile fut un épisode de la guerre du Péloponèse. La flotte, commandée par Alcibiade, Nicias et Lamachus, allait mettre à la voile, lorsqu'on trouva presque tous les *hermès* (1) mutilés dans les rues. On accusa de ce sacrilége Alcibiade et ses compagnons de débauche : mais l'ardeur pour l'expédition de Sicile était si vive, qu'on remit à un autre temps le jugement de l'affaire.

La campagne débuta par des déceptions : les Égestains s'étaient engagés à payer les frais de la guerre, et leur trésor était vide ; ils avaient promis le concours des colonies de l'Italie méridionale, et les Athéniens furent repoussés de presque tous les ports. On commit ensuite une faute : Lamachus proposait de marcher droit à Syracuse, qui n'avait pas eu le temps de se mettre en défense, et l'on alla, au contraire, rallier les secours des villes de Naxos et de Catane. Pendant ces lenteurs, les ennemis d'Alcibiade renouvelèrent l'accusation de sacrilége ; la *galère salaminienne*, destinée au transport des coupables, vint le chercher en Sicile. Mais il s'échappa, tandis qu'on relâchait à Thurium, réussit à gagner Sparte, et, apprenant que ses compatriotes l'avaient condamné à mort : « Je leur ferai bien voir, s'écria-t-il, que je suis en vie. » Il conseilla, en effet, aux Spartiates de fortifier le bourg de Décélie pour tenir Athènes en échec, et d'envoyer des troupes en Sicile sous la conduite de Gylippe.

L'armée athénienne laissa pénétrer ces renforts

(1) On appelait ainsi des bornes surmontées d'une tête de Mercure.

dans Syracuse. Les attaques dirigées contre cette ville n'eurent aucun succès; Lamachus ayant été tué, Nicias, malade et découragé, demanda des secours aux Athéniens. Démosthènes et Eurymédon amenèrent de nouvelles troupes, qui ne furent pas plus heureuses. La retraite fut alors décidée. Mais, effrayés par une éclipse, les soldats ne voulurent point partir avant la nouvelle lune : dans l'intervalle, des navires, venus de différentes villes de la Sicile, fermèrent la sortie du port de Syracuse, et Eurymédon fut tué en essayant de forcer cet obstacle. Nicias et Démosthènes cherchèrent à gagner Catane : mais ils furent cernés par Gylippe sur les bords de l'Asinarus, contraints de mettre bas les armes, puis lapidés par les Syracusains. Les soldats qui avaient échappé à la fatigue, aux combats et à la peste, furent condamnés aux travaux des mines et des carrières, ou vendus comme esclaves : plusieurs gagnèrent leur liberté en chantant à leurs maîtres quelques passages d'Euripide (en 413).

Désastres d'Athènes. — Athènes, abandonnée de ses alliés, était à bout de ressources; elle aurait pu être prise, si ses ennemis, trop certains de leur victoire, ne lui eussent laissé le temps de faire de nouveaux armements. D'ailleurs, Alcibiade changea pour quelque temps le sort de la guerre.

Habile à se plier aux circonstances, on l'avait vu, comme les Spartiates, se baigner dans l'Eurotas, manger du pain bis et du brouet noir. Obligé de fuir la colère du roi Agis, qu'il avait insulté, il alla se livrer à la mollesse en Lydie. Là, il fit comprendre au satrape Tissapherne que l'intérêt de la Perse était d'entretenir la guerre civile parmi les Grecs, et que, par conséquent, il ne fallait pas laisser succomber Athènes. Assuré des secours du satrape, il offrit à la flotte athénienne qui mouillait près de Samos de la conduire à l'ennemi. Les Péloponésiens, soutenus par la flotte de Syracuse, cherchaient à renouveler l'entreprise de Brasidas : Alcibiade les vainquit en vue de Cyzique et d'Abydos, et rentra dans sa patrie, où il fut accueilli avec enthousiasme. Il protégea d'Athènes à Eleusis la procession religieuse qui n'avait pu s'accomplir depuis que les Spartiates étaient établis à Décélie ; les anathèmes lancés sur lui par les prêtres furent levés ; on le nomma généralissime sur terre et sur mer, on lui donna le choix des officiers, on parla même de le proclamer roi (en 407).

L'année suivante, il voulut rétablir dans les Cyclades l'autorité d'Athènes, ébranlée par les désastres de l'expédition de Sicile. Comme le siège d'Andros traînait en longueur, il se rendit en Asie-Mineure, sous prétexte de lever des tributs, en réalité pour se livrer au plaisir. Sparte avait alors donné le commandement de ses forces à Lysandre ; ce général, brave et rusé tout ensemble, disait qu'il faut « coudre la peau du renard à celle du lion, » et qu'on amuse les hommes avec des serments comme les enfants avec des osselets. Il attira près d'Ephèse Antiochus, lieutenant d'Alcibiade, à qui celui-ci avait défendu de combattre pendant son absence, et lui fit essuyer une défaite. Les Athéniens en rendirent Alcibiade responsable, et le condamnèrent de nouveau à l'exil. Dix généraux le remplacèrent : l'un d'eux, Conon, se laissa bloquer avec une escadre dans le port de Mitylène ; les autres gagnèrent près des îles Arginuses une grande bataille sur Callicratidas, successeur de Lysandre, qui fut tué (en 406). Mais une tempête les empêcha de recueillir les morts, et comme on croyait que les ombres de ceux qui n'avaient pas reçu les honneurs funèbres erraient pendant cent ans sur les bords du Styx avant d'entrer dans les Champs-Élysées, six d'entre eux furent condamnés à la peine capitale. Leurs successeurs furent victimes d'un stratagème de Lysandre ; malgré les avertissements d'Alcibiade, ils se laissèrent attirer dans l'Ægos-Potamos (rivière de la Chèvre), en Chersonèse de Thrace : toute la flotte athénienne fut prise ou détruite, à l'exception de neuf bâtiments que sauva Conon (en 405).

Lysandre soumit promptement les colonies d'Athènes, exigeant partout des vaincus qu'ils se retirassent dans cette ville, où il espérait produire la famine par l'accumulation des habitants. Puis, aidé de l'argent et des vaisseaux du jeune Cyrus, gouverneur de l'Asie-Mineure, qu'il avait attiré dans le parti de Sparte, il parut devant le Pirée, tandis que les rois Agis et Pausanias cernaient la ville du côté de la terre. Les Athéniens se défendirent pendant trois mois : enfin, manquant de vivres, en proie aux discordes intestines, ils capitulèrent (en 404). On n'alla pas jusqu'à ruiner Athènes, ainsi que le demandaient les Thébains : mais elle dut s'engager à démolir les longs murs et les fortifications du Pirée, à livrer tous ses vaisseaux, excepté douze, à ne plus rien posséder en dehors de l'Attique, et à recevoir le gouvernement qu'il plairait aux vainqueurs de lui imposer. Lysandre accomplit l'œuvre de destruction au son des instruments, et en présence de ses alliés qui, couronnés de fleurs, témoignèrent leur joie par des danses et des chants.

CHAPITRE V.

DOMINATION DE SPARTE.

LES TRENTE TYRANS A ATHÈNES. — Après la chute d'Athènes, Sparte étendit sa domination sur presque toute la Grèce ; elle fit peser lourdement son joug sur les vaincus et sur ses propres alliés. Les colonies de l'Asie-Mineure furent frappées par Lysandre d'une contribution annuelle de mille talents (1), et reçurent des *harmostes* ou gouverneurs spartiates, investis du droit de vie et de mort. Le roi Agis envahit l'Élide sous un léger prétexte, et réduisit la plupart des habitants en captivité ; puis il chassa les Messéniens réfugiés à Naupacte (2) et dans l'île de Céphalénie. Trente citoyens, choisis par Lysandre dans le parti aristocratique, et qu'on appelle ordinairement les *trente tyrans*, formèrent à Athènes un conseil de gouvernement, sous la direction de Critias. Défendus par trois mille hommes dévoués, ils désarmèrent les autres Athéniens, usurpèrent les droits de l'assemblée du peuple, firent disperser toutes les réunions par

(1) Cinq millions et demi de francs.
(2) Aujourd'hui Lépante.

la force, nommèrent le Sénat et les magistrats, et proscrivirent les plus riches personnages afin de s'emparer de leurs dépouilles; durant les huit mois de leur administration, Athènes compta quinze cents victimes. Théramène, l'un des tyrans, voulut en vain modérer leurs excès; ils le condamnèrent à boire la ciguë. Un grand nombre d'Athéniens ayant pris la fuite, Sparte interdit à la Grèce de leur donner asile : mais Thèbes et Argos s'honorèrent en résistant à ce despotisme.

THRASYBULE. — Athènes avait mis son espoir dans Alcibiade ; cédant aux instances de Lysandre, Pharnabaze, satrape de Phrygie, envoya contre ce général une bande de soldats, qui, n'osant l'approcher, le tuèrent de loin à coups de flèches. Mais, parmi les fugitifs recueillis à Thèbes, se trouvait Thrasybule, que sa bravoure avait illustré pendant la guerre du Péloponèse. A la tête de soixante-dix compagnons de son infortune, il surprit la forteresse de Phylé; sa petite troupe grossit rapidement, battit les soldats envoyés contre elle, et pénétra dans le Pirée; après un nouveau combat qui coûta la vie à Critias, les collègues du tyran s'enfuirent. Ils avaient laissé le pouvoir à dix citoyens, qui, sans gouverner avec la même violence, ne voulurent pas rendre aux Athéniens leur liberté et appelèrent Lysandre à leur aide. Mais on s'effrayait, à Sparte, de la puissance et de l'ambition de ce général, qui plaçait partout ses créatures à la tête des villes : le roi Pausanias, envoyé en Attique, traita malgré Lysandre avec Thrasybule. Une amnistie fut proclamée, et les lois de Solon remises en vigueur (en 403).

Procès et mort de Socrate. — Le retour à un gouvernement libre fut bientôt suivi d'une grande iniquité, la condamnation de Socrate. Ce philosophe avait bien rempli ses devoirs de citoyen : il avait arraché des mains de l'ennemi le jeune Alcibiade au siége de Potidée, et sauvé la vie à Xénophon dans le combat de Délium. Mais, toujours prêt à résister aux dangereux entraînements du peuple athénien, il avait blâmé, par exemple, l'expédition de Sicile et la condamnation des généraux victorieux aux îles Arginuses. Il repoussait le gouvernement populaire, trouvant absurde de remettre au sort la distribution des magistratures. On lui reprochait les débauches d'Alcibiade et la cruauté de Critias, parce que ces deux hommes avaient suivi ses leçons. Socrate ne fut pas seulement victime des rancunes de la démocratie ; il eut aussi pour adversaires les Sophistes, qui prétendaient enseigner l'art de soutenir la vérité et l'erreur par des arguments d'une égale puissance, et dont il démasqua le faux savoir et la mauvaise foi. Bien qu'il donnât au culte établi toutes les marques extérieures de respect, les prêtres se tournèrent contre lui, soit parce qu'il s'était élevé à l'idée de l'unité de Dieu, soit parce qu'il recevait, disait-il, les révélations d'un *démon* ou génie, qui n'est autre que la voix de la conscience et de la raison. Il y avait déjà plusieurs années qu'Aristophane et les autres poètes comiques avaient raillé Socrate sur la scène, lorsqu'une accusation fut dirigée contre lui par le sophiste Lycon, le mauvais poète Mélitus, dont il s'était moqué, et le tanneur Anytus, homme influent dans le parti démocratique. Il était accusé de corrompre la jeunesse par son enseignement, et d'introduire de nouvelles divinités.

Socrate, arrivé à l'âge de soixante-dix ans, craignait-il la maladie ou le déclin de son intelligence ? Alla-t-il au devant du martyre, comme au plus beau dénouement d'une belle vie ? Sa conduite pendant le procès pourrait le faire supposer. Il se présenta, en effet, devant ses juges avec une assurance hautaine et dédaigneuse, et, loin de chercher à se défendre, il affirma que sa mission était un bienfait accordé par les Dieux aux Athéniens. Quand la loi ne déterminait pas la peine, l'accusé avait le droit d'en proposer une lui-même ; interrogé à ce sujet, il répondit qu'il se condamnait à être nourri le reste de ses jours dans le Prytanée (1) aux frais de l'État. Irrité de cette réponse, le tribunal prononça la peine de mort, que réclamait Mélitus.

Un des amis de Socrate s'indignait de le voir mou-

(1) Palais du Sénat, où l'on recueillait ceux qui avaient bien mérité de la république.

rir innocent : « Aimerais-tu mieux, lui dit le philosophe, que je mourusse coupable ? » Comme on lui proposait de favoriser son évasion, il répondit : « Existe-t-il loin de l'Attique un lieu où l'on ne meure point ? » Il but la ciguë, au milieu d'une conversation avec ses disciples sur l'immortalité de l'âme (en 400). Les Athéniens se repentirent bientôt d'avoir fait périr un sage : ils lui élevèrent des statues, et condamnèrent à la mort ou à l'exil ses juges et ses accusateurs.

RÉVOLTE DE CYRUS LE JEUNE. — Après s'être servis des forces de la Perse pour écraser Athènes, les Spartiates voulurent employer celles de la Grèce pour humilier le grand roi. Artaxerxès Longue-Main était mort en 424 (1) : après les règnes éphémères de Xerxès II et de Sogdien, Darius II Nothus (2) s'était assuré la tranquillité du côté de la Grèce en soutenant tour à tour Alcibiade et Lysandre. Son fils aîné, Artaxerxès II, surnommé *Mnémon* à cause de sa prodigieuse mémoire, lui succéda en 404 ; le second, Cyrus le Jeune,

---

(1) Ce prince paraît être l'*Assuérus* de la Bible, auprès duquel une jeune Juive, Esther, occupa la place de la reine Vasthi, répudiée à cause de son orgueil. Mardochée, oncle d'Esther, ayant refusé de se prosterner devant le ministre Aman, celui-ci obtint du roi une sentence de mort contre tous les Juifs. Mais Esther fléchit son époux : Aman fut pendu à la potence qu'il avait fait dresser pour Mardochée. — Ce fut aussi sous le règne d'Artaxerxès que Néhémie et Esdras ramenèrent un certain nombre de Juifs en Palestine.

(2) Surnom qui veut dire le *Bâtard*.

qui était né depuis l'avénement de son père au trône, et prétendait être seul de condition royale, tenta d'assassiner son frère. Artaxerxès fit grâce au coupable, sur les instances de sa mère Parysatis, et poussa la générosité jusqu'à lui donner le gouvernement de l'Asie-Mineure. Cyrus, sous prétexte de faire la guerre à des peuplades rebelles, leva une armée de cent mille hommes; il obtint des Spartiates, dont il avait été l'allié à la fin de la guerre du Péloponèse, l'autorisation d'enrôler des mercenaires en Grèce. Lorsque le Spartiate Cléarque lui eut amené treize mille hommes, il leva l'étendard de la révolte, et marcha vers Babylone. Une grande bataille eut lieu, en 401, à Cunaxa, sur les bords de l'Euphrate: Cyrus tomba mort dans la mêlée au moment où il s'élançait sur Artaxerxès, et ses Asiatiques furent mis en déroute.

Retraite des dix mille. — Les mercenaires grecs, que les troupes du grand roi n'avaient pu vaincre, et qui étaient réduits à dix mille, conclurent un traité d'après lequel ils pouvaient gagner librement les bords du Pont-Euxin; on devait même leur fournir des vivres et des guides. Ils ne tardèrent pas à éprouver la duplicité des Perses. Tissapherne, chargé de les escorter avec un corps de cavalerie, les égara dans des marais au milieu desquels ils souffrirent de la faim, et, arrivé près du Zab, affluent du Tigre, fit décapiter Cléarque et ses principaux officiers qu'il avait attirés à un festin. Les Dix mille élurent de nouveaux chefs, entre autres Xénophon, qui a écrit le récit de cette mémorable retraite, et s'engagèrent dans les montagnes de l'Arménie, où les cavaliers ennemis ne pouvaient les harceler : mais ils eurent à lutter contre les habitants du pays, les difficultés de la nature et les rigueurs de l'hiver. Un grand nombre moururent de froid, ou furent engloutis sous des avalanches ; d'autres perdirent la vue par l'éclat de la neige. On atteignit enfin Trébizonde, puis Cérasonte et Cotyora, d'où il fut facile d'arriver en Mysie.

GUERRE ENTRE SPARTE ET LA PERSE. — Artaxerxès Mnémon voulut punir les Grecs d'avoir donné des secours au jeune Cyrus, et fit attaquer leurs colonies d'Asie-Mineure. Sparte, dont elles réclamèrent l'appui, envoya un corps de troupes auquel se joignirent les restes des Dix mille. *Thymbron*, chargé du commandement, reprit Pergame et Cumes ; mais il fut bientôt rappelé à cause de sa faiblesse devant des soldats indisciplinés. *Dercyllidas*, son successeur, chassa les Perses de toute l'Éolide ; puis, trompé par de feintes négociations, il resta dans l'inaction.

La lutte ne prit un caractère sérieux que lorsque Sparte eut envoyé en Asie le roi *Agésilas*. Ce prince, petit, boiteux, d'une figure commune, mais plein d'ardeur et d'ambition, avait succédé, par le crédit de Lysandre qui espérait commander en son nom, à son frère Agis, dont le fils avait été écarté par les

Spartiates. Il commença par se débarrasser de son protecteur importun, en lui offrant un poste subalterne dans son armée. Maître désormais de ses mouvements, il chassa de la Phrygie le satrape Pharnabaze, défit Tissapherne dans les plaines de Sardes, et se prépara à franchir la chaîne du Taurus pour porter la guerre au cœur de l'empire des Perses.

Artaxerxès sut détourner le péril : il envoya en Grèce Timocrate de Rhodes pour exciter un soulèvement contre Sparte. Trente mille pièces d'or furent distribuées dans Athènes, Thèbes, Argos et Corinthe. Lysandre reçut l'ordre d'étouffer l'insurrection naissante; sa défaite et sa mort près d'Haliarte, en Béotie, déterminèrent les Spartiates à rappeler Agésilas. Celui-ci revint par l'Hellespont, la Thrace, la Macédoine et la Thessalie, et se trouva en présence des coalisés à Coronée (en 393). Au moment de livrer bataille, il reçut la nouvelle que son parent Pisandre venait d'être vaincu à la hauteur de Cnide par une flotte qu'Artaxerxès avait confiée à Conon : il feignit d'avoir appris une victoire, se montra couronné de fleurs à ses soldats, et, après avoir ainsi excité leur enthousiasme, les conduisit à l'ennemi. Il resta maître du champ de bataille: mais, tout couvert de blessures, il ne put guère prendre part aux événements ultérieurs de la guerre, et les pertes énormes qu'il avait faites interdirent à Sparte les grandes entreprises. Iphicrate protégea facilement le territoire de l'Attique ; Conon dévasta impunément les côtes de la Laconie, et, avec l'argent des Perses, reconstruisit les longs murs et les fortifications du Pirée.

TRAITÉ D'ANTALCIDAS (en 387). — Athènes pouvait espérer le rétablissement de sa puissance; Conon avait fait rentrer sous le joug les Cyclades et les colonies de la Thrace, lorsqu'il attaqua les possessions mêmes du grand roi. Le satrape Téribaze lui tendit alors une embuscade, le prit et le mit à mort. Les Spartiates profitèrent du mécontentement d'Artaxerxès contre les Athéniens pour se rapprocher de lui : Antalcidas, leur envoyé, signa le traité qui porte son nom, et qui effaçait les résultats des guerres médiques. Les colonies grecques de l'Asie-Mineure étaient livrées aux Perses ; on déclarait libres toutes les villes de la Grèce, et par là Artaxerxès empêchait à l'avenir toute union sous une direction commune, et condamnait les Grecs à l'isolement, à l'impuissance; Athènes ne conservait que les îles de Lemnos, d'Imbros et de Scyros ; enfin, si quelque cité voulait porter atteinte à l'indépendance des autres et troublait la paix publique, le roi avait le droit d'intervenir pour la châtier de concert avec les Spartiates.

TYRANNIE DES SPARTIATES A THÈBES. — Le honteux traité conclu par Antalcidas raffermit la domination de Sparte dans la Grèce. Car, tout en appliquant ce traité aux autres villes, elle conserva la Laconie et la Messénie sous sa dépendance, et commit de nombreuses usurpations : ainsi, Antalcidas, à la tête d'une flotte, écrasa les résistances des villes maritimes; en Arcadie, Mantinée fut détruite ; en Chalcidique, Olynthe fut assiégée, et dut promettre de ne point se confédérer avec les villes voisines ; en Béotie, un officier spartiate, nommé Phébidas, profita des dissensions qui régnaient à Thèbes pour surprendre la Cadmée et y mettre garnison (en 382). Agésilas, à qui les Thébains se plaignirent, reconnut que Phébidas avait agi injustement, mais que l'intérêt de Sparte était satisfait.

Pélopidas et Épaminondas. — Thèbes supporta pendant quatre ans la plus odieuse tyrannie. Pélopidas, l'un des exilés qui se retirèrent en Attique, se ménagea des intelligences dans la ville, et y rentra, en 378, avec douze compagnons déguisés en chasseurs. Un riche citoyen, nommé Charon, les reçut chez lui. Ce jour-là, les magistrats étaient à un festin que leur donnait leur greffier Phyllidas, secrètement complice de la conjuration. Archias, leur chef, reçut d'un traître un billet qui l'avertissait du danger ; il le plaça sans l'ouvrir sous son coussin, en disant : « A demain les affaires sérieuses ! » Quelques instants après, quand les convives furent ivres, les conjurés, introduits sous des habits de femmes, les poignardèrent. Un ami de Pélopidas, Épaminondas, que son goût pour l'étude et sa pauvreté avaient protégé contre les défiances des tyrans, se joignit à lui pour appeler les citoyens aux armes : la Cadmée fut attaquée vigoureusement, et la garnison dut se retirer.

GUERRE ENTRE SPARTE ET THÈBES. — Sparte considéra comme une révolte de sujets l'affranchissement des Thébains, et leur déclara la guerre. Ceux-ci auraient été hors d'état de la soutenir; mais ils trouvèrent des alliés. Un tyran de la Thessalie, Jason, qui aspirait peut-être à profiter des troubles de la Grèce pour l'asservir, leur fit passer des secours. Pélopidas eut aussi l'adresse d'attirer à lui les Athéniens : connaissant la présomption de Sphodrias, qui avait été envoyé avec des troupes spartiates en Béotie, il lui donna, par l'intermédiaire d'un agent secret, le conseil de tenter un coup de main sur le Pirée, entreprise dont le succès lui mériterait la reconnaissance de sa patrie. Sphodrias donna dans le piége; mais les Athéniens, avertis par Pélopidas, étaient sur leurs gardes, et, comme toute satisfaction leur fut refusée pour la violation de leur territoire, ils prirent le parti de Thèbes.

Pendant quelques années, les combats furent peu décisifs. Timothée, fils de Conon, et Iphicrate, à la tête de la flotte athénienne, relevèrent l'empire de leur patrie sur la mer Égée, et renouèrent ses alliances avec les villes maritimes de la Thrace et de l'Asie. Pélopidas et Épaminondas organisèrent le *bataillon sacré*, composé de trois cents jeunes gens qui s'engageaient par serment à combattre jusqu'à la mort, disciplinèrent les troupes thébaines, ruinèrent Thespies et Platée, et, secondés par l'Athénien Chabrias, eurent l'avantage dans de petits combats, à Tanagre, où Phébidas fut tué, et à Tégyre, où les Spartiates furent pour la première fois battus étant supérieurs en nombre. — Cependant les villes grecques, qui craignaient de voir s'engager une guerre aussi longue que celle du Péloponèse, tinrent un congrès à Sparte, dans le but de rétablir la paix. Épaminondas s'y rendit au nom de sa patrie. Sommé par Agésilas de déclarer si Thèbes était prête à renoncer à sa domination sur la Béotie, il répondit : « Sparte rendra-t-elle la liberté à la Laconie et à la Messénie ? » Agésilas s'emporta alors : « Puisque les Thébains, s'écria-t-il, ne veulent pas accepter la paix, ils sont exclus du traité général. » La crainte empêcha les députés présents de réclamer, et la guerre continua.

BATAILLE DE LEUCTRES (en 371). — Cléombrote, roi de Sparte, envahit la Béotie, et rencontra l'armée thébaine près de Leuctres. Épaminondas commandait en chef ; Pélopidas était sous ses ordres, à la tête du bataillon sacré. Les Spartiates essuyèrent une déroute complète ; Cléombrote périt ; le nombre des fuyards fut si grand, qu'Agésilas proposa de laisser dormir pour un jour la loi qui les frappait d'infamie. Leurs familles témoignèrent la plus profonde douleur, tandis que les parents de ceux qui avaient été tués prirent des habits de fête.

La bataille de Leuctres fut le signal de la délivrance pour les peuples opprimés. Les généraux thébains ayant pénétré dans le Péloponèse, les Arcadiens reconstruisirent Mantinée ; l'Argolide et l'Élide prirent les armes. Sparte, dont les femmes, selon une antique parole, n'avaient jamais vu la fumée d'un camp ennemi, fut directement menacée. Elle n'avait point de remparts : mais Agésilas occupait de fortes positions, où les Thébains n'osèrent l'attaquer, et d'où ils ne réussirent pas à le faire sortir. Épaminondas, voyant d'ailleurs la discorde se mettre parmi ses alliés, et apprenant qu'Athènes, jalouse des succès de Thèbes, envoyait douze mille hommes, sous les ordres d'Iphicrate, au secours des Spartiates, se retira par la Messénie, où il bâtit Messène, et par l'Arcadie, où il jeta les fondements de Mégalopolis.

De retour dans leur patrie, Épaminondas et Pélopidas furent mis en jugement pour avoir gardé le commandement au-delà du temps prescrit par les lois. Pélopidas n'eut que des larmes à opposer à ses accusateurs. Mais Épaminondas se défendit avec noblesse : « Je consens, dit-il, à être livré au supplice, à condition qu'on écrira sur mon tombeau que j'ai été condamné pour avoir appris aux Thébains à vaincre les Spartiates. » Les juges renvoyèrent les deux généraux absous.

Expéditions de Pélopidas en Thessalie. — Thèbes eut un moment de grandeur après la bataille de

Leuctres : rivale d'Athènes dans la Grèce centrale, protectrice du Péloponèse contre Sparte, elle étendit aussi son action sur les pays du nord. Jason était mort ; un nouveau tyran, Alexandre de Phères, opprimait les Thessaliens. Pélopidas voulut les en délivrer. Il prit, en effet, la ville de Larisse, et imposa de dures conditions à Alexandre. Intervenant ensuite comme arbitre entre divers compétiteurs au trône de Macédoine, il rendit la paix à ce pays, et ramena comme otage à Thèbes le jeune Philippe, prince du sang royal. Enfin, après une ambassade en Perse, où il obtint l'alliance d'Artaxerxès Mnémon pour sa patrie, il fut rappelé en Thessalie par de nouvelles violences d'Alexandre. Il le battit à Cynoscéphales (1), mais se laissa emporter par son ardeur, et fut tué en poursuivant les vaincus.

INVASIONS D'EPAMINONDAS DANS LE PÉLOPONÈSE. — De son côté, Épaminondas continuait la lutte dans le Péloponèse. Les Arcadiens avaient perdu, près de Midée, la *bataille sans larmes*, qui n'avait pas coûté un seul homme aux Spartiates ; il courut à leur secours, mais ne put forcer les passages des montagnes qui donnaient accès en Laconie.

Une autre expédition échoua dès le début : Chabrias s'était posté à l'isthme de Corinthe, pour inter-

---

(1) Plaine dont le nom, signifiant *têtes de chien*, venait des éminences de cette forme dont elle était couverte.

cepter le passage aux Thébains. Épaminondas s'en vengea, en équipant dans le port d'Aulis une flotte à la tête de laquelle il battit près de l'Eubée l'amiral athénien Lachès.

BATAILLE DE MANTINÉE (en 363). — Décidé à frapper un coup décisif, Épaminondas pénétra de nouveau dans le Péloponèse, et livra bataille à Agésilas près de Mantinée. Au plus fort de l'action, un javelot lui entra dans la poitrine par le défaut de la cuirasse, et on le rapporta au camp. Les médecins déclarèrent qu'il mourrait aussitôt qu'on arracherait le fer de la blessure. Quand on lui apprit que son armée avait remporté la victoire : « Tout est bien, dit-il, et je puis mourir. » Il s'informa de deux officiers qu'il croyait capables de lui succéder ; on lui dit qu'ils avaient été tués : « Conseillez aux Thébains, ajouta-t-il, de faire la paix. » Ses amis regrettaient qu'il n'eût pas d'enfants : « Je laisse, leur dit-il, deux filles immortelles, Leuctres et Mantinée. »

Après la mort de Pélopidas et d'Épaminondas, la gloire de Thèbes s'évanouit. La Grèce entière touche à sa période de décadence : il n'y a plus de grande cité, et plus guère de grands citoyens. L'or de la Perse arme les villes les unes contre les autres ; les Grecs se vendent, ils s'enrôlent comme mercenaires. Athènes n'a pu se relever complétement de ses anciens désastres ; son peuple ne trouve plus d'argent que pour les fêtes et le théâtre. Agésilas conduit une expédition au secours des Égyptiens révoltés contre la Perse, et meurt sur les côtes de la Cyrénaïque, où la tempête l'a jeté (en 361) : Sparte perd en lui son dernier général ; son aristocratie, qui ne s'ouvrit jamais aux autres races, meurt d'épuisement. C'est alors que se forme la puissance macédonienne.

CHAPITRE VI.

LA CONQUÊTE MACÉDONIENNE.

ORIGINES DE LA MACÉDOINE.. — Les Macédoniens étaient des montagnards pauvres et belliqueux. La royauté remontait chez eux à l'an 800 av. J.-C. ; leur premier roi, *Caranus*, se prétendait issu d'Hercule. Au nombre de ses successeurs, on remarque : *Amyntas*, qui se reconnut tributaire de Darius Ier, lorsque ce prince fit son expédition contre les Scythes ; *Alexandre*, que Xerxès entraîna à sa suite, et qui, forcé de combattre dans les rangs des Perses, révéla leurs plans aux Grecs, et fit défection pendant la bataille de Platée ; *Perdiccas II*, qui se joignit à Brasidas pendant la guerre du Péloponèse, dans l'espoir de se frayer un chemin vers la mer Égée, que lui fermaient les colonies athéniennes ; *Archélaüs*, qui entreprit de civiliser son peuple, et appela dans ses États Euripide, Socrate et Zeuxis.

PHILIPPE (de 360 à 336 av. J.-C.). — La grandeur de la Macédoine date de Philippe. Ce prince, amené à Thèbes par Pélopidas, y avait étudié l'art de la guerre et du gouvernement à l'école d'Épaminondas. En

360, il apprit que le jeune roi Amyntas, son neveu, était menacé par deux ambitieux, Pausanias et Argée, que soutenaient les Thraces et les Athéniens. Il partit pour la Macédoine, battit et tua Argée, se débarrassa de Pausanias en donnant quelque argent aux Thraces, puis repoussa les incursions des Péoniens au nord et des Illyriens à l'est. Les Macédoniens, préférant son gouvernement à celui d'un enfant, lui donnèrent, non pas la tutelle d'Amyntas, mais la royauté.

Philippe, qui méditait de grandes destinées pour son pays, organisa des forces militaires. Il créa la *Phalange*, corps de seize mille hommes serrés les uns contre les autres, rangés sur seize files de profondeur, couverts de grands boucliers, et portant de longues piques. Cette masse compacte, irrésistible dans un choc en rase campagne, était soutenue par une infanterie légère qui commençait le combat, et par les *Compagnons*, corps de cavalerie où entrèrent les jeunes gens des grandes familles, et qui fut la pépinière des généraux d'Alexandre le Grand. Toute l'armée fut exercée à de longues marches avec armes et bagages, et soumise à une discipline rigoureuse. Les troupes macédoniennes devaient facilement triompher des Grecs, qui n'opposèrent le plus souvent à Philippe que des soldats mercenaires. Ce prince eut, d'ailleurs, l'avantage de garder le plus profond secret sur ses desseins jusqu'au moment de les exécuter, tandis que, dans les villes grecques, les résolutions se prenaient sur la place publique, en présence des espions du roi de Macédoine. Il y eut enfin partout des orateurs prêts à se vendre, et qui s'appliquèrent à tromper, quant aux actes de Philippe, les populations disposées à s'endormir dans une douce sécurité.

Conquête d'Amphipolis (en 357). — Après avoir essayé ses forces dans des expéditions qui reculèrent les limites de la Macédoine jusqu'à la Thrace et à la mer Adriatique, Philippe résolut de s'emparer des colonies, athéniennes pour la plupart, qui couvraient la Chalcidique, et qui eussent été pour lui un obstacle à la formation d'une puissance maritime. Les circonstances étaient favorables : Athènes était engagée dans la *Guerre sociale* (1), que ses exactions à Chio, à Cos, à Rhodes et à Byzance avaient provoquée ; Chabrias périssait dans un engagement ; Iphicrate et Timothée étaient envoyés en exil par l'influence de Charès, démagogue incapable, dont les revers devaient obliger sa patrie à reconnaître l'indépendance des alliés. Philippe se fit à Pydna et à Potidée un parti qui allait bientôt lui livrer ces deux villes, et prit d'assaut Amphipolis. Il eut ainsi accès à la mer Égée. Enlevant ensuite à la Thrace le pays situé entre le Strymon et le Nestus, d'où il devait tirer des bois de construction, il atteignit la ville de Crénides, appelée depuis *Philippes*, et y saisit les mi-

(1) C'est-à-dire *guerre des alliés*.

nes d'or du mont Pangée, qui lui fournirent plus de 1,000 talents par an (1). Ces richesses furent employées, non-seulement à payer les frais des expéditions militaires, mais encore à gagner des partisans en Grèce. L'oracle de Delphes avait dit à Philippe : « Sers-toi d'armes d'argent, et rien ne te résistera, » et ce prince répétait souvent qu'il n'y avait pas de ville imprenable, quand on pouvait y faire entrer un mulet chargé d'or.

Ce fut encore une tactique de Philippe de s'arrêter après chaque progrès, afin de ne pas trop alarmer les villes grecques, et de laisser à leurs inquiétudes patriotiques le temps de se calmer. Ainsi, à la suite de la prise d'Amphipolis, il épousa Olympias, princesse d'Épire, et donna de grandes fêtes dans Pella, sa capitale. De ce mariage naquit Alexandre (en 356), le jour même où le fou Erostrate brûlait le temple de Diane à Ephèse pour se faire un nom dans l'histoire. Philippe pria le philosophe Aristote de se charger de l'éducation de l'enfant; il lui écrivit : « Je rends grâces aux Dieux, moins de m'avoir donné un fils, que de l'avoir fait naître du temps d'Aristote. » Tout lui réussissait en même temps : ses chevaux remportaient le prix aux Jeux Olympiques ; Parménion, l'un de ses officiers, battait les Illyriens. Effrayé de tant de bonheur, il s'écria : « O Jupiter, envoie-moi au plus tôt quelque légère disgrâce. » — Il ne

(1) Environ 5,500,000 francs.

négligeait rien néanmoins pour préparer d'autres succès : ainsi, en aidant quelques villes de Thessalie à chasser leurs tyrans, il s'assura le concours de leur excellente cavalerie.

Guerre sacrée (de 355 à 352). — Les Grecs fournirent eux-mêmes à Philippe l'occasion qu'il attendait pour se mêler de leurs affaires : ce fut la *Guerre sacrée*. Les Phocidiens de Cirrha, ayant usurpé et mis en culture un champ qui appartenait au temple de Delphes, furent frappés d'anathème et condamnés à une forte amende par le Conseil amphictyonique. Non-seulement ils refusèrent de la payer, mais encore ils envahirent le temple, en pillèrent les richesses, et arrachèrent le décret lancé contre eux par les Amphictyons. Avec le secours des Spartiates, que le Conseil avait mécontentés en les frappant d'une amende de 500 talents en expiation du crime de Phébidas à Thèbes, Philomèle, leur chef, battit d'abord les Thessaliens et les Locriens, défenseurs du dieu de Delphes ; puis, accablé par des troupes venues de Béotie, il se précipita d'une roche escarpée pour échapper au supplice qu'on lui réservait.

Pendant ce temps, Philippe se rapprochait du théâtre des événements, et assiégeait l'importante ville de Méthone. Un archer, nommé Aster, vint lui offrir ses services ; il ne manquait pas, disait-il, un oiseau dans son vol le plus rapide. « C'est bien, lui répondit le roi ; je vous appellerai quand je ferai la guerre aux oiseaux. » Aster, mécontent de cette plaisanterie, passa dans Méthone, et, saisissant un moment favorable, frappa Philippe d'une flèche qui portait ces mots : « *A l'œil droit de Philippe.* » Celui-ci la fit renvoyer avec cette inscription : « Si Philippe prend la ville, Aster sera pendu. » Et il tint parole. — Maître de Méthone, il se rendit à l'appel du Conseil amphictyonique : Onomarque, frère de Philomèle, fut vaincu et tué, et son corps attaché à une croix ; trois mille Phocidiens, faits prisonniers, furent jetés à la mer. Philippe se fit payer de son concours : il occupa plusieurs places de la Thessalie, et garda le produit des droits que l'on percevait sur leurs marchés.

Démosthènes. — Philippe pouvait se présenter à la Grèce comme le vengeur d'Apollon outragé. Mais il trouva, dans l'orateur athénien Démosthènes, un adversaire indomptable, qui comprit et démasqua ses projets. La vie de ce champion de l'indépendance hellénique se consuma dans une lutte désespérée contre la fatalité des événements : il eut le bon sens, la prévoyance, la fertilité d'esprit, la suite dans les idées, l'habileté pratique, le sentiment des devoirs des Athéniens envers eux-mêmes et les autres Grecs ; mais les circonstances furent plus fortes que son génie. Démosthènes se fit illusion sur la possibilité de réveiller le patriotisme chez un peuple qui ne prenait plus goût qu'aux fêtes et aux spectacles, qui abandonnait le métier des armes pour laisser à des mercenaires le soin de sa défense, et qui confiait les magistratures, non aux hommes habiles, mais aux flatteurs et aux intrigants. Il y avait, d'ailleurs, dans Athènes, des dispositions qui devaient aider aux empiétements de la Macédoine : certains hommes, tels que Phocion et Isocrate, étaient convaincus de l'impuissance irremédiable des Athéniens, et croyaient qu'il fallait prévenir la servitude en acceptant le protectorat de Philippe; d'autres, à la tête desquels étaient Eschine et Démade, recevaient l'or du roi et mettaient leurs soins à endormir leurs concitoyens.

A l'époque de la Guerre sacrée, Démosthènes commença son œuvre en prononçant les discours connus sous le nom de *Philippiques*. Il avait deviné que Philippe, tandis qu'il était en Thessalie, tenterait d'occuper les Thermopyles, afin de s'assurer l'entrée de la Grèce. Un corps d'Athéniens put arriver à temps, et le roi, trouvant le défilé gardé, se retira sans rien entreprendre.

Prise d'Olynthe (en 348). — Le coup de main sur les Thermopyles, en donnant raison aux prédictions de Démosthènes, pouvait éveiller les alarmes des Grecs. Pour détourner les soupçons, Philippe joua le rôle de protecteur des peuples opprimés : ainsi, il secourut Mégalopolis et Messène contre Sparte ; il envoya aux habitants de l'Eubée, révoltés contre Athènes, un corps de troupes que Phocion repoussa.

Dans le but de réparer cet échec, Philippe attaqua

Olynthe, qui étendait sa domination sur trente-deux autres villes de la Chalcidique. Trois fois les assiégés implorèrent le secours d'Athènes. Mais ce fut en vain que Démosthènes prononça ses *Olynthiennes* ; les renforts envoyés furent insuffisants et mal commandés, et lorsque les Athéniens se décidèrent à un effort énergique, il était trop tard. Deux traîtres, Euthycrate et Lasthènes, avaient ouvert les portes d'Olynthe. La ville fut rasée, et les habitants vendus comme esclaves. Du reste, Philippe profitait de la trahison, mais n'aimait pas les traîtres. Euthycrate et Lasthènes étant venus se plaindre à lui des injures que les Grecs leur adressaient : « Ne prenez pas garde, leur répondit-il, à ce que disent des hommes grossiers, qui appellent les choses par leur nom. »

La ruine d'Olynthe enleva toute illusion aux Athéniens. Dix ambassadeurs furent envoyés en Macédoine, pour demander satisfaction à Philippe : mais ils se laissèrent amuser par des négociations, et acceptèrent même les présents du roi ; Démosthènes seul fut incorruptible.

Nouvelle guerre sacrée (en 345). — Par son inaction calculée, Philippe apaisa les inquiétudes des Grecs, et ce fut encore à lui que les Amphictyons s'adressèrent lorsque les Phocidiens reprirent les armes. Il se saisit alors des Thermopyles, détruisit toutes les villes de la Phocide, ne laissant subsister que des villages de cinquante maisons, brisa les armes des habitants, leur enleva leurs chevaux, et les frappa d'un tribut annuel de soixante talents au profit du temple de Delphes.

Cette nouvelle *Guerre sacrée* donna de grands avantages à Philippe : il reçut les deux voix que les Phocidiens possédaient dans le Conseil amphictyonique ; désormais il put peser de toute sa puissance sur les décisions de ce Conseil, et intervenir dans les affaires intérieures de la Grèce. Il se fit accorder aussi le droit qu'avaient les Phocidiens, comme maîtres du temple, de consulter l'oracle les premiers, et, à cause de l'empire qu'il prit sur la Pythie, on put dire qu'elle *philippisait*. Il obtint enfin la présidence des jeux Pythiques, enlevée aux Corinthiens qui avaient soutenu les sacriléges.

EXPÉDITIONS DIVERSES DE PHILIPPE. — Durant quelques années, Philippe feignit encore de ne pas songer directement à la Grèce. En 341, étendant sa domination à travers la Thrace jusqu'au Bosphore, il menaça les villes de Périnthe et de Byzance. Démosthènes fit comprendre à ses compatriotes que le roi de Macédoine finirait par être maître de toute la mer Égée, de la Propontide et du Pont-Euxin. Phocion fut envoyé avec des troupes, et repoussa les Macédoniens.

Philippe effaça la honte de son échec par une expédition contre les Scythes. Il revenait vainqueur de leur roi Athias, lorsqu'il fut attaqué dans les gorges de l'Hémus (1) par la tribu des Triballes ; blessé à la cuisse, renversé de cheval, il dut la vie, dans cette rencontre, à l'intrépidité de son fils Alexandre, à peine âgé de dix-sept ans.

BATAILLE DE CHÉRONÉE (en 338). — Le moment arriva où Philippe crut n'avoir plus de ménagement à garder envers les Grecs. Eschine, qui était d'intelligence avec lui, accusa les Locriens d'avoir labouré un champ consacré à Apollon, et poussa le Conseil amphictyonique à charger le roi de Macédoine de venger ce crime. Philippe entra en Locride, où il détruisit la ville d'Amphissa, et fondit à l'improviste sur Élatée, place forte qui commandait l'entrée de la Béotie. Thèbes et Athènes s'unirent à la voix de Démosthènes, et leurs troupes livrèrent, près de Chéronée, une bataille qui décida du sort de toute la Grèce. Au lieu de Phocion, on avait pris Charès pour commander en chef. Alexandre enfonça le bataillon sacré des Thébains ; les Athéniens, victorieux au premier choc, rompirent leurs lignes en poursuivant les Macédoniens, et Philippe, profitant de cette faute, les écrasa avec sa phalange. On prétendit que Démosthènes avait été des premiers à fuir en jetant son bouclier ; se sentant retenu par des buissons de la route, que dans sa frayeur il prit pour des ennemis, il leur aurait demandé grâce. Les Athéniens n'avaient pas coutume d'honorer la lâcheté : or, ce fut Démosthènes qu'ils

(1) Aujourd'hui la chaîne des Balkhans.

chargèrent de mettre leur ville en défense, et on le récompensa de son dévouement par le don d'une couronne d'or.

Philippe usa de la victoire avec modération. Il ne mit de garnisons qu'à Thèbes et à Corinthe ; les autres villes de la Grèce conservèrent leurs lois et leurs magistrats. Athènes, dont les écrivains étaient les distributeurs de la gloire, fut traitée avec une douceur particulière ; les prisonniers de guerre lui furent renvoyés sans rançon.

Mort de Philippe. — Les Amphictyons avaient nommé Philippe généralissime des Grecs, et il songeait à les conduire contre les Perses, lorsqu'il périt assassiné par un certain Pausanias. Les historiens ont donné plusieurs explications de ce crime. Selon les uns, Pausanias aurait été l'instrument des Perses, désireux d'arrêter les projets de conquête de Philippe. Selon d'autres, ce prince avait répudié Olympias, pour épouser Cléopâtre, fille d'Attale, l'un des grands de la Macédoine. Au banquet de noces, Attale s'avisa de dire qu'il espérait que sa fille donnerait au roi un héritier légitime. « Me prends-tu donc pour un bâtard ? » s'écria Alexandre, qui lui jeta sa coupe à la tête. Philippe, échauffé par le vin, voulut se lever et trébucha. « Comment songe-t-il à passer en Asie, ajouta Alexandre, celui qui ne peut même pas aller d'une table à une autre ? » Et il alla rejoindre sa mère en Épire. D'après ce récit, Olympias aurait poussé

Pausanias à frapper Philippe. — Suivant l'opinion la plus générale, Pausanias obéit à ses ressentiments particuliers : il avait en vain demandé justice d'un outrage que lui avait fait Attale.

Habile jusqu'à la fourberie quand son ambition était en jeu, Philippe ne manquait pas de bonnes qualités. A une pauvre femme qui lui demandait justice, il avait répondu qu'il n'avait pas le temps. « Cessez donc d'être roi, » lui dit-elle. Il sentit la force de ce reproche, et fit droit à la demande. — Une autre femme, qu'il avait condamnée au sortir d'un repas, s'écria : « J'en appelle. — A qui donc ? dit le roi. — A Philippe à jeun. » Il comprit la leçon, et réforma son jugement. — Après la bataille de Chéronée, un envoyé d'Athènes, à qui Philippe demandait ce qu'il pouvait faire pour lui plaire, répondit grossièrement : « Va te pendre. » Le roi se contenta de dire : « Ceux qui se permettent de telles insultes sont moins justes et moins grands que celui qui peut les punir et qui les pardonne. »

ALEXANDRE LE GRAND (de 336 à 323). — Alexandre avait vingt ans quand il fut appelé au trône. Formé par Aristote, il possédait une haute intelligence et l'amour des grandes choses. Au récit des conquêtes de Philippe, il disait un jour avec tristesse : « Mon père prendra tout, et ne me laissera rien à faire. » Aucun danger n'effrayait son courage, et lorsqu'il eut dompté le cheval Bucéphale (1), que nul seigneur macédonien n'avait osé monter, Philippe lui dit : « Cherche ailleurs un royaume digne de toi, mon fils, la Macédoine ne peut te suffire. » Interrogé s'il disputerait le prix de la course dans les jeux publics, il répondit : « J'irais volontiers, si je devais avoir des rois pour rivaux. » Chargé du gouvernement pendant une absence de Philippe, il reçut des envoyés de la Perse, qui, étonnés de la précocité de son esprit, ne purent s'empêcher de dire : « Notre roi est riche et puissant, mais celui-ci est véritablement un grand roi. » Avant son avénement, Alexandre avait fait ses preuves de bravoure dans le combat contre les Triballes et à Chéronée.

SES PREMIÈRES EXPÉDITIONS. — Les peuples voisins de la Macédoine crurent pouvoir profiter de la jeunesse d'Alexandre pour renouveler leurs attaques. Il défit avec une étonnante rapidité les Triballes, les Thraces et les Illyriens. Ayant rencontré, dans le nord de l'Illyrie, une tribu de Celtes qui était venue par la vallée du Danube, il s'imagina que ses premiers exploits suffisaient à les intimider, et leur demanda ce qu'ils craignaient le plus au monde : « Nous ne craignons, répondirent-ils, que la chute du ciel. » Il fit alliance avec eux, puis s'occupa des affaires de la Grèce.

(1) Ce nom signifie *tête de bœuf*. Bucéphale fut acheté treize talents (65,000 fr.).

A la nouvelle de la mort de Philippe, Démosthènes était venu, couronné de fleurs, sur la place publique d'Athènes, et avait fait décerner une couronne au meurtrier. La population de Thèbes avait massacré la garnison macédonienne. Les deux villes, n'hésitant pas à accepter l'or de la Perse pour soutenir la lutte, se préparèrent à la guerre. Alexandre, arrivé aux Thermopyles, dit à ses officiers : « Démosthènes m'appelait enfant lorsque j'étais en Illyrie ; il dit aujourd'hui que je suis un jeune homme ; je veux lui montrer sous les murs d'Athènes que je suis un homme fait. » En frappant Thèbes avec rigueur, son but était de faire un exemple : dans une bataille livrée devant la ville, plus de six mille Thébains périrent, trente mille furent faits prisonniers. On rasa toutes les maisons, excepté celle du poète Pindare. Athènes fut, au contraire, traitée avec douceur.

A l'exemple de son père, Alexandre se rendit à Corinthe, où il reçut le titre de généralissime. Pendant son séjour dans cette ville, il alla voir le philosophe cynique Diogène. Il le trouva logé dans un tonneau sur la place publique. Comme il lui demandait ce qu'il pouvait faire pour lui : « C'est, répondit le philosophe, de t'ôter de mon soleil. » Le roi trouva de la grandeur dans cette parole, et ajouta : « Si je n'étais Alexandre, je voudrais être Diogène. »

En retournant en Macédoine, il voulut consulter l'oracle de Delphes au sujet de la guerre qu'il allait entreprendre contre les Perses. La pythie refusant de monter sur le trépied, il la saisit par le bras, pour l'entraîner au temple : « O mon fils, s'écria-t-elle, rien ne peut te résister. » Il ne demanda pas d'autre présage.

GUERRE CONTRE LES PERSES. — L'empire des Perses touchait à sa ruine. Depuis Artaxerxès Mnémon, on avait vu passer sur le trône son fils *Ochus*, exécrable tyran qui fit périr cent cinquante membres de sa famille, détruisit la ville de Sidon révoltée, et saccagea l'Égypte, et son petit-fils *Arsès*, tous deux assassinés par un favori nommé Bagoas. *Darius III Codoman*, dernier souverain de la Perse, commandait à de nombreuses provinces; mais elles n'étaient point unies par l'esprit national, et depuis longtemps les satrapes affectaient l'indépendance.

Avant de partir pour l'Asie, Alexandre distribua à ses officiers tout ce qui lui appartenait. « Que vous réservez-vous donc? demanda Parménion. — L'espérance, » répondit-il. Antipater reçut le gouvernement de la Macédoine, et quelques milliers d'hommes pour tenir la Grèce en respect. L'armée qu'emmenait le roi ne comptait que trente mille fantassins et cinq mille cavaliers ; elle avait des vivres pour quarante jours, et soixante-dix talents (1).

Partie de Pella en 334, elle longea le littoral de la mer Égée, et franchit l'Hellespont, que les Perses,

(1) Moins de 400,000 francs.

malgré le conseil de leur plus habile général, Memnon le Rhodien, avaient négligé de garder. Alexandre, dont Homère était le poète favori, commença par visiter, au promontoire de Sigée, le tombeau d'Achille, et s'y fit accompagner par Héphestion, son ami, en souvenir de Patrocle. Il se dirigea ensuite vers Lampsaque. Rencontrant le philosophe Anaximène, qui était né dans cette ville, il lui supposa l'intention d'intercéder pour sa patrie, et déclara qu'il ne lui accorderait pas sa demande. Le philosophe pria alors le roi de détruire Lampsaque, et sauva ainsi la ville par sa présence d'esprit.

BATAILLE DU GRANIQUE. — Memnon proposait aux satrapes de l'Asie-Mineure de saccager le pays, et d'opposer aux Macédoniens un désert, afin de les contraindre par famine à la retraite. Mais les satrapes ne voulaient pas ruiner leurs propriétés, et, fiers de commander à de nombreux soldats, ils espéraient écraser l'ennemi sous le nombre. Ils se postèrent sur les bords du Granique (1). Alexandre traversa les eaux profondes, gravit la rive escarpée, et culbuta l'armée persane. La lutte fut vive cependant, et il faillit y périr : un Perse lui avait fendu son casque d'un coup de sabre, et allait frapper de nouveau, lorsqu'il fut tué par Clitus, l'un des officiers du roi.

Après le passage du Granique, Alexandre aurait

(1) Rivière qui descend du mont Ida et se jette dans la Propontide.

pu, comme Cyrus le Jeune et Agésilas, traverser l'Asie-Mineure et aller droit à Babylone. Mais, voulant couper toute communication des Perses avec la Grèce, où ils pouvaient lever des mercenaires et provoquer la révolte, il prit le parti de longer le littoral et d'occuper les villes maritimes. La Mysie, l'Eolide, la Lydie, l'Ionie, la Doride et la Carie se soumirent; Milet et Halicarnasse opposèrent seules une vive résistance. Memnon, qui avait défendu la dernière de ces villes, eut la pensée d'opérer une diversion du côté de la Macédoine, et de contraindre ainsi Alexandre à revenir sur ses pas : il avait pris Chio, et presque toute l'île de Lesbos, quand une maladie l'enleva devant Mitylène.

Le nœud gordien. — Délivré du seul ennemi qui pût compromettre le succès de son entreprise, Alexandre parcourut rapidement la Lycie et la Pamphylie, remonta vers le nord, et arriva à Gordium, en Phrygie. Là se trouvait un char offert jadis aux Dieux par le roi Gordius : le nœud qui attachait le joug au timon était fait avec tant d'adresse et replié tant de fois sur lui-même, qu'on ne pouvait en apercevoir les bouts et qu'il était inextricable. Un oracle avait promis l'empire de l'Asie à qui le dénouerait. Alexandre, après de vains efforts, trancha le nœud d'un coup d'épée, et tout le monde regarda l'oracle comme accompli.

Bataille d'Issus (en 333). — De Gordium, les Macédoniens se dirigèrent, à travers la Cappadoce, vers le passage du Taurus appelé *Portes de Cilicie*, et le franchirent sans obstacle. A Tarse, Alexandre tomba dangereusement malade, pour s'être baigné, tout couvert de sueur, dans les eaux trop froides du Cydnus; mais il dut la vie à l'habileté de son médecin Philippe d'Acarnanie. Au moment où celui-ci préparait la potion qui devait guérir le roi, une lettre arriva, qui l'accusait de s'être vendu à Darius et de vouloir empoisonner son maître. Alexandre, sans hésiter, but d'une main la potion, et de l'autre tendit la lettre au médecin. Sa confiance le sauva.

Sur ces entrefaites, Darius arrivait en Cilicie avec une armée de six cent mille hommes. Au lieu de livrer bataille dans une plaine, où il aurait pu envelopper les Macédoniens, il se laissa attirer, près d'Issus, sur un terrain étroit et montueux, où la multitude même de ses troupes était un embarras, et essuya une déroute complète. Sisygambis, sa mère, et Statira, sa femme, tombèrent entre les mains du vainqueur. Lorsqu'Alexandre se rendit auprès d'elles après la bataille, Sisygambis se prosterna devant Héphestion, qui était d'une taille plus avantageuse et qu'elle prenait pour le roi. Confuse de sa méprise, elle voulut s'en excuser; Alexandre lui dit : « Non, ma mère, vous ne vous trompez pas; celui-ci est aussi Alexandre, » exprimant ainsi l'étroite amitié qui l'unissait à Héphestion. Dans le butin fait à Issus, on avait trouvé une cassette précieuse où Darius renfermait des parfums; Alexandre y plaça un manuscrit de l'*Iliade*, revu par Aristote.

SIÉGES DE TYR ET DE GAZA (en 332). — Au lieu de poursuivre Darius au cœur de ses États, Alexandre acheva la conquête des provinces maritimes de la Perse. Tandis que Parménion prenait à Damas une partie des trésors de l'ennemi, il entra en Phénicie, et donna l'administration de Sidon à un descendant des anciens rois de cette ville, Abdolonyme, qui était réduit à cultiver de ses mains un modique jardin. Tyr refusa de se soumettre : pour l'atteindre, il fallut jeter une immense chaussée entre le continent et l'île où elle avait été rebâtie depuis Nabuchodonosor. Les travaux furent plusieurs fois interrompus par les assiégés et par les tempêtes ; enfin, après sept mois d'efforts, la ville fut prise d'assaut et complétement ruinée ; dix mille Tyriens périrent par le fer ou au gibet, et trente mille furent vendus comme esclaves.

En Palestine, le conquérant visita Jérusalem. Selon l'historien juif Josèphe, le grand-prêtre Jaddus lui ayant montré, dans les livres d'Isaïe, les prédictions qui annonçaient sa grandeur, il fut frappé d'admiration, et traita généreusement les Hébreux (1). S'il

---

(1) Ce fait, qu'on ne trouve mentionné dans aucun auteur grec, aura été imaginé peut-être par Josèphe à l'époque où les Romains s'emparèrent de Jérusalem, dans l'espoir de leur inspirer la douceur envers sa patrie, qu'Alexandre avait respectée.

faut en croire Quinte-Curce (1), sa conduite fut toute différente à Gaza : irrité de la résistance qu'il avait éprouvée, il aurait traîné derrière son char autour de la place le corps du gouverneur Bétis, à l'imitation d'Achille au siège de Troie après la défaite d'Hector.

Occupation de l'Égypte. — L'Égypte, qui avait toujours détesté les Perses, accueillit les Macédoniens comme des libérateurs. Alexandre, respectant la religion et les usages du pays, sacrifia au bœuf Apis, et se borna à confier à des Grecs l'autorité militaire et le soin des finances. Il fonda, à l'une des bouches du Nil, près du lac Maréotis, la ville d'Alexandrie, qui devait être l'entrepôt général du commerce de l'Asie avec la Grèce. Puis, comme il aimait à frapper les esprits par le merveilleux, il fit un voyage à l'oasis d'Ammon, où les prêtres le proclamèrent fils de leur dieu et lui promirent l'empire du monde.

Bataille d'Arbelles (en 331). — Le temps était enfin venu où Alexandre allait porter le dernier coup à Darius. Ce prince lui fit offrir dix mille talents (cinquante-quatre millions de francs) pour la rançon de Sisygambis et de Statira, la main d'une de ses filles, et toute la partie de l'Asie située à l'ouest de l'Euphrate : « J'accepterais, dit Parménion, si j'étais Alexandre. — Et moi aussi, reprit le roi, si j'étais

(1) Historien latin qui vivait quatre siècles après l'événement.

Parménion. » L'armée macédonienne traversa de nouveau la Palestine, la Phénicie et la Syrie, franchit l'Euphrate et le Tigre, et se trouva en présence des Perses dans les plaines de Gaugamèle, non loin d'Arbelles en Assyrie. Alexandre, après avoir pris ses dispositions de combat, dormit d'un si profond sommeil, qu'il fallut l'éveiller au moment de l'action. La bataille d'Arbelles ruina les dernières espérances de Darius, qui s'enfuit vers l'Orient.

Avant de le poursuivre, Alexandre voulut occuper les capitales de l'empire. Babylone le reçut avec enthousiasme. A Persépolis, il brûla, après une orgie, le palais des rois de Perse, sous prétexte de venger l'incendie d'Athènes par Xerxès. Suze fit sa soumission ; mais la force fut nécessaire pour entrer dans Ecbatane.

FIN DE L'EMPIRE DES PERSES (en 330). — Alexandre se dirigea vers la mer Caspienne, espérant atteindre Darius. Il apprit bientôt que ce malheureux prince avait été assassiné par Bessus, satrape de la Bactriane. Le meurtrier fut pris ; on lui coupa le nez et les oreilles, puis on l'abandonna à la vengeance de la mère de Darius, qui le fit écarteler.

Ainsi fut anéanti l'empire fondé par Cyrus. Alexandre ne voulut point aller au-delà de l'Iaxarte (1), et dispersa seulement une horde de Scythes sur les bords de ce fleuve. Il se trouvait dans la Haute-Asie,

(1) Aujourd'hui le Sihoun.

quand il apprit qu'une partie des Grecs, qui avaient pris les armes à l'instigation des Spartiates, avaient été vaincus par Antipater près de Mégalopolis, et replacés sous le joug macédonien. Il pouvait donc organiser en paix sa conquête.

CHANGEMENT DANS LES MŒURS D'ALEXANDRE. — La prospérité opéra un grand changement dans Alexandre. Non content d'adopter le costume et les mœurs efféminées des Asiatiques, il voulut qu'on se prosternât en sa présence et qu'on lui rendît les honneurs divins. L'armée, mécontente de cet abandon des coutumes nationales, eut encore à se plaindre des violences de son chef. Un jour, dans un festin, Clitus vantait les exploits de Philippe ; Alexandre, jaloux des louanges données à son père, se leva de table, arracha une pique des mains d'un soldat, et en frappa mortellement l'officier qui lui avait sauvé la vie. Une douleur tardive ne pouvait pas excuser les fureurs de l'ivresse. Des murmures on en vint bientôt aux complots. Philotas fut condamné à mort pour n'avoir pas révélé la conspiration de l'un de ses amis, et, dans la crainte qu'il ne trouvât un vengeur, un assassin frappa Parménion, son père. Le philosophe Callisthènes, ami d'Aristote, qui ne consentait pas à adorer le roi comme un dieu, fut enfermé dans une cage de fer. Alexandre ne pouvait cependant ignorer les dispositions de ses troupes : ce fut sans doute autant pour donner aux esprits une direction nouvelle que pour imiter les exploits mythologiques de Bacchus, qu'il entreprit la conquête de l'Inde.

Expédition dans l'Inde (en 327). — Il entra dans ce pays par le nord, et s'empara d'Aornos, forteresse réputée imprenable. Taxile, qui régnait entre le haut Indus et l'Hydaspe (1), fit alliance avec lui ; mais Porus, roi du pays compris entre l'Hydaspe et l'Hyphase (2), entreprit de résister. Vaincu et fait prisonnier, il fut amené devant Alexandre, qui lui demanda comment il voulait être traité : « En roi, » répondit-il. Le vainqueur, touché de sa grandeur d'âme, lui laissa son royaume. Il jeta les fondements de deux villes, *Nicée* (3), en mémoire de sa victoire, et *Bucéphalie*, à l'endroit où il perdit son cheval.

Arrivés sur les bords de l'Hyphase, les Macédoniens refusèrent d'aller plus loin. Alexandre, ne pouvant aller jusqu'au Gange, ainsi qu'il en avait le désir, éleva douze autels aux *grands dieux* de la Grèce (4) afin de marquer le terme de ses conquêtes, et revint sur ses pas. L'armée descendit la vallée de l'Hyphase, jusqu'au confluent de cette rivière avec l'Indus. Les peuples riverains se soumirent ; une seule tribu, celle des Oxydraques, refusa le passage. En attaquant leur ville, Alexandre atteignit, à l'aide d'une échelle,

---

(1) Aujourd'hui le *Djelem*.
(2) C'est maintenant la *Béyah*.
(3) D'un mot grec qui veut dire *victoire*.
(4) Voyez le chapitre sur la *Religion des Grecs*, p. 252.

le sommet du rempart, et, sans s'apercevoir que ses officiers n'avaient pu le suivre, s'élança seul au milieu des ennemis : il était cerné, atteint d'une flèche et près de périr, quand on vint enfin le dégager (en 326). On longea l'Indus jusqu'à son embouchure ; là les Macédoniens furent saisis d'admiration en voyant le flux et le reflux de l'Océan, phénomène presque insensible dans la Méditerranée.

Retour, projets et mort d'Alexandre. — Chargeant Néarque d'explorer avec une flotte les côtes méridionales de l'Asie jusqu'à l'embouchure de l'Euphrate (1), Alexandre ramena l'armée à travers la Gédrosie (2) et la Carmanie (3). Au milieu de ces régions stériles, les soldats eurent à souffrir cruellement de la faim et de la soif. En Suziane, où reparut l'abondance, Alexandre donna l'exemple de tous les excès, et, dans son ivresse, se fit voir tantôt sous les attributs d'Hercule, tantôt sous ceux de Bacchus. Rentré à Babylone en 324, il reçut les envoyés de toutes les nations soumises à son empire, et même ceux des Étrusques et des Carthaginois.

L'œuvre qu'il voulait accomplir était immense : c'était la fusion du monde grec et du monde asiatique. Épousant tour à tour Statira, fille de Darius, et Roxane, fille d'un satrape, il maria Héphestion

(1) La relation de ce voyage est parvenue jusqu'à nous.
(2) Aujourd'hui le *Mekran*, partie du Béloutchistan.
(3) Aujourd'hui le *Kerman*, partie de l'Afghanistan.

avec une autre fille de Darius, et dix mille de ses soldats avec des femmes perses. Trente mille Asiatiques furent incorporés dans l'armée macédonienne. Les violences qui pouvaient irriter les vaincus furent sévèrement réprimées : Harpalus, gouverneur de Babylone, coupable de rapines et d'injures, dut s'enfuir en Grèce pour échapper à la colère du roi ; les gouverneurs de la Suziane, de la Perse, de l'Égypte, reçurent le châtiment de leurs injustices. Les croyances religieuses des vaincus ne souffrirent aucune atteinte. Dans le but de propager la civilisation grecque, un grand nombre de villes, du nom d'Alexandrie, avaient été fondées sur la route du conquérant, et des Grecs s'y étaient établis en colonies. Partout on représenta les chefs-d'œuvre du théâtre grec. On fit disparaître une foule de coutumes des Barbares : les uns apprirent à contracter de légitimes mariages, les autres à ne pas tuer leurs vieux parents, ceux-ci à ne pas dévorer les morts, ceux-là à ne point épouser leurs mères.

Alexandre voulait faire de Babylone le centre politique et commercial du monde. Il ordonna d'y creuser un port, de reprendre les travaux d'irrigation auxquels l'Assyrie et la Babylonie avaient dû jadis leur fécondité, de reconnaître les bords de la mer Caspienne et tout le littoral de l'Arabie, de construire mille navires en Phénicie. Peut-être rêvait-il aussi de nouvelles conquêtes du côté de l'Occident. Mais la mort le surprit en 323. Suivant une fable longtemps accréditée, il aurait été empoisonné par Antipater, menacé de perdre le gouvernement de la Macédoine ; telle était la violence du poison, qu'il brisait tous les vases, et qu'on n'avait pu le transporter que dans le sabot d'un cheval. En réalité, Alexandre périt d'une débauche de table : dans un festin où il avait déjà bu plus que de coutume, il fit raison à tous les convives, et voulut encore vider la coupe d'Hercule. A peine avait-il achevé, qu'il tomba à la renverse ; quelques jours après la fièvre l'emporta. L'attachement de Sisygambis pour sa personne était si profond, qu'elle ne voulut pas lui survivre et se laissa mourir de faim.

Il y avait de la grandeur dans la mission civilisatrice qu'Alexandre s'était donnée en Asie. Mais la dégradation morale des vaincus ne permettait guère d'espérer un succès durable, et les oppositions de races, de coutumes et d'intérêts étaient autant de causes qui allaient dissoudre rapidement l'empire macédonien. L œuvre d'unité tentée par le conquérant périt avec lui. En ce qui concerne la Grèce elle-même, la domination des Macédoniens ne tourna pas à son profit. Elle s'établit par la force et eut toutes les conséquences d'une conquête. Un simulacre de vote libre investit Philippe et Alexandre du commandement en chef des forces helléniques ; mais la suprématie fondée sur la bataille de Chéronée et sur la ruine de Thèbes n'avait rien de commun avec une fédération dont la Macédoine eût été la tête et le lien. Sans doute, après la victoire du Granique, des trophées d'armes furent envoyés à Athènes et consacrés à Minerve avec cette inscription : « Alexandre, fils de Philippe, et les autres Grecs offrent cette part des dépouilles des barbares de l'Asie. » Mais dans l'armée du conquérant, pas un Grec n'avait de commandement. Les Macédoniens ne furent Grecs que de nom : chez Alexandre, un fond de barbarie native perçait à travers la couche artificielle de civilisation, et sous l'élève d'Aristote on retrouvait vite le fils de la farouche Olympias; les Grecs ne pouvaient reconnaître un compatriote dans le despote qui fit périr ou tua de sa main ceux de ses lieutenants qui lui portaient ombrage, et ordonna de mettre en croix le médecin coupable de n'avoir pas su préserver Héphestion de la mort. Détruire enfin l'indépendance politique de la Grèce, ce fut atteindre mortellement sa fécondité intellectuelle : l'esprit grec continua de produire quelque temps encore, mais sans originalité; la source était tarie, le courant ne se renouvela plus. La décadence n'eut pas de remède.

CHAPITRE VII.

LES SUCCESSEURS D'ALEXANDRE.

PARTAGE DE L'EMPIRE MACÉDONIEN. — Alexandre n'avait pas désigné son successeur ; il s'était contenté de dire qu'il laissait l'empire « *au plus digne.* » Comme il l'avait prévu, ses généraux lui firent de *sanglantes funérailles.* Ils se partagèrent, en effet, les provinces, et leurs querelles ensanglantèrent bientôt tout l'Orient. Pendant vingt années, l'unité de l'empire fut en jeu, et les guerres civiles aboutirent à un démembrement définitif.

GUERRE LAMIAQUE (en 322). — Perdiccas, à qui Alexandre avait remis son anneau sur son lit de mort, s'était chargé de la régence pendant la minorité d'Alexandre Aigus, fils posthume du conquérant. Il eut à réprimer deux soulèvements. D'un côté, les Grecs établis en colonies au-delà du Tigre voulurent abandonner leur poste; le régent envoya contre eux Pithon, gouverneur de la Médie, qui les tailla en pièces. De l'autre, la Grèce prit les armes à la voix de Démosthènes, et Antipater, battu en Thessalie près de Lamia, dut s'enfermer dans cette ville. Léonat, gouverneur de la Mysie, périt en essayant de le délivrer ; mais un autre général, Cratère, défit les assiégeants et tua leur chef Léosthènes. Antipater marcha alors contre Athènes, lui imposa une contribution de guerre et une garnison macédonienne, priva du droit de suffrage dans les assemblées tout citoyen qui n'avait pas un revenu de 2,000 drachmes (1), et mit Phocion à la tête du nouveau gouvernement aristocratique. Démosthènes s'était enfui à Calaurie, petite île voisine de l'Argolide ; il s'y empoisonna pour ne pas tomber entre les mains de ses ennemis.

COALITIONS CONTRE LES RÉGENTS. — L'intégrité de l'empire, qui avait triomphé des rébellions, fut ensuite menacée par les généraux, dont la haine poursuivit tous les défenseurs de la famille d'Alexandre. Perdiccas, accusé de vouloir se frayer un chemin au pouvoir suprême en épousant Cléopâtre, sœur du conquérant, vit se former une ligue entre Antipater, Cratère, Néoptolème, gouverneur de l'Arménie, Ptolémée Lagus, gouverneur de l'Égypte, et Antigone à qui étaient échues la Pamphylie, la Lycie et la Phrygie. Eumène, qui prit son parti en Cappadoce, tua dans un combat Cratère et Néoptolème ; mais Perdiccas fut assassiné par ses propres soldats après une défaite sur les bords du Nil où il avait porté la guerre (en 321). — Après Antipater, qui ne conserva la régence qu'une année, Polysperchon ne fut pas assez

(1) Environ 1,000 francs.

puissant pour faire respecter les héritiers d'Alexandre. Il eut pour adversaire Cassandre, fils d'Antipater, et si, pour restaurer à Athènes la démocratie, il réussit à opérer une révolution dont Phocion périt victime (en 318), il dut bientôt abandonner la ville à Cassandre, qui rétablit le gouvernement aristocratique sous la direction de Démétrius de Phalère. Poursuivi ensuite dans le Péloponèse, abandonné de toutes les villes, il disparut sans laisser de trace. Quant à Eumène, défenseur intrépide de la famille d'Alexandre, il fut assiégé par Antigone dans Nora, parvint à s'en échapper, transporta la guerre en Mésopotamie, puis en Perse, fut trahi par les Argyraspides (1), condamné à mourir de faim, et tué au bout de trois jours par ses gardiens, qui eurent pitié de ses souffrances (en 316).

Extinction de la famille d'Alexandre. — Au milieu de ces luttes intestines, la famille royale disparut promptement. Aussitôt après la mort d'Alexandre, Roxane, qui craignait en Statira une rivale de pouvoir, l'avait fait assassiner. En 317, Olympias se débarrassa de Philippe Arrhidée, prince imbécile, que son époux avait eu d'une autre femme. Sous prétexte de venger Arrhidée et sa femme Eurydice, sœur du roi Philippe, Cassandre se saisit d'Olympias et la livra aux parents de ses victimes, qui la mirent à mort;

(1) Corps de vétérans dont les *boucliers* étaient garnis d'*argent*.

plus tard, en 311, il fit périr Alexandre Aigus et sa mère Roxane.

AMBITION D'ANTIGONE. — En voyant s'éteindre la famille d'Alexandre le Grand, Antigone conçut le projet de maintenir à son profit l'unité de l'empire macédonien. Il accumula de grands trésors, réunit une armée de 70,000 hommes, fit périr Pithon pour le dépouiller de la Médie, enleva la Perse à Peucestas, la Babylonie à Séleucus, et exerça une autorité absolue sur presque toute l'Asie. Une coalition se forma contre lui entre Cassandre, Ptolémée, Séleucus et Lysimaque, gouverneur de la Thrace. Tandis que ses lieutenants enlevaient à Cassandre toute la Grèce, excepté Athènes et Mégare, il s'empara de la Syrie et de la Phénicie, et chassa ses ennemis de l'Asie-Mineure. Mais, son fils Démétrius Poliorcète (1) ayant été battu par Ptolémée près de Gaza, Séleucus put rentrer à Babylone; de là date l'*ère des Séleucides* (en 311).

La lutte fut suspendue pendant deux ans. A la reprise des hostilités, Démétrius Poliorcète chassa d'Athènes la garnison macédonienne et Démétrius de Phalère, à qui les habitants avaient témoigné leur reconnaissance en lui élevant 300 statues. Il alla ensuite conquérir l'île de Chypre sur Ptolémée (en 307). Malheureux dans une attaque contre l'Égypte, il échoua également devant Rhodes. Enfin, dans une

---

(1) Surnom qui veut dire *preneur de villes*.

nouvelle expédition en Grèce, il anéantit la domination de Cassandre.

Bataille d'Ipsus (en 301). — Le sort de l'empire macédonien fut enfin décidé en Phrygie, dans les plaines d'Ipsus. Lysimaque, Ptolémée et Séleucus y triomphèrent d'Antigone et de son fils. Antigone périt dans la mêlée.

Quatre royaumes furent alors formés. Lysimaque eut celui de Thrace, auquel se rattachait la partie de l'Asie-Mineure comprise entre l'Hellespont, l'Halys et le Taurus : cet État disparut à la mort de son possesseur en 282 ; les régions d'Asie-Mineure furent réunies au royaume de Syrie, la Thrace méridionale au royaume de Macédoine, et les peuplades du nord de la Thrace retournèrent à la vie barbare. Cassandre garda la Macédoine et la Grèce. Séleucus, dont le vaste royaume prit le nom de Syrie, obtint l'Asie, moins la Phénicie et la Palestine, qui firent partie du royaume d'Égypte donné à Ptolémée.

Royaume de Macédoine et Grèce. — Bien que le sort des armes eût prononcé à Ipsus, le trône de Macédoine fut encore, pendant plusieurs années, un objet de lutte entre les ambitieux. Après la mort de Cassandre (en 298), ses enfants furent dépossédés par Démétrius Poliorcète : celui-ci, attaqué à son tour par Lysimaque et par Pyrrhus, roi d'Épire, fut réduit à implorer un asile auprès de Séleucus, contre l'autorité duquel il conspira, et qui le laissa mourir dans une prison (en 287). Pyrrhus, après avoir partagé la Macédoine avec Lysimaque, alla faire la guerre aux Romains en Italie (1). Quand Lysimaque eut été tué dans une bataille contre Séleucus, un des fils de Ptolémée Lagus, Ptolémée Céraunus, obligé de fuir après deux tentatives de meurtre, l'une sur la personne de son frère Ptolémée Philadelphe, l'autre sur Séleucus qui l'avait reçu à sa cour, vint s'emparer du trône de Macédoine. Il fut vaincu et tué par une bande de Gaulois (en 280); ces barbares voulurent piller le temple de Delphes ; mais les traditions grecques racontaient qu'au moment où ils gravirent le Parnasse, un tremblement de terre fit tomber sur leurs têtes les sommets de cette montagne, et que les Phocidiens profitèrent de leur désordre pour les tailler en pièces; ceux qui échappèrent au massacre purent gagner l'Asie-Mineure, où, enlevant au roi de Syrie une partie de la Cappadoce et de la Phrygie, ils en formèrent l'État de Galatie ou Gallo-Grèce. — Antigone de Goni (2), fils de Démétrius Poliorcète, s'était fait reconnaître roi après l'invasion gauloise ; Pyrrhus, revenu d'Italie, lui disputa la Macédoine, et le réduisit bientôt à la possession de quelques villes sur le littoral. Puis il essaya de conquérir le Péloponèse ; mais il échoua devant Sparte, que les femmes elles-mêmes

---

(1) Voyez plus loin l'HISTOIRE ROMAINE, chap. III.
(2) Petite ville de Thessalie.

défendirent, et fut mortellement frappé d'une tuile qu'une vieille lui lança du haut d'un toit (en 272). Antigone de Goni put ressaisir la Macédoine.

A la faveur de ces querelles, la Grèce avait secoué le joug des successeurs d'Alexandre. Deux ligues se formèrent pour la protection de son indépendance, la *Ligue étolienne* et la *Ligue achéenne*. La première n'embrassa guère que les villes de l'Étolie, et ne songea point à l'intérêt général. La seconde s'étendit des douze villes de l'Achaïe aux pays voisins : Aratus, après avoir délivré Sicyone, sa patrie, du tyran Nicoclès, se fit nommer *stratége* ou général en chef de la ligue, et fit entrer dans la confédération Mégare, Athènes, Corinthe, Argos, l'Arcadie et la Messénie. Par malheur, Sparte, dont les rois Agis III et Cléomène essayèrent successivement de relever la grandeur par la restauration des lois de Lycurgue, ne voulut pas faire partie de la ligue. Aratus essaya de l'y contraindre, et fut battu ; le dépit le poussa à provoquer l'intervention des Macédoniens. Déjà Démétrius II, fils d'Antigone de Goni, avait soumis la Béotie ; son frère, Antigone Doson, vainquit Cléomène à la bataille de Sellasie (en 222), le contraignit de se réfugier en Égypte, abolit les récentes réformes de Sparte, et contint le Péloponèse en mettant des garnisons dans Corinthe et à Ithôme ; c'était, disait-il, tenir le bœuf par les deux cornes.

Les Grecs fournirent encore, par la *guerre des deux*

ligues (de 220 à 217), une autre occasion aux Macédoniens de les dominer. Sparte, toujours ennemie de la ligue achéenne, tenta d'en détacher la Messénie, et obtint l'alliance des Étoliens. Aratus, ayant perdu la bataille de Caphyes, appela à son aide Philippe III, fils de Démétrius II, et successeur d'Antigone Doson. Le roi de Macédoine laissa les deux ligues s'épuiser, puis leur imposa la paix, dans la prévision d'une lutte prochaine contre les Romains.

Trois ans après, Aratus, secrètement empoisonné par Philippe III, apprit en mourant, selon ses expressions, « à connaître le prix de l'amitié des rois. » Pour que son fils fût incapable de le venger, on lui fit prendre un breuvage qui altéra sa raison.

Depuis cette époque, l'histoire de la Macédoine et de la Grèce se confond avec celle de Rome.

ROYAUME DE SYRIE. — Le royaume de Syrie a été gouverné par les *Séleucides* ou descendants de Séleucus jusqu'en l'an 64 av. J.-C. Au nombre de ces princes, on remarque *Antiochus le Grand*, qui fut l'adversaire des Romains (1), et *Antiochus Épiphane*, sous le règne duquel la Palestine, enlevée précédemment au royaume d'Égypte, fut affranchie par les *Machabées* (2).

L'empire des Séleucides se démembra de bonne

---

(1) Voyez plus loin l'HISTOIRE ROMAINE, chap. IV.
(2) Ils étaient cinq frères, Jean, Simon, Judas, Éléazar et Jonathas, enfants du prêtre Mathias.

heure. Les régions asiatiques souffraient avec impatience la domination de princes grecs ; ces princes, qui le plus souvent durent leur élévation à une série de crimes, méritaient le mépris par leur incapacité ou la haine par leur tyrannie ; les gouverneurs de provinces se rendaient indépendants. Au IIIe siècle avant l'ère chrétienne, on vit se former les royaumes de *Bithynie*, de *Pergame*, de *Cappadoce*, de *Pont*, de *Galatie*, d'*Arménie*, de *Bactriane* ; les *Parthes* s'approprièrent la région située entre le Tigre et l'Inde. Les Séleucides, à l'époque où ils furent renversés par Pompée, ne possédaient plus guère que la Syrie.

Royaume d'Égypte. — Le royaume d'Égypte subsista jusqu'en l'an 30 av. J.-C. ; les princes qui le gouvernèrent sont appelés les *Lagides* ou descendants de Ptolémée Lagus, et ont tous porté le nom de Ptolémée. L'Égypte fut, comme la Syrie, fréquemment en proie à la guerre civile, par suite de l'incertitude qui régnait dans l'ordre de succession au trône. Le mauvais gouvernement des Ptolémées, leur luxe effréné, l'intervention des Romains qui s'immiscèrent dans les querelles des partis, la frappèrent de décadence.

Toutefois, sous l'administration des Ptolémées, spécialement au temps de Ptolémée Philadelphe (285-247), l'Égypte devint le principal foyer de la civilisation hellénique. La ville d'Alexandrie prit une importance commerciale considérable. Elle eut deux ports, l'un sur le lac Maréotis, l'autre sur la Méditerranée, et l'on éleva, en face de ce dernier, dans l'île de Pharos, le célèbre monument qu'on a regardé comme l'une des merveilles du monde, et d'où les phares ont tiré leur nom. Le canal entre le Nil et la mer Rouge, commencé par Néchao, fut achevé. On creusa sur la mer Rouge les ports de Bérénice et de Myos-Hormos, qu'une magnifique chaussée, bordée de puits pour fournir de l'eau aux caravanes, réunit à la ville de Coptos, sur le Nil. Les lettres furent encouragées aussi généreusement que le commerce. Les poètes Callimaque, Théocrite, Bion, Moschus, Aratus, Apollonius de Rhodes, le géomètre Euclide, le géographe Ératosthènes, etc., fréquentèrent la cour des Ptolémées. Les écrivains et les savants formèrent une sorte d'Académie, qui se réunit dans un édifice appelé le *Musée*. La bibliothèque d'Alexandrie, enrichie des dépouilles de celles de l'Asie, compta jusqu'à 700,000 volumes. Enfin, soixante-douze Juifs, envoyés dans cette ville par le grand-prêtre Éléazar, firent la traduction grecque des livres saints connue sous le nom de *version des Septante*.

CHAPITRE VIII.

RELIGION DES GRECS.

Formation de la religion grecque. — La religion grecque est la forme la plus remarquable du polythéisme (1). Tous les peuples ont eu des mythes (2) : mais les Grecs seuls leur ont donné une beauté poétique qui les impose à l'admiration des peuples civilisés. Comme ils n'eurent ni livres sacrés, ni symbole de foi, ni sacerdoce organisé pour la conservation des dogmes, leur religion n'eut point de traits arrêtés et précis, et, dans la création des Dieux, dans la détermination de leurs caractères, il faut laisser une part à la fantaisie poétique. Ce fut Hésiode qui, le premier, dans sa *Théogonie*, présenta sous une forme systématique les croyances religieuses des Grecs, et établit un ordre chronologique dans la succession de leurs divinités.

Un philosophe de l'antiquité, Évhémère, soutint que les Dieux de la Grèce étaient des hommes déifiés après leur mort à cause de leurs vertus ou de leurs

---

(1) Terme dérivé de deux mots grecs signifiant *nombreux* et *dieu*.

2) La science des mythes s'appelle *Mythologie*.

exploits, et que les mythes étaient tous des faits historiques, altérés par l'imagination des poètes ou par l'ignorance populaire. Sa doctrine s'appelle l'*évhémérisme*. D'autres savants considèrent les Dieux de la mythologie comme la personnification ou l'expression figurée des éléments, des forces, des agents et des phénomènes naturels.—Quoi qu'il en soit, la religion grecque remonte historiquement à deux sources principales. Elle eut d'abord un fonds de croyances apporté par les Pélasges ; puis, les colonies qui vinrent à diverses époques en Grèce firent connaître les divinités de leur pays. Les cultes locaux se répandirent de proche en proche, par suite des rapports qui existèrent entre les tribus helléniques, et il se forma peu à peu une société régulière de Dieux que la crédulité fit résider sur le sommet de l'Olympe, et dont la hiérarchie reposa peut-être à l'origine sur l'importance relative des villes qui leur rendaient un culte.

ANTHROPOMORPHISME. — Tous les peuples ont cherché à donner une forme visible à leurs dieux. Les Égyptiens et les plus anciennes nations de l'Asie les représentaient à l'image des animaux. Dans l'Inde, on donnait aux Dieux plusieurs têtes ou plusieurs bras, comme pour exprimer leur intelligence ou leur force supérieure. Le caractère du polythéisme grec est l'*anthropomorphisme*, c'est-à-dire la représentation de la divinité par la forme humaine. Les Grecs prétaient à leurs Dieux leurs propres appétits, leurs sentiments, leurs passions; il était naturel alors de prendre pour leur simulacre le corps même de l'homme. Seulement, on conçut un idéal de perfection pour ce corps. Dans Homère, les Dieux se distinguent des hommes par une taille plus élevée, des organes plus parfaits, une voix plus puissante; ils se nourrissent d'*ambroisie* et boivent le *nectar*. L'anthropomorphisme n'a pas été sans influence sur le développement de l'art grec : les statuaires ont cherché les formes humaines les plus pures, les plus belles, pour en faire l'image de la divinité.

LES GRANDS DIEUX. — Les Grecs peuplèrent de Dieux la terre, le ciel, la mer et les régions invisibles. Il serait impossible d'énumérer tous ces êtres divins, dont on a compté jusqu'à trente mille; il faut se borner à en connaître les principaux groupes, les *grands Dieux*, les *Dieux subalternes*, les *Héros* ou *demi-Dieux*. Ils étaient tous, quelle que fût leur puissance, soumis au *Destin*, dieu qui tenait un livre ou une urne renfermant le sort de tous les êtres, et dont les arrêts étaient irrévocables.

Les *grands Dieux*, qu'on faisait descendre de deux divinités plus anciennes, *Saturne* ou le Temps, et *Cybèle*, déesse de la Terre, étaient :

Jupiter, maître souverain du ciel, père des dieux et des hommes, porté sur un aigle et armé de la foudre;

Junon, tout à la fois sa sœur et sa femme, protectrice des royaumes et des empires, et déesse du mariage ;

Neptune et *Pluton*, frères de Jupiter, qui commandaient, l'un à la mer, l'autre aux enfers ;

Cérès, sœur de Jupiter, déesse de l'agriculture et de l'abondance ;

Apollon, fils de Jupiter, dieu de la lumière et du jour, conducteur du char du Soleil, et inspirateur des lettres et des arts ;

Diane, sœur d'Apollon, déesse de la chasse, appelée *Phœbé* ou la Lune quand elle présidait à la nuit, et *Hécate* dans les enfers comme déesse des enchantements et des expiations ;

Minerve, sortie tout armée du cerveau de Jupiter, déesse de la sagesse, de la paix et des métiers, et, sous le nom de *Pallas*, déesse de l'art militaire ;

Mars, dieu de la guerre, fils de Jupiter ;

Mercure, dieu de l'éloquence et du commerce, messager des dieux, chargé de conduire les âmes des morts dans les enfers ;

Vénus, née de l'écume de la mer, déesse de la beauté, mère de *Cupidon* ou l'Amour ;

Vulcain, dieu du feu, boiteux, difforme, et néanmoins époux de Vénus, chargé de forger la foudre de son père Jupiter ;

Vesta, déesse du feu sacré et des choses saintes.

DIEUX SUBALTERNES. — Le nombre des divinités secondaires était très-grand ; on remarque :

Bacchus, dieu du vin ;

Pan, dieu des bergers, des troupeaux et des campagnes ;

Plutus, dieu des richesses ;

Bellone, déesse de la victoire ;

Esculape, dieu de la médecine, fils d'Apollon ;

Comus, dieu de la joie et de la bonne chère, chargé, avec *Momus*, dieu de la raillerie et des bons mots, de divertir les Dieux de l'Olympe ;

Hébé, déesse de la jeunesse, qui servait aux Dieux le nectar et l'ambroisie ;

Iris ou l'arc-en-ciel personnifié, messagère des Dieux ;

Éole, dieu des vents ;

Proserpine, fille de Cérès et femme de Pluton ;

Les trois *Grâces* (Aglaé, Thalie, Euphrosyne) ;

Les *Nymphes*, nom sous lequel on comprenait les *Océanides* ou *Néréides*, habitantes de la mer, les *Naïades*, qui présidaient aux fleuves, aux lacs et aux fontaines, et les *Dryades*, protectrices des arbres et des forêts ;

Les *Sirènes*, jeunes filles dont le corps se terminait en poisson, et qui attiraient, par la douceur magique de leurs voix, les navigateurs sur les écueils ou dans les abîmes de la mer ;

Les neuf *Muses*, dont les demeures habituelles

étaient le Parnasse, l'Hélicon et le Pinde, et à qui l'Hippocrène, le Permesse et la fontaine de Castalie étaient consacrés (*Calliope*, la poésie héroïque; *Clio*, l'histoire; *Thalie*, la comédie; *Melpomène*, la tragédie; *Terpsichore*, la danse; *Polymnie*, la poésie lyrique; *Erato*, souvent confondue avec Polymnie; *Euterpe*, la musique; *Uranie*, l'astronomie et les mathématiques);

Les *Furies* (*Alecto*, *Mégère* et *Tisiphone*), appelées *Euménides* (1), par antiphrase, chargées de tourmenter les coupables;

Les *Parques*, qui filaient la vie des hommes (*Clotho* présidait à la naissance, et tenait le fuseau; *Lachésis* le tournait; *Atropos* coupait le fil).

Les Grecs ont tout personnifié, et multiplié ainsi les divinités allégoriques. Ils ont créé *Thémis* ou la justice, *Némésis* ou la vengeance, la *Discorde*, l'*Envie*, la *Fortune*, etc.

Héros ou demi-dieux. — Enfin les Grecs rendirent un culte à un certain nombre de héros. Tels étaient *Hercule*, *Thésée*, *Persée*, *Castor* et *Pollux*, *Bellérophon*, vainqueur de la Chimère, monstre à tête de lion, à corps de chèvre et à queue de dragon, qui vomissait des flammes.

Vie future. — Les Grecs croyaient en une autre vie, qui doit succéder à celle de ce monde. Les âmes, disaient-ils, se rendaient après la mort dans des lieux

(1) C'est-à-dire *bienveillantes*.

souterrains appelés les *Enfers ;* le nocher *Caron* leur faisait passer, moyennant une obole, la rivière du *Styx*, qui entourait le royaume infernal, et *Cerbère*, chien à trois têtes, les empêchait de sortir de ce royaume. Outre le Styx, il y avait quatre fleuves aux Enfers : le *Cocyte*, formé par les larmes des méchants; le *Phlégéton*, qui roulait des torrents de flammes ; l'*Achéron*, assez rapide pour entraîner les rochers ; le *Léthé*, dont les eaux faisaient perdre à ceux qui en buvaient le souvenir du passé. Les Enfers se divisaient en deux parties : les *Champs-Élysées* (1), séjour des bons, qui jouissaient d'un printemps perpétuel et d'une félicité parfaite ; le *Tartare*, entouré du Phlégéton et d'une triple muraille, affreux séjour où les méchants étaient torturés. On voyait dans le Tartare : *Sisyphe*, condamné à rouler sans cesse une énorme pierre jusqu'au sommet d'une montagne, d'où elle retombait aussitôt; *Ixion*, attaché à une roue environnée de serpents et qui tournait continuellement ; le géant *Tityus*, dont les entrailles toujours renaissantes étaient dévorées par un vautour ; *Tantale*, tourmenté par la soif au milieu d'un étang dont l'eau échappait à ses lèvres, et par la faim sous des arbres chargés de fruits, mais dont les branches s'éloignaient de ses mains ; les *Danaïdes*, versant éternellement de l'eau dans une cuve sans fond.

CULTE. — Dans les temps reculés, on n'offrait aux

(1) C'est-à-dire *Champs de délivrance*.

Dieux que les fruits de la terre, et il y eut des autels sur lesquels il ne fut jamais permis d'immoler des victimes. Mais, à mesure que la simplicité des mœurs primitives disparut, on vit se répandre l'usage de sacrifier des animaux. Les sacrifices humains furent même un moyen de mériter la protection des Dieux : ainsi, Agamemnon consentit à immoler sa fille Iphigénie, afin d'obtenir des vents favorables ; Thémistocle sacrifia trois jeunes Perses, pour se préparer à la victoire de Salamine.

Chaque ville grecque honorait certains Dieux d'un culte particulier : par exemple, Minerve était spécialement vénérée à Athènes, Junon à Argos, Jupiter à Olympie, Apollon à Delphes, Diane à Éphèse, etc. Les fêtes étaient splendides, et consistaient surtout en processions et en jeux. On distinguait : les *Panathénées*, célébrées à Athènes en l'honneur de Minerve ; les *Dionysiaques* et les *Orgies*, fêtes de Bacchus, pendant lesquelles les Bacchantes, prêtresses de ce dieu, couraient ivres et demi-nues, en poussant d'effroyables hurlements ; les fêtes de Cybèle, remarquables par les danses frénétiques que les prêtres, appelés *Corybantes*, exécutaient les armes à la main ; les *Éleusinies*, fêtes de Cérès à Éleusis, qui paraissent avoir été souillées par la débauche, comme les *Aphrodisies* ou fêtes de Vénus. Dans le culte de certaines divinités, telles que Cybèle, Bacchus, Cérès, il existait des cérémonies sacramentelles appelées

Mystères, auxquelles on n'était admis qu'après une préparation spéciale ; on enseignait, dit-on, aux initiés certains dogmes inconnus au vulgaire.

Divination, Oracles. — La *Divination*, ou l'art de pénétrer les secrets de l'avenir par des moyens mystérieux, faisait partie de la religion grecque. Les devins interprétaient les songes, inspectaient le vol des oiseaux, ou interrogeaient les entrailles des victimes. Ils fleurirent surtout dans les temps héroïques ; chaque peuple, chaque ville, toute expédition guerrière avait le sien.

Les *Oracles* s'établirent, en général, plus tard. On appelait ainsi les consultations demandées aux prêtres, soit sur l'avenir, soit sur la signification d'un fait accompli, et les lieux où se donnaient les consultations de ce genre. Les oracles les plus célèbres étaient ceux de Jupiter à Dodone (Épire) et d'Apollon à Delphes. A Dodone, la volonté du dieu se révélait par le chant des colombes sacrées, par le murmure d'une source, ou par le choc de plaques de métal suspendues aux chênes de la forêt et agitées par le vent. A Delphes, la pythie ou prêtresse d'Apollon se plaçait sur un trépied, à l'entrée d'un soupirail d'où sortaient des vapeurs enivrantes, et les prêtres interprétaient ses paroles et ses cris. Les oracles étaient toujours rendus en termes équivoques et ambigus.

HISTOIRE ROMAINE.

CHAPITRE PREMIER.

LES ROIS.

L'Italie avant les Romains. — Les plus anciennes populations de l'Italie, connues sous le nom général d'*Osques*, se disaient aborigènes ou autochthones. Parmi elles, on distinguait les *Osques* proprement dits, ou *Ausones*, dont sont descendus les Latins, les *Volsques*, les *Eques*, les *Herniques*, les *Sabins*, les *Samnites*, les *Marses*, etc.

A ce fonds primitif vinrent se mêler des peuplades étrangères. De l'Espagne arrivèrent les *Ligures*, qui s'établirent autour du golfe de Gênes, et les *Sicanes*, qui poussèrent jusqu'en Sicile (1). — La Grèce envoya aussi des tribus pélasgiques. Les unes, après avoir tourné l'Adriatique, s'arrêtèrent dans le nord de l'Italie ; c'étaient les *Liburnes*, les *Vénètes*, les *Euganéens*, les *Sicules* (ces derniers passèrent plus tard en Sicile). Les autres franchirent l'Adriatique, et se

(1) Cette île s'appelait alors *Trinacrie*, à cause de ses *trois pointes* ou promontoires.

fixèrent dans le midi de la péninsule; tels furent les *Œnotriens*, les *Dauniens*, les *Peucétiens*, les *Iapygiens*, les *Brutiens*. Une colonie, conduite par l'Arcadien *Evandre*, s'établit aussi au milieu des Latins, sur les bords du Tibre, et les *Tyrrhéniens*, venus de la Lydie, occupèrent le littoral de la mer qui a conservé leur nom. — Les *Rasènes*, peuple qui paraît originaire de la Germanie, arrivèrent à leur tour par la vallée de l'Adige, et, se mélangeant avec les Tyrrhéniens, changèrent leur nom en celui d'*Étrusques*. Ils dominèrent entre le Pô inférieur et les Apennins, et, à l'ouest de cette chaîne de montagnes, depuis la Magra jusqu'au Vulturne; leurs possessions étaient organisées en confédération, sous la direction de douze villes principales, administrées par un *lars* ou *lucumon*. — Enfin, la tribu gauloise des *Insubres* s'établit près du *Tésin*, et fonda la ville de Milan; celle des *Ambrons* ou *Ombriens* occupa le rivage de l'Adriatique, au sud des bouches du Pô (Ombrie).

Postérieurement à la fondation de Rome, l'Italie reçut encore de nouveaux habitants. Le midi se couvrit de colonies helléniques, qui lui valurent le nom de *Grande-Grèce* (1). Le nord fut envahi par des tribus gauloises : les *Cénomans* s'établirent sur la rive gauche du Pô, à l'est des Insubres, et les *Anamans*, les *Boïens*, les *Lingons* et les *Sénonais* sur la rive droite. De là vint au pays le nom de *Gaule cisal-*

(1) Voyez page 141.

pine, c'est-à-dire Gaule en deçà des Alpes par rapport aux Romains.

Origine des Romains. — Les Romains, d'après leurs propres traditions, descendaient des Troyens. Enée, après la ruine de sa patrie par les Grecs, vint aborder au Latium, où il épousa Lavinie, fille du roi Latinus. Son fils, Iule ou Ascagne, fonda la ville d'Albe-la-Longue, sur laquelle régnèrent ses descendants pendant plusieurs siècles.

L'un de ces princes, Numitor, fut détrôné par son frère Amulius. Sa fille, Rhéa Sylvia, condamnée à un célibat perpétuel et placée dans le collège des prêtresses de Vesta, mit cependant au monde deux jumeaux, Romulus et Rémus, que la tradition disait fils du dieu Mars. Exposés dans une corbeille, sur le Tibre, d'après l'ordre d'Amulius, ces enfants furent rejetés sur la rive par le fleuve débordé, allaités par une louve, et recueillis par le berger Faustulus et sa femme Acca Laurentia. Romulus et Rémus, ayant appris plus tard le secret de leur naissance, renversèrent Amulius et rétablirent Numitor.

Fondation de Rome (753 av. J.-C.). — Afin de perpétuer le souvenir de leurs premières aventures, les deux frères bâtirent une ville sur le mont Palatin. Ils s'en rapportèrent au sort pour savoir qui lui donnerait son nom. Rémus aperçut dans les airs six vautours, ce qui indiquait, selon les devins, les six siècles de prospérité de la ville ; mais Romulus en vit douze, qui annonçaient les douze siècles de son existence, et ce fut lui qui la nomma *Rome*. Une enceinte lui fut marquée par un sillon de charrue ; Rémus la franchit par dérision, et son frère le tua. En mémoire de ce crime, il y eut toujours à Rome, à côté du trône royal, un autre siége voilé de noir. La situation de Rome était excellente. Cette ville, placée au bord du Tibre, la seule route par où les habitants de la Sabine et du Latium pussent échanger leurs produits agricoles contre les marchandises étrangères, assez près de la mer pour être en communication avec les marins étrusques, grecs et carthaginois, assez loin pour n'avoir rien à craindre des pirates, elle devait être le centre naturel des peuplades voisines.

ROMULUS (753-716). — Rome n'avait point d'habitants : Romulus y appela les aventuriers, les proscrits et même les esclaves des pays voisins. Cette multitude manquait de femmes; on attira, par l'annonce de fêtes solennelles, un certain nombre de Sabins, et, tandis qu'ils étaient attentifs aux jeux, on leur ravit leurs femmes et leurs filles.

L'enlèvement des Sabines amena une guerre dont les débuts furent heureux pour les Romains : Romulus vainquit et tua de sa main Acron, roi de la petite ville de Cénina, et consacra à Jupiter les premières *dépouilles opimes* (1). Mais les Sabins de Cures, conduits

(1) Nom donné à l'armure du chef d'une armée ennemie, qu'un général romain avait tué.

par leur roi Tatius, furent introduits dans Rome par Tarpéia : cette jeune fille avait demandé, pour prix de sa trahison, ce que les guerriers sabins portaient aux bras ; au lieu de bracelets, ils lui jetèrent leurs boucliers, sous lesquels elle périt écrasée, et l'on donna le nom de *roche Tarpéienne* au mont Saturnien qu'elle avait livré. Entre cette roche et le mont Palatin, dans la vallée que l'on transforma en place publique sous le nom de *Forum*, un combat furieux s'engagea : il était encore indécis, lorsque les Sabines se jetèrent entre leurs pères et leurs frères et les réconcilièrent. Il fut convenu que les Sabins viendraient s'établir sur le mont Quirinal, et que Tatius partagerait la royauté avec Romulus. De cette époque date le nom de *Quirites* donné aux Romains (1).

Cinq ans après, Tatius fut assassiné par des habitants de Laurentum (2), à qui il avait refusé justice d'un meurtre. Romulus employa les dernières années de son règne à faire la guerre aux Étrusques sur la rive droite du Tibre : il s'empara de Fidènes, et prit une portion de territoire aux Véiens.

On attribue à Romulus la plupart des institutions de Rome. Il aurait divisé la population en trois tribus : les *Ramnenses* ou compagnons de Romulus ; les *Tatienses* ou Sabins de Tatius ; et les *Luceres*, formés d'Étrusques amenés par un chef appelé Lucer. Chaque

---

(1) En sabin *hommes de la lance*.
(2) Ancienne capitale du roi Latinus.

tribu était partagée en dix groupes appelés *curies*, et les curies en *décuries*, dont chacune contenait plusieurs familles. Tous les citoyens faisaient partie des *Comices par curies*, assemblées où chaque curie disposait d'un suffrage, et qui, sur convocation du roi, votaient les lois, nommaient les magistrats et connaissaient des affaires de la guerre. — Un *Sénat*, sorte de conseil du roi, fut formé de chefs de familles (1), au nombre de cent dans le principe, de deux cents après l'adjonction des Sabins. — Enfin Romulus prit une garde de trois cents hommes à cheval (cent par tribu), qu'on appela les *Chevaliers* ou l'*Ordre équestre*, et qui furent placés sous les ordres d'un *Maître de la cavalerie*.

Il paraît que les sénateurs, mécontents de la tyrannie de Romulus, l'assassinèrent pendant une revue, à la faveur d'un orage qui avait répandu une obscurité profonde, et qu'après s'être partagé son corps, ils en emportèrent les lambeaux sous leurs vêtements. On fit croire au peuple qu'il avait été enlevé par le dieu Mars, et il fut adoré sous le nom de *Quirinus*.

NUMA POMPILIUS (715-672). — Après un interrègne d'un an, pendant lequel les sénateurs essayèrent de gouverner eux mêmes, le peuple voulut un roi. Après de longues discussions, il fut décidé que les Romains primitifs désigneraient le successeur de Ro-

(1) On les appela *Pères* (en latin *patres*) à cause de leur âge.

mulus, mais dans la tribu des Sabins. Leur choix tomba sur Numa Pompilius, gendre de Tatius.

Numa eut un règne tout pacifique. Il bâtit le temple de Janus, dont on devait faire le symbole de la guerre ou de la paix, selon qu'il était ouvert ou fermé (1). Il créa ou organisa divers collèges de prêtres : les *Pontifes*, qui veillaient à la célébration des fêtes, à l'accomplissement des cérémonies, à l'observation des jours *fastes* ou *néfastes* (dans lesquels il était *permis* ou *défendu* de rendre la justice), et qui consignaient dans leurs *Annales* les principaux événements ; les *Flamines*, prêtres de Jupiter, de Mars et de Quirinus; les *Saliens*, prêtres de Mars, qui honoraient leur dieu par des danses, et gardaient les boucliers sacrés (2) ; les *Vestales*, vierges chargées d'entretenir le feu perpétuel sur l'autel de Vesta ; les *Féciaux*, qui allaient déclarer la guerre aux peuples voisins en lançant sur leur territoire une flèche teinte de sang, et qui concluaient les traités de paix ; les *Arvales*, prêtres de Cérès, chargés d'offrir les sacrifices en faveur des biens de la terre. Il fit une répartition des terres conquises par Romulus, et, séparant les biens au moyen de

---

(1) Janus était un personnage semi-fabuleux, venu de Grèce dans le Latium, et que l'on avait déifié. On le représentait avec une tête à double visage, parce qu'il voyait le passé et l'avenir.

(2) Un bouclier était tombé du ciel aux pieds de Numa; il en fit faire onze absolument semblables, afin qu'on ne pût dérober celui à la possession duquel le salut de Rome était attaché.

bornes à tête humaine qu'il appelait les images du dieu *Terme*, consacra par la religion le respect de la propriété. Ce fut aussi Numa qui donna aux Romains un calendrier, et qui les classa par corporations d'arts et de métiers. Afin de donner à ses règlements un caractère sacré, il prétendait les tenir de Jupiter par l'intermédiaire de la nymphe Égérie, avec laquelle il avait des entretiens secrets.

TULLUS HOSTILIUS (672-640). — Le troisième roi de Rome, Tullus Hostilius, fut belliqueux comme le premier. Au début d'une guerre contre les Albains, on confia, pour éviter l'effusion du sang, le soin de décider la victoire à trois champions choisis de part et d'autre, les *Horaces* du côté de Rome, les *Curiaces* du côté d'Albe. Dès le premier choc, deux des Horaces furent tués, et les trois Curiaces blessés. Le dernier Horace feignit de fuir, afin de diviser ses ennemis, que leurs blessures empêchaient de marcher d'un pas égal, et les frappa successivement. Il rentrait dans Rome, lorsque sa sœur Camille, le voyant chargé des dépouilles d'un Curiace qu'elle devait épouser, l'accabla d'imprécations ; il la tua, comme ayant insulté par ses larmes au triomphe des Romains. Traduit devant le peuple pour ce crime, il fut défendu par son vieux père, et renvoyé absous. Les Albains devinrent sujets de Rome. Quelques années après, leur chef Métius Suffétius, s'étant rendu coupable de trahison, fut écartelé ; la ville entière fut détruite, et les habitants, transférés à Rome, y occupèrent le mont Cœlius.

Selon la tradition, Tullus Hostilius périt victime de la colère des Dieux : il fut frappé de la foudre, pour avoir négligé les cérémonies religieuses instituées par Numa.

Ancus Martius (640-616). — Ancus Martius, petit-fils de Numa par sa mère, soumit les Latins qui occupaient la rive gauche du Tibre jusqu'à la mer, creusa le port d'Ostie à l'embouchure du fleuve, commença l'exploitation des salines de la côte, agrandit l'enceinte de Rome afin d'y comprendre le mont Aventin, joignit la ville par un pont de bois au mont Janicule, et établit près du Forum la prison dite *Mamertine* (1), à laquelle un de ses successeurs, Servius Tullius, devait ajouter un cachot souterrain appelé *Tullianum* (2).

Tarquin l'Ancien (616-578). — Ce fut un étranger, Tarquin, qui remplaça Ancus Martius. Il était fils d'un Corinthien, Démarate, qui était venu s'établir chez les Étrusques, dans la ville de Tarquinies, et il avait été poussé à se rendre à Rome par sa femme Tanaquil, douée du don de prophétie. Chargé de l'éducation des enfants d'Ancus, il se fit élire à leur place. Tarquin récompensa ses partisans : il en in-

---

(1) De Mamercus, même nom que Martius.
(2) Ce sont aujourd'hui deux églises, l'une dédiée à saint Joseph, l'autre sous le vocable de saint Pierre.

troduisit cent dans le Sénat, qui se composa dès lors de trois cents membres, et doubla le nombre des Chevaliers.

Pendant son règne, Rome, qui n'était encore qu'une cité latine de médiocre importance, se transforma sous l'influence de la civilisation étrusque. Avec des ouvriers venus d'Étrurie, il dessécha et assainit la ville par la construction d'un grand nombre d'égouts, dont le plus considérable, la *Grande Cloaque*, excite encore l'admiration des modernes. Il remplaça les murs de terre par de solides remparts, éleva des portiques autour du Forum, et bâtit le Grand Cirque pour y donner des jeux. Il commença, sur le mont Saturnien, la construction d'une forteresse, qu'on appela le *Capitole*, parce qu'en creusant les fondations on avait trouvé une tête d'homme (en latin *caput*) portant sur le front le nom de Tolus.

Une foule d'usages étrusques furent adoptés par les Romains; tels furent : la *chaise curule* et le *bâton d'ivoire* des sénateurs, la *toge prétexte* des magistrats ou robe blanche bordée d'une large bande de pourpre, les *licteurs* qui précédaient les magistrats avec leurs faisceaux (1), la *bulle d'or* que les grands personnages portaient suspendue au cou, l'*anneau d'or* qui était le signe distinctif des Chevaliers.

(1) Botte de baguettes de bouleau assemblées par des ligatures en cuir rouge et dans lesquelles une hache était enfoncée.

L'*art augural* prit un grand développement à Rome sous l'influence des Étrusques. On distingua les *Augures*, qui prédisaient l'avenir en consultant le vol ou le chant des oiseaux, et les *Aruspices*, qui interrogeaient les entrailles des victimes. Une anecdote montre quelle puissance la crédulité publique attribuait aux augures : Tarquin demandait à l'un d'eux, Accius Nœvius, s'il pourrait exécuter tout ce qu'on lui proposerait; sur sa réponse affirmative, il lui dit de couper une pierre avec un rasoir, et Nœvius accomplit sur-le-champ ce prodige.

Tarquin l'Ancien fit avec succès la guerre aux Latins et aux Étrusques. Au retour de ses expéditions, il institua le *Triomphe*, cérémonie dans laquelle tout général romain, après avoir gagné une bataille décisive et tué au moins cinq mille hommes, entrait à Rome sur un char attelé de quatre chevaux blancs, précédé des captifs, et escorté de ses soldats couronnés de lauriers.

Les fils d'Ancus Martius firent assassiner Tarquin par deux pâtres; mais ils ne profitèrent pas du crime. Tanaquil cacha pendant quelque temps la mort de son époux, et assura le trône à son gendre Servius Tullius, un des esclaves ramenés par Tarquin de ses guerres, et dont elle avait prévu les brillantes destinées (1).

---

(1) Un jour que Servius, encore enfant, était endormi sur le seuil de la demeure royale, Tanaquil avait vu sa tête entourée d'une auréole de feu.

SERVIUS TULLIUS (578-534). — Servius Tullius compléta les conquêtes de son prédécesseur dans le Latium, et, comme consécration de l'amitié qui désormais unirait les Latins et les Romains, on éleva sur le mont Aventin un temple à Diane, où les deux peuples devaient célébrer des fêtes en commun. Servius fit encore entrer dans l'enceinte de Rome les monts Esquilin et Viminal. Mais l'acte le plus important de son règne fut le changement qu'il apporta dans la constitution du peuple romain.

A côté de cette population qui, divisée en tribus, curies et décuries, composait les comices par curies et fournissait les sénateurs et les chevaliers, il existait à Rome et aux alentours une autre population, plus nombreuse, qui avait profité de l'asile ouvert par Romulus et ses successeurs, ou que la conquête avait amenée. La première constituait les *Patriciens;* la seconde, admise à l'habitation, à l'exercice des métiers, mais privée de droits politiques, formait la *Plèbe* ou les *Plébéiens*. Entre les deux populations, il n'existait qu'un faible lien : les plébéiens étaient obligés de se choisir, parmi les patriciens, un *patron*, dont ils devenaient les *clients;* ils lui faisaient cortége en public, le soutenaient dans ses procès, contribuaient aux frais de ses magistratures, etc. On pouvait craindre que la pensée ne leur vînt d'abuser de leur force numérique : Servius Tullius voulut les organiser et les faire participer aux droits politiques. Il les partagea par *tribus* ou régions, en mettant à la tête de chacune d'elles un magistrat appelé *tribun :* il n'y eut jamais que quatre *tribus urbaines*, le nombre des *tribus rurales* s'éleva jusqu'à trente-cinq. On procéda ensuite au *cens*, c'est-à-dire à l'estimation des biens de tous les habitants du sol romain. A la suite de ce travail, les plus riches plébéiens, au nombre de six cents, furent admis parmi les chevaliers, et tous les citoyens, patriciens et plébéiens indistinctement, furent distribués en six classes d'après leur fortune. Chaque classe fut divisée en groupes appelés *centuries* et à chacun desquels on attribua un suffrage dans les *Comices par centuries*. Cette assemblée recevait une partie des attributions des comices par curies : mais, tout en étant appelés à y voter, les plébéiens n'obtinrent qu'un droit à peu près illusoire. En effet, les centuries, dont le nombre total s'élevait à cent quatre-vingt-quinze, n'étaient pas réparties également entre les classes : la première classe, composée des citoyens les plus riches, et par conséquent la moins nombreuse, formait quatre-vingt-dix-huit centuries, y compris dix-huit centuries de chevaliers qui votaient avec elle : la majorité des suffrages lui était donc acquise, et il devait être rarement nécessaire de faire voter les autres classes. Les citoyens de la sixième classe, c'est-à-dire les plus pauvres, ne formaient qu'une centurie : privés, en réalité, de toute participation aux affaires publiques, exemptés du service militaire, ainsi que de l'impôt qui était proportionnel à la fortune, ils furent appelés *Prolétaires* (1), parce qu'ils ne comptaient que par les enfants qu'ils donnaient à l'État.

Bien que la constitution de Servius Tullius n'enlevât pas le pouvoir à l'aristocratie, le fils de son prédécesseur, Lucius Tarquin, devenu son gendre, céda aux conseils de sa femme Tullie, et mit à profit le mécontentement des sénateurs pour se faire proclamer roi. A cette nouvelle, Servius se rendit à la salle du Sénat : précipité par Tarquin du haut des degrés, il fut frappé mortellement à quelques pas de là. Tullie, qui venait féliciter le coupable, fit passer son char sur le corps de son père; la rue où s'accomplit ce crime reçut le nom de *Voie scélérate*.

Tarquin le Superbe (534-509). — Le second Tarquin fut surnommé le *Superbe* à cause de son arrogance et de sa tyrannie. Entouré d'une garde étrangère, il exila et mit à mort les principaux personnages de Rome. Ce fut lui qui acheva le Capitole, où s'éleva un temple de Jupiter. Dans ce temple, furent placés les *livres sibyllins*. On raconte qu'une sibylle de Cumes vint présenter à Tarquin neuf livres d'oracles ; sur son refus de payer la somme qu'elle en demandait, elle brûla trois de ces livres, et demanda la même somme pour le reste. Tarquin n'ayant pas voulu les acheter, elle en brûla trois autres. Le roi,

(1) D'un mot latin qui signifie *progéniture*.

étonné, acheta les derniers livres. Plus tard, les Romains les consultèrent dans les dangers publics.

Tarquin resserra l'alliance des Romains avec les Latins par l'institution des *Féries latines*, fête célébrée tous les ans sur le mont Albain(1), dans un temple de Jupiter. Deux villes cependant, Gabies et Ardée, avaient repoussé l'alliance. On se rendit maître de la première à l'aide d'un stratagème. Sextus, fils aîné de Tarquin, se rendit à Gabies, comme s'il fuyait les violences de son père. Quand il eut gagné la confiance des habitants, il fit demander à Tarquin ce qu'il fallait faire. Celui-ci abattit à coups de baguette, en présence de l'envoyé, les têtes des pavots les plus élevés de son jardin. Sextus comprit cette réponse, se débarrassa des principaux citoyens de Gabies, et livra la ville aux Romains. Le siége d'Ardée était commencé, quand éclata la révolution qui renversa la royauté.

EXPULSION DES ROIS (en 509). — Lucrèce, outragée par Sextus, s'était poignardée pour ne pas survivre à sa honte. Son époux Collatin, neveu de Tarquin le Superbe, et l'un des membres les plus distingués de l'aristocratie, Junius Brutus, qui n'avait échappé à la soupçonneuse cruauté du roi qu'en simulant la folie, appelèrent le peuple de Rome aux armes. La royauté fut abolie, les Tarquins exilés, et la république proclamée.

(1) Près d'Albe.

Guerres suscitées par les Tarquins. — L'expulsion des rois provoqua le mécontentement d'une partie des patriciens ; les jeunes gens surtout se plaignaient de la sévérité du nouveau gouvernement. Un complot fut tramé en faveur des Tarquins ; mais l'esclave Vindex en eut connaissance, et le révéla au Sénat. Brutus, dont les deux fils avaient conspiré, n'hésita pas à les sacrifier, et assista même à leur supplice ; Collatin, devenu suspect, dut s'exiler. Les biens des Tarquins furent confisqués : on les distribua aux plébéiens, afin de les attacher à la république, sauf un terrain dont on fit un lieu d'assemblée sous le nom de Champ de Mars.

Les Tarquins, n'ayant pas réussi à rentrer dans Rome par la trahison, voulurent employer la force. Les Étrusques de Véies et de Tarquinies prirent les armes en leur faveur : ils furent vaincus dans un combat où Brutus et Aruns, l'un des fils de Tarquin, s'entretuèrent. Les dames romaines portèrent pendant un an le deuil du fondateur de la république.

Porsenna, lucumon de Clusium, prit à son tour en main la cause des Tarquins, et arriva jusqu'au Janicule. Horatius Coclès et deux autres Romains défendirent le pont qui joignait ce quartier à la ville, et, quand on l'eut coupé derrière eux, traversèrent le Tibre à la nage. Les traditions ne s'accordent pas relativement à la suite de cette guerre. Selon les plus favorables aux Romains, la ville, bloquée par les

Étrusques, souffrait de la famine, lorsque Mucius Scævola entreprit d'assassiner Porsenna. Se trompant de victime, il frappa l'un des secrétaires du lucumon ; immédiatement arrêté, il déclara que deux cents autres Romains s'étaient engagés par serment à suivre son exemple, et, pour donner une preuve de l'énergie de leur résolution, il étendit sa main sur un brasier, et la laissa consumer sans pousser aucune plainte. Porsenna, épouvanté d'avoir à combattre de tels ennemis, proposa la paix, et s'éloigna emmenant quelques otages. De ce nombre était la jeune Clélie ; elle s'échappa, regagna Rome en traversant le Tibre à la nage, et Porsenna, admirant son audace, lui fit présent d'un cheval, et rendit la liberté à quelques-unes de ses compagnes. D'autres traditions disent, au contraire, que les Romains, forcés de se rendre, furent désarmés, que Porsenna leur interdit l'usage du fer si ce n'est pour les travaux agricoles, et qu'ils profitèrent plus tard, pour s'affranchir, d'une défaite que ce prince essuya quand il entreprit la conquête du Latium.

Sans perdre courage, les Tarquins s'adressèrent aux habitants de la Sabine dont les ancêtres n'avaient pas suivi Tatius à Rome. Cette nouvelle guerre, dont les détails sont peu connus, dura cinq ans, et tourna encore à l'avantage des Romains. Un riche Sabin, Atta Clausus, qui ne l'avait point approuvée, vint s'établir à Rome avec sa famille, ses clients et ses esclaves au nombre de cinq mille : il prit le nom d'Appius Claudius, reçut une place au Sénat, et devint l'un des chefs les plus orgueilleux de l'aristocratie patricienne.

Enfin, par l'influence de son gendre Octavius Mamilius, qui exerçait l'autorité à Tusculum, Tarquin le Superbe entraîna les Latins à un soulèvement général. Mais ses dernières espérances s'évanouirent à la bataille du lac Régille (en 496). Les légendes romaines racontaient que Castor et Pollux étaient venus se mêler aux combattants, et qu'au moment même où la victoire était décidée, ils apparurent sur le Forum, et y laissèrent, comme preuve de leur passage, les traces indélébiles des pas de leurs chevaux. Tarquin, qui avait vu périr dans l'action Sextus et Mamilius, alla finir ses jours à Cumes. Dès lors la république romaine était solidement établie.

CHAPITRE II.

LA RÉPUBLIQUE. — DÉVELOPPEMENT DE LA CONSTITUTION.

ORGANISATION DU GOUVERNEMENT RÉPUBLICAIN. — L'expulsion des rois ne modifia pas la condition des plébéiens, et ne fut profitable qu'à l'aristocratie. Le Sénat, dont on avait exclu les partisans des Tarquins, se compléta par l'adjonction de nouveaux membres, qui furent appelés *Pères conscrits*, c'est-à-dire inscrits avec les autres. Il dirigea la république : c'était lui qui, en effet, autorisait la convocation des assemblées et la proposition des lois, veillait sur la religion, les finances et l'administration, déclarait la guerre, concluait les traités, et ses décrets, appelés *sénatusconsultes*, avaient force de loi. Les patriciens continuèrent de composer seuls les comices par curies, de disposer de la majorité dans les comices par centuries, et d'exercer les magistratures.

LE CONSULAT. — Le pouvoir exécutif fut confié à deux *Consuls* électifs et annuels. Ils avaient toutes les attributions des rois, moins le soin des cérémonies religieuses, dont on chargea un pontife à vie, le *Roi des sacrifices*. Ils présidaient le Sénat et les assemblées, rendaient la justice, commandaient les armées, administraient les deniers publics, et recevaient les communications des rois et des peuples étrangers. Douze licteurs marchaient devant eux.

Dès les débuts du gouvernement nouveau, l'aristocratie jugea prudent de donner quelques garanties aux plébéiens contre l'arbitraire. Le consul Valérius décida que les licteurs abaisseraient leurs faisceaux en signe de respect devant le peuple assemblé ; que les haches seraient enlevées des faisceaux dans l'intérieur de Rome, pour marquer que les consuls n'y exerceraient pas le droit de vie et de mort ; enfin, que tout citoyen aurait le droit d'en appeler de leurs jugements à l'assemblée du peuple. Ces concessions, qui lui valurent le surnom de Publicola (1), devaient être bientôt éludées.

LA DICTATURE (en 498). — Les patriciens imaginèrent, en effet, une nouvelle magistrature, la *Dictature*, à laquelle ils se proposaient de recourir, non-seulement en temps de guerre, pour donner plus de force au commandement, mais aussi pendant la paix, si les agitations de la plèbe étaient menaçantes. Le dictateur n'était pas nommé dans les comices, mais choisi par les consuls ; toutes les magistratures étaient suspendues pendant la durée de ses fonctions, qui ne pouvait excéder six mois ; les vingt-quatre licteurs qui le précédaient portaient toujours des haches dans leurs

(1) C'est-à-dire *qui veut plaire au peuple*.

faisceaux, car il avait le droit de vie et de mort, illimité et sans appel, sur tous les citoyens, à Rome comme au milieu de l'armée.

RETRAITE DES PLÉBÉIENS SUR LE MONT SACRÉ (en 493). — Les plébéiens ne songèrent pas tout d'abord à revendiquer l'exercice des magistratures. L'amélioration de leur condition matérielle était d'une nécessité plus urgente. Ils possédaient peu de terres ; pendant les guerres contre les Tarquins, elles étaient restées sans culture, ou avaient été ravagées par l'ennemi. Contraints d'emprunter aux patriciens à gros intérêts, incapables de s'acquitter lors de l'échéance, les plébéiens devenaient les esclaves de leurs créanciers. La misère amena les murmures, les séditions, la révolte. En 493, les troupes qui servaient contre les Volsques abandonnèrent leurs chefs, et allèrent occuper le mont Sacré (1), tandis que les plébéiens restés dans la ville se retranchaient sur l'Aventin. Le vieil Appius Claudius conseillait au Sénat d'employer la force; on aima mieux négocier. Ménénius Agrippa, qui fut envoyé vers les rebelles, leur fit comprendre, à l'aide de l'apologue des *Membres révoltés contre l'estomac*, les dangers d'une séparation ou d'une guerre civile, et une transaction fut acceptée. Les esclaves pour dettes recouvrèrent la liberté ; les dettes furent abolies ; mais, comme on ne prit aucune me-

(1) Au-delà de l'Anio, à 4 kilom. N.-O. de Rome.

sure pour prévenir le retour de la misère, on devait s'attendre à les voir renaître.

Le Tribunat et l'Édilité. — L'effet le plus considérable de la retraite du peuple sur le mont Sacré fut la création du *Tribunat*. Deux tribuns (1), tirés des plébéiens, et nommés tous les ans dans les comices par centuries, eurent désormais pour mission de protéger leur ordre. Les patriciens affectèrent de ne point les considérer comme de véritables magistrats, en ne leur donnant rien qu'un simple appariteur pour les distinguer de la foule, et en ne leur permettant d'entrer au Sénat, dont ils attendaient les décisions à la porte, que sur l'invitation des consuls. Néanmoins, les tribuns furent armés d'un droit redoutable. Il leur suffisait, pour suspendre toute loi, toute mesure préjudiciable aux intérêts des plébéiens, de prononcer le mot *veto* (je m'oppose). Leur personne était inviolable. Quiconque les insultait était maudit et puni de la confiscation de biens. Il ne leur était pas permis de s'absenter de Rome tout un jour, et, la nuit même, la porte de leur maison devait être ouverte aux plaintes des citoyens.

On adjoignit aux tribuns deux autres magistrats plébéiens, les *Édiles*, chargés des intérêts matériels du peuple. Ils veillaient à la conservation des monuments publics, à l'approvisionnement des marchés, au prix des denrées, à la police intérieure de Rome.

(1) Cinq selon quelques historiens.

Coriolan. — Le premier usage que les tribuns firent de leur autorité, ce fut de demander qu'on leur permît de réunir les plébéiens sur la place publique. Telle fut l'origine des *Comices par tribus*. Cette assemblée s'arrogea bientôt le droit de demander compte aux patriciens de leurs actes.

Pendant la retraite sur le mont Sacré, les terres n'avaient pas été cultivées. On souffrit de la famine. Des blés étant arrivés de Sicile, un jeune patricien Marcius, que la conquête de Corioles dans le pays des Volsques avait fait surnommer Coriolan, proposa de ne les distribuer aux plébéiens que s'ils consentaient à renoncer au Tribunat. Les comices par tribus montrèrent une telle irritation contre lui, que les patriciens n'osèrent le défendre. Condamné à une amende, Coriolan aima mieux s'exiler que de la payer. Les Volsques consentirent à servir sa vengeance, et il vint, à leur tête, attaquer Rome. La ville, réduite à l'extrémité, envoya successivement les sénateurs et les prêtres pour implorer sa pitié : il demeura inflexible. Mais les prières, les larmes de sa mère Véturie et de sa femme Volumnie le touchèrent, et il leva le siège. Tullus, chef des Volsques, qui n'avait partagé qu'avec dépit le commandement avec lui, le fit tuer, dit-on, comme coupable de trahison (en 490). Selon une autre tradition, Coriolan vécut tristement jusque dans un âge fort avancé.

Loi agraire (en 486). — L'ennemi était éloigné.

mais la paix intérieure ne pouvait exister : les plébéiens étaient déjà retombés dans la misère. Un patricien, Spurius Cassius, touché de leurs malheurs ou désireux de capter leurs suffrages, proposa la première *loi agraire*. Cette loi n'avait pas pour but un partage égal du sol entre les Romains : il s'agissait seulement de répartir entre les citoyens les plus pauvres les terres que l'État s'était réservées après chaque conquête, et qu'il affermait aux patriciens moyennant redevance. Grâce à la connivence des magistrats, détenteurs aussi de terres publiques, cette redevance n'était pas payée, et, en même temps que le Trésor était frustré, les domaines de l'État se changeaient en propriétés privées.

Les patriciens se vengèrent de Spurius Cassius qui les trahissait. Comme il avait proposé d'associer au partage quelques étrangers alliés de Rome, ils soulevèrent contre lui les défiances du sentiment national, prétendirent qu'il cherchait à se faire des partisans pour arriver à la royauté, et, le voyant abandonné des plébéiens, le condamnèrent à mort. Une vieille tradition rapportait que le père même de Spurius Cassius lui avait tranché la tête.

Les patriciens s'étaient engagés cependant à exécuter la loi agraire; mais ils comptaient sur le temps et sur des circonstances imprévues pour éluder leur promesse. Les plébéiens ne cessèrent de réclamer. Tantôt, pour témoigner leur mécontentement, ils refusaient de prendre les armes contre les ennemis du dehors; tantôt ils se laissaient battre, afin de ne conquérir aucune gloire pour leurs chefs; ou bien ils traduisaient devant leurs comices les consuls hostiles à la loi agraire. De leur côté, les patriciens faisaient ravager par le fer et la flamme les propriétés des citoyens indociles; ils assassinèrent même le tribun Génucius.

Lois de Voléro (en 472). — L'énergie de la résistance excita la fureur des plébéiens. Ils arrachèrent un jour des mains des licteurs un certain Voléro qui refusait de s'enrôler, le proclamèrent tribun, et, engageant la guerre civile, s'emparèrent du Capitole. L'aristocratie recula. Voléro put faire voter deux lois importantes : l'une enlevait aux comices par centuries, où les patriciens étaient trop influents, l'élection des tribuns, et l'attribuait aux comices par tribus; l'autre autorisait ces mêmes comices à voter des lois, qu'on appela *plébiscites* (décisions de la plèbe). Le second Appius Claudius, qui s'était fait remarquer parmi les adversaires les plus acharnés des tribuns; fut cité à comparaître devant les plébéiens; mais il préféra une mort volontaire à un pareil jugement.

Le Décemvirat; les Douze Tables. — Il semblait que la loi agraire n'allait plus rencontrer d'obstacle, lorsque l'attention des plébéiens fut détournée vers une nouvelle question. L'administration de la justice excitait les plaintes les plus vives : les patriciens, qui composaient seuls les tribunaux, n'avaient d'autre règle que leur caprice, ou des usages traditionnels et incertains; ils employaient des formules judiciaires compliquées, multipliées à dessein, et dont ils faisaient un secret. En 461, le tribun Térentillus Arsa demanda la rédaction d'un code de lois. L'opposition des patriciens dura dix ans. Vainement ils eurent recours à l'influence de Cincinnatus, qui jouissait d'un grand crédit à cause de ses vertus, et laissèrent envoyer en exil son fils Cæson, coupable de violences envers les tribuns. Vainement ils cherchèrent à calmer la plèbe, soit en distribuant quelques terres auprès du mont Aventin, soit en fixant le maximum des amendes que prononceraient les tribunaux, soit en élevant le nombre des tribuns à dix, mesure qui augmentait sans doute les défenseurs de la plèbe, mais qui permettait à l'aristocratie de trouver plus facilement un tribun disposé à se vendre et à combattre par son *veto* les propositions de ses collègues. Vainement un Sabin, nommé Herdonius, surprit pendant ces troubles le Capitole, d'où il fallut l'expulser. Les plébéiens étaient décidés à triompher par la force. En 451, le Sénat consentit à nommer trois commissaires qui allèrent étudier les lois de la Grèce. A leur retour, toutes les magistratures furent suspendues, et dix patriciens, que l'histoire désigne sous le nom de *Décemvirs*, se mirent à l'œuvre de la législation. Au bout d'un an, ils publièrent dix tables de lois; on leur continua le pouvoir, et ils complétèrent leur travail par deux tables nouvelles.

La loi des Douze Tables, dont il ne reste que des fragments, consacra une partie des abus qui profitaient aux patriciens. Ainsi, le père de famille conserva son autorité presque absolue sur sa femme, ses enfants, ses esclaves et ses biens. La propriété fut protégée par les règlements les plus sévères. Les créanciers furent autorisés à réduire en esclavage leurs débiteurs insolvables, à les vendre, et même à se partager leur corps. Les réunions nocturnes, où l'on pouvait conspirer, furent prohibées, ainsi que les mariages entre patriciens et plébéiens. Enfin, des restrictions furent apportées au luxe des plébéiens, comme si le luxe était un privilége de l'aristocratie.
— Cependant les Douze Tables donnèrent à la plèbe certains avantages. Toute décision des Comices devint le droit fixe et la loi. Il n'y eut plus de priviléges personnels, la loi s'appliquant à tous. Nul désormais ne put faire périr un citoyen sans jugement, et la peine de mort ne put être prononcée que par les comices. Le juge corrompu devait être précipité de la roche Tarpéienne. Le patron était dévoué à la mort s'il nuisait à son client, condamné à l'amende s'il le frappait. L'usure était réfrénée, et l'intérêt ne pouvait dépasser le douzième du capital.

Après l'achèvement de leur œuvre, les Décemvirs voulurent conserver l'autorité. Le plus violent d'entre eux, Appius Claudius, se débarrassa de ceux de ses collègues qui ne se prêtaient pas à servir son ambition, et les remplaça par des gens dévoués. Il se fit précéder de cent vingt licteurs, qui étaient autant de bourreaux, et escorter d'une troupe de jeunes patriciens débauchés, ne permit les réunions ni du Sénat ni des comices, chassa ou mit à mort quiconque voulut résister. Deux événements amenèrent la fin de cette tyrannie. Dans une armée qui faisait la guerre aux Eques, les Décemvirs ordonnèrent la mort du centurion (1) Sicinius Dentatus, qui demandait le rétablissement du Tribunat. A Rome, Appius Claudius voulut s'approprier une jeune plébéienne, Virginie, et l'adjugea à l'un de ses agents qui la réclamait comme esclave; le père de la jeune fille la tua d'un coup de couteau, pour la soustraire à ce déshonneur. Le peuple se joignit alors aux soldats (en 449). La plupart des Décemvirs prirent la fuite, et leurs biens furent confisqués; Appius Claudius et l'un de ses collègues, qui avaient été saisis par les révoltés, se tuèrent dans leur prison. On rétablit l'ancien gouvernement. Deux consuls dont les noms rappelaient un héros et un homme cher au peuple, Horatius et Valérius, firent décider qu'on ne pourrait laisser la ville sans tribuns, qu'on ne créerait aucune magistrature dont les décisions seraient sans appel, que les plébiscites auraient force de loi, et que les sénatus-

(1) Chef d'une centurie militaire.

consultes, trop souvent falsifiés, seraient désormais déposés dans le temple de Cérès, sous la garde des édiles.

Le Tribunat consulaire. — La paix ne régna pas longtemps sur le Forum. En 444, le tribun Canuléius demanda l'abolition de la loi qui prohibait les mariages entre les deux ordres, et l'admission des plébéiens au consulat. Les patriciens cédèrent sans trop de peine sur le premier point, persuadés qu'aucun d'entre eux ne s'avilirait par une mésalliance. Quant au consulat, ils évitèrent de le partager avec les plébéiens, en créant une magistrature nouvelle à laquelle ceux-ci pourraient prétendre, le *Tribunat consulaire*. Cette magistrature n'était point permanente; l'aristocratie se proposait de n'y recourir qu'aux époques où la plèbe serait exigeante, et finalement de l'abandonner. Les tribuns consulaires purent être au nombre de trois, de quatre, de six et même de huit; partager entre eux l'autorité, c'était l'affaiblir. On ne leur concéda qu'une partie des attributions des consuls; car un seul d'entre eux présidait le Sénat et les comices et dirigeait l'administration de la justice; ils ne pouvaient ni consulter les augures, ni nommer un dictateur, ni célébrer le triomphe, etc.

La Censure (en 443). — Afin d'amoindrir encore la magistrature qu'ils avaient été contraints de créer, les patriciens enlevèrent au consulat une importante fonction, celle du *cens*, et la confièrent à deux *Censeurs* tirés de leur ordre. Estimer la fortune des citoyens, c'était leur assigner un rang dans les classes établies par Servius Tullius. On pouvait annihiler le droit de suffrage d'un citoyen, en le faisant descendre dans l'une des classes qu'on ne consultait presque jamais, ou augmenter son influence politique en l'admettant dans une classe qui disposait d'un grand nombre de voix. Outre le droit de faire le cens à chaque *lustre* (1), les censeurs exerçaient la surveillance sur les mœurs publiques. Ils purent retrancher du Sénat les membres indignes, dégrader les chevaliers en leur enlevant leur anneau et le cheval que leur fournissait l'État. Aussi, la censure fut-elle une magistrature redoutable, et sa durée, qui était primitivement de cinq ans, ne tarda pas à être réduite à dix-huit mois.

CONSPIRATION DE SPURIUS MŒLIUS (en 437). — Les plébéiens paraissaient satisfaits de leurs récentes victoires. Mais un riche chevalier, Spurius Mœlius, excita de nouveau par son ambition les alarmes du Sénat. Pendant une disette, il gagna l'affection de la multitude au moyen d'abondantes distributions de blé, et fut soupçonné d'aspirer à la royauté. Pour prévenir ses desseins, on éleva le vieux Cincinnatus à la dictature. Il somma Mœlius de comparaître devant son tribunal : celui-ci refusant, Servilius Ahala,

(1) Période de cinq ans.

maître de la cavalerie, fendit la foule au milieu de laquelle il se cachait, et le frappa mortellement.

LA QUESTURE. — En l'an 420 av. J.-C., les plébéiens firent une nouvelle conquête : ils purent exercer la questure. On appelait *Questeurs* les magistrats chargés de la perception des impôts et de la garde du trésor. L'admission des plébéiens parmi eux rendit les fraudes moins faciles : ils purent s'assurer que l'aristocratie n'échappait point aux charges communes, et connaître le véritable emploi des deniers publics.

INSTITUTION DE LA SOLDE (en 406). — La guerre extérieure était un moyen auquel le Sénat avait souvent recours pour empêcher les discordes intestines. Mais, après chaque campagne, les plébéiens revenaient à Rome, afin de cultiver leurs terres et de pourvoir à la subsistance de leurs familles. Par l'établissement d'une *solde militaire*, qui fut accueillie avec faveur, les patriciens obtinrent un double résultat : d'une part, les soldats restant plus longtemps sous les drapeaux, on put faire des conquêtes lointaines et durables; de l'autre, la guerre éloignant les plébéiens, le calme reparut dans Rome.

LOIS LICINIENNES (en 366). — Les plébéiens étaient en possession de l'égalité civile depuis la loi des Douze Tables : une dernière crise les conduisit à l'égalité politique et les mit à l'abri de la misère. Sur la proposition des tribuns Licinius Stolon et Sextius, et, après une lutte de dix ans, les comices votèrent trois lois. D'après la première, les consuls purent être choisis indifféremment parmi les plébéiens ou les patriciens. La seconde, rendue en faveur des débiteurs, décida que la somme des intérêts payés serait retranchée du capital de toute dette, et que le reste serait remboursé en trois années par paiements égaux. La troisième interdit à tout citoyen d'affermer plus de cinq cents arpents de terres de l'État, et ordonna que les terres restituées fussent partagées entre les familles pauvres par lots de sept arpents.

Les patriciens, en admettant les plébéiens au consulat, enlevèrent à cette magistrature ses attributions judiciaires, et créèrent la *Préture*, dont ils se réservaient l'exercice. Il n'y eut d'abord qu'un préteur, chargé de rendre la justice aux habitants de Rome et appelé pour cette raison *Préteur urbain ;* on en institua plus tard un autre sous le nom de *Préteur des étrangers*. — L'*Édilité curule* date du même temps que la Préture. C'était une magistrature patricienne, qui avait la surveillance des jeux publics et des représentations scéniques. Elle fut recherchée par les riches, qui espéraient, en donnant des fêtes au peuple, obtenir ses suffrages pour les plus hautes fonctions.

UNION DES PATRICIENS ET DES PLÉBÉIENS. — Le consulat une fois accordé aux plébéiens, les autres magistratures ne pouvaient leur être refusées longtemps.

Ils furent admis, en effet, à l'édilité curule presque dès l'origine, à la dictature en 355, à la censure en 339, à la préture en 337. Un scribe des pontifes, Flavius, divulgua, en 305, la liste des jours fastes et néfastes, ainsi que les formules de procédure. Enfin, en 300, les plébéiens obtinrent l'égalité religieuse par leur admission dans les colléges des Augures, des Pontifes et des Flamines. Désormais l'œuvre laborieuse de la constitution romaine était achevée ; l'égalité de droits existait pour les deux grands ordres de l'État; l'aristocratie, qui tenait le pouvoir plus encore de l'élection que de la naissance et n'était point une caste, embrassa tout ce que la cité possédait d'habileté politique et de talent pratique; la paix intérieure rendit toutes les forces de la république disponibles pour la conquête du monde.

CHAPITRE III.

CONQUÊTE DE L'ITALIE.

Guerres dans le Latium. — A la fin des guerres contre les Tarquins, la domination romaine dans le *vieux Latium*, un instant ébranlée, fut bientôt raffermie. La République chercha dès lors à s'étendre sur les deux rives du Tibre : à gauche, dans le *nouveau Latium*, dont les principales tribus étaient les Herniques, les Èques et les Volsques; à droite, dans le pays occupé par les Étrusques. Pendant près d'un siècle, les conquêtes romaines furent lentes et fréquemment mises en péril, et la guerre n'amena que des dévastations réciproques.

Dès l'année 486 av. J.-C., les *Herniques* furent assujettis après une grande défaite.

Les *Èques*, qu'il était difficile d'atteindre dans la région montagneuse des Apennins, résistèrent plus longtemps. Deux consuls, Furius en 464, et Minucius en 458, se laissèrent bloquer dans leur camp : le premier dut sa délivrance à Quinctius, qu'un récent triomphe au Capitole après une guerre contre les Volsques avait fait surnommer *Capitolinus*. Pour venir en aide au second, Cincinnatus, frère de Quinctius, reçut la dictature. Modèle du Romain des anciens temps, il était à labourer son champ quand on lui apporta les insignes du pouvoir suprême. Il dompta les Èques, et, au bout de seize jours, abdiqua la dictature pour retourner à sa charrue.

Les *Volsques*, plus redoutables que les Herniques et les Èques, avaient déjà perdu Corioles et quelques autres villes en 493. On n'oublia pas le danger qu'ils avaient fait courir à Rome sous les ordres de Coriolan. En 469, leur principale place, Antium, fut prise par Quinctius. Toutefois, quelques-uns d'entre eux se maintinrent indépendants jusqu'en 406, époque où les Romains leur enlevèrent leur dernier refuge, Anxur ou Terracine.

GUERRES CONTRE LES VÉIENS. — Au nord du Tibre, la ville de Véies fut l'ennemie la plus dangereuse de Rome, qui, pour la réduire, eut à soutenir trois longues guerres.

Dans la première, les Véiens remportèrent d'abord une grande victoire près de leur ville, en 481, et firent plusieurs incursions sur le territoire romain. Puis, ils furent cernés et mis en pièces près du Janicule. Leur désastre avait été si complet, qu'ils n'inspirèrent plus que du mépris aux Romains, et que la famille des Fabius, dont les membres étaient au nombre de 306, se chargea, seule avec ses clients, de continuer la lutte. Mais ces héros, trop confiants, se laissèrent attirer dans une embuscade sur les bords de la Crémère, et y trouvèrent la mort, en 477. Un seul enfant de leur famille était resté à Rome.

La seconde guerre fut signalée, en 435, par une éclatante victoire des Romains près de Fidènes. Le tribun consulaire, Cornélius Cossus, tua de sa main Tolumnius, chef des Véiens, et remporta les secondes dépouilles opimes.

Enfin, les Romains résolurent de finir la lutte par la conquête de Véies. Des tribuns consulaires commencèrent le siége, qui devait durer dix ans (405-395). Leurs discordes ou leur incapacité ralentirent les opérations. Un jeune patricien, Camille, élevé à la dictature, finit par s'emparer de Véies, en creusant un souterrain qui donna accès à ses soldats dans l'intérieur de la place. — Il attaqua ensuite Faléries. On raconte qu'un maître d'école de cette ville offrit de livrer aux Romains les enfants des principaux citoyens, et que, pour toute réponse, Camille le fit chasser à coups de verges par ses propres élèves. Les Falisques, touchés de sa générosité, capitulèrent.

Après l'occupation du territoire véien, quelques tribuns proposèrent d'y transporter la moitié du peuple romain. Camille ayant fait rejeter cette demande, ils se vengèrent en l'accusant de concussion : contrairement à l'usage, il avait offert à Apollon une partie du butin qui devait être distribué aux troupes. Il s'exila, sans attendre le jugement, et fit ce vœu égoïste, que ses concitoyens eussent bientôt à regretter leur injustice. Rome allait être, en effet, soumise à une rude épreuve.

Invasions des Gaulois. — Les Gaulois Sénonais furent appelés en Etrurie par un habitant de Clusium, à qui l'on avait refusé satisfaction d'une injure, ou poussés, selon d'autres traditions, par le désir de subjuguer la contrée dont les magnifiques raisins avaient excité leur convoitise. Clusium implora le secours des Romains, qui envoyèrent au *Brenn*, ou chef des Gaulois, trois membres de la famille Fabius, pour lui enjoindre de s'éloigner. Ces ambassadeurs, oubliant leur caractère, combattirent dans les rangs des assiégés, et, dans une sortie, tuèrent un chef ennemi. Le Brenn, irrité de cette provocation, marcha sur Rome, et mit en déroute une armée qu'il rencontra sur les bords de l'Allia (1). Rome eût été surprise, si les Gaulois n'eussent perdu trois jours à célébrer leur victoire (en 390).

Pendant ce temps, le Sénat décida que les Romains se disperseraient dans les villes voisines, et que mille patriciens seulement s'enfermeraient avec lui dans le Capitole. Les Gaulois, trouvant Rome déserte, n'y pénétrèrent qu'avec défiance. Quelques vieillards avaient refusé de partir : assis sur leurs chaises curules avec leurs insignes consulaires, ils attendaient la mort, persuadés que leur dévouement serait le

(1) Affluent du Tibre.

salut de la patrie. A leur immobilité, les Barbares les prirent pour des images divines. L'un d'eux ayant passé la main sur la barbe du sénateur Papirius, celui-ci le frappa de son bâton d'ivoire. Ce fut le signal du massacre; la ville fut pillée et livrée aux flammes.

Après avoir essayé vainement d'enlever d'assaut le Capitole, les Gaulois le bloquèrent, attendant que la famine le leur livrât. Durant sept mois, ils vécurent eux-mêmes aux dépens des pays environnants. Les Romains disséminés offrirent la dictature à Camille, afin de marcher au secours des assiégés; mais il refusa tant que le Sénat n'aurait pas ratifié leur choix. Un jeune homme, Pontius Cominius, réussit alors à traverser pendant la nuit le camp des Gaulois, gravit la roche Tarpéienne à l'aide des broussailles qui en tapissaient les parois, et rapporta par le même chemin l'autorisation du Sénat. Les Gaulois aperçurent la trace de ses pas, et tentèrent à leur tour une surprise nocturne. Ils atteignaient déjà le sommet des remparts du Capitole; les gardes, les chiens mêmes étaient endormis. Mais les oies consacrées à Junon éveillèrent par leurs cris Manlius, par qui les Gaulois furent précipités de la roche. Le coup de main était manqué. Manlius, outre le surnom de Capitolinus, reçut en récompense une double ration de farine.

On souffrait de la disette dans le Capitole. Les Gaulois, que les assiégés cherchaient à tromper en jetant des pains du haut des remparts, attendaient patiemment les effets du blocus. Enfin, les Romains se rendirent; ils payaient pour leur rançon mille livres d'or. En pesant le métal, les Gaulois se servaient de faux poids; sur la réclamation d'un Romain, le Brenn jeta dans la balance son épée et son baudrier, en criant : « Malheur aux vaincus ! » Sur ces entrefaites, Camille arriva à la tête d'une armée, et infligea aux Barbares une si terrible défaite, que pas un n'échappa. — Des écrivains romains ont rapporté un tout autre dénouement de cette guerre : ils avouent que les Gaulois emportèrent la rançon du Capitole, et qu'ils furent rappelés dans leur pays par les invasions d'autres Barbares. Si donc Camille mérita le surnom de *second fondateur de Rome*, ce fut pour avoir dirigé la reconstruction de la ville pendant plusieurs années.

Quoi qu'il en soit, c'est à Camille que s'attachait la reconnaissance publique et qu'on décernait tous les honneurs. Manlius en fut jaloux; il se mit à attaquer les patriciens, et gagna des partisans parmi les pauvres, en les défendant en justice ou en payant leurs dettes. Accusé d'aspirer à la tyrannie, il montra au peuple assemblé sur le Forum ce Capitole qui avait été le théâtre de ses exploits, et fut renvoyé absous. Mais ses ennemis renouvelèrent leurs accusations; les comices furent réunis au Champ-de-Mars, d'où l'on ne voyait pas le Capitole. Manlius, condamné à mort, fut précipité du haut de la roche Tarpéienne (en 383).

Les peuples voisins de Rome, les Sabins, les Èques, les Volsques, avaient profité de l'invasion gauloise pour secouer le joug. Il ne fallut pas moins de trente années pour les dompter de nouveau. Dans cet intervalle, les Gaulois reparurent trois fois. En 367, Camille les battit sur les bords de l'Anio. En 362, Titus Manlius tua en combat singulier un Gaulois d'une taille gigantesque, lui arracha son collier d'or (1), et cette victoire fut le prélude d'une bataille que gagna l'armée romaine. En 350, avant une autre action décisive, un jeune Romain, Valérius, tua aussi un géant gaulois; on le surnomma Corvus (corbeau), parce que, suivant la légende, un corbeau était venu se poser sur son casque, et, de son bec et de ses ailes, avait troublé le Gaulois.

GUERRE DES SAMNITES. — La plus grande guerre que les Romains eurent à soutenir en Italie fut celle des Samnites. Ce peuple rude et belliqueux était descendu de ses montagnes, et s'était jeté sur la Campanie. Les habitants de Capoue se mirent sous la protection des Romains, et la guerre commença.

Durant la première période de la lutte, de 343 à 340, Valérius Corvus, victorieux près du mont Gaurus, repoussa les Samnites de la Campanie, et Cornélius

(1) De là lui vint le surnom de Torquatus; *torques*, en latin, signifie collier.

Cossus les défit à Soticula, dans leur propre pays. Les Latins, à qui l'on avait refusé le droit de cité à Rome, ainsi que le privilége de fournir l'un des deux consuls et la moitié des sénateurs, avaient fait inutilement une diversion en faveur des Samnites. Manlius Torquatus, chargé de les réduire, fit trancher la tête à son propre fils, qui avait combattu malgré ses ordres. Quand il eut affermi par ce terrible exemple l'empire de la discipline, il livra aux Latins une grande bataille; le succès en fut assuré par son collègue Décius Mus, qui, obéissant à une croyance superstitieuse, se dévoua aux dieux infernaux et alla chercher la mort au milieu des ennemis.

La guerre des Samnites se ralluma en 326. Publilius Philo ouvrit brillamment les hostilités par l'occupation de la Campanie. Papirius Cursor pénétra ensuite sur le territoire samnite, où il s'illustra par d'éclatants faits d'armes. Sans les prières du peuple et du Sénat, il aurait renouvelé à l'égard de son lieutenant Fabius Rullianus, qui avait combattu et triomphé contre son ordre, et qu'il poursuivit jusqu'à Rome, l'acte de sévérité de Manlius Torquatus à l'égard de son fils. Lorsqu'il ne fut plus à la tête des troupes, une armée commandée par les consuls Véturius et Posthumius se laissa attirer dans un défilé près de Caudium : Pontius Hérennius, chefs des Samnites, contraignit les Romains, sans armes et presque sans vêtements, à passer sous le joug (en 321). Cette honte des *Fourches caudines* fut lavée par Papirius Cursor, vainqueur à Lucérie, et l'Apulie tomba sous la domination romaine.

Une troisième période d'hostilités s'ouvrit en 311, lorsque les Étrusques se joignirent aux Samnites. Les premiers furent battus par Fabius Rullianus à Sutrium, à Pérouse, et sur les bords du lac Vadimon; les seconds par Papirius Cursor à Longula, et par Marcius à Bovianum. Les Èques et les Herniques, qui s'étaient également tournés contre Rome, furent à peu près anéantis (en 305).

Enfin les Gaulois de l'Ombrie apportèrent leur concours aux Samnites. Le second Décius Mus, qui se dévoua aux dieux infernaux à l'exemple de son père, les écrasa près de Sentinum (en 296). Les Samnites firent un dernier effort : leurs guerriers furent introduits un à un sous une tente de lin, où se dressait un autel entouré de soldats, l'épée nue; on leur fit jurer par les plus terribles serments de combattre jusqu'à la mort; quiconque refusait était égorgé sur-le-champ. Le corps d'élite qui fut ainsi formé s'appela la *Légion du lin*: il fut exterminé à la bataille d'Aquilonie (en 293), où Pontius Hérennius tomba au pouvoir des Romains. Curius Dentatus fit du Samnium un véritable désert. Des envoyés samnites, chargés de lui offrir de l'or pour obtenir des conditions plus douces, le trouvèrent assis à terre, préparant lui-même quelques légumes dans des vases de bois : « J'aime mieux, leur dit-il, commander à ceux qui ont de l'or que d'en avoir moi-même. »

GUERRE DE PYRRHUS. — Pour être maîtres de toute l'Italie péninsulaire, les Romains n'avaient plus à conquérir que la Grande-Grèce. En 280, les Tarentins attaquèrent à l'improviste quelques navires romains qui se montrèrent dans leur port, et répondirent par d'ignobles outrages à l'ambassadeur chargé de demander réparation. On leur déclara la guerre. Ils appelèrent à leur secours Pyrrhus, roi d'Epire. Celui-ci, les voyant plus disposés à continuer leurs plaisirs qu'à prendre les armes, ferma leurs gymnases et leurs théâtres, et contraignit les jeunes gens de marcher avec lui. Grâce surtout à la terreur inspirée par ses éléphants aux Romains, qui les appelaient des *bœufs de Lucanie*, il vainquit le consul Lævinus près d'Héraclée (1); il perdit cependant assez de monde pour qu'il s'écriât : « Encore une pareille victoire, et je retournerai seul en Epire. »

Renforcé de quelques Samnites, Pyrrhus traversa la Campanie et pénétra dans le Latium, mais sans provoquer aucunes défections parmi les sujets de Rome. Après avoir tenté vainement de corrompre Fabricius, qu'on lui avait député pour traiter du rachat des prisonniers, il chargea son ministre Cinéas d'aller négocier la paix. Pas un Romain n'accepta ses présents. Un Appius Claudius, vieillard aveugle, se

(1) En Lucanie.

fit porter au Sénat par ses quatre fils, personnages consulaires, et combattit avec indignation les conditions proposées par le roi. On répondit à Cinéas : « Que Pyrrhus sorte de l'Italie, et alors il parlera de paix. » L'envoyé retourna vers son maître, frappé de la majesté du Sénat, qui lui avait paru « une assemblée de rois, » et les hostilités continuèrent.

Malgré le dévouement d'un troisième Décius, les Romains perdirent encore, en 279, la bataille d'Asculum (1). Mais Pyrrhus, épuisé, saisit une occasion qui se présentait de sortir, sans honte, de l'Italie : les Siciliens, menacés par les Carthaginois, réclamaient sa protection. Il alla les défendre. Les habitants de la Grande-Grèce ne tardèrent pas à le rappeler. Vaincu près de Bénévent, en 275, par Curius Dentatus, il les abandonna sans retour, et rentra en Epire. La chute de Tarente entraîna la soumission de toute l'Italie méridionale.

CAUSES DES SUCCÈS DES ROMAINS. — Le triomphe de Rome en Italie s'explique aisément. La guerre fut pour elle une nécessité d'existence : il lui fallut, dès l'origine, disputer son territoire à des tribus nombreuses, mais désunies, contre lesquelles elle exerça ses forces, sans courir le risque d'être écrasée. Puis, quand elle entreprit des conquêtes au-delà du Latium, elle fut encore servie par les divisions de ses adversaires : jamais les Italiens n'attaquèrent tous ensem-

(1) En Apulie.

ble leur commune ennemie, et ils se laissèrent battre les uns après les autres.

Le caractère des Romains se forma pendant cette rude enfance. L'agriculture, qui était, avec la guerre, leur principale occupation, entretint en eux la vigueur du corps et la simplicité des mœurs. Les dangers et les épreuves des premiers siècles de la république développèrent l'esprit national, l'amour de la liberté et de la patrie.

Les traditions religieuses, en inspirant aux Romains une confiance inaltérable dans leurs destinées, en entretenant leurs espérances, furent un autre principe de succès. On conservait, dans le temple de Vesta, le *Palladium*, statue de Pallas en bois, apportée de Troie par Énée, et dont la possession était une garantie de durée pour la cité. Romulus, disait-on, était sorti de son tombeau, pour prédire que la ville serait éternelle. La tête d'homme que Tarquin avait trouvée dans les fondements du Capitole annonçait que Rome serait la tête, la capitale du monde. Les livres sibyllins prophétisaient aussi l'avenir de Rome. On racontait que le dieu Terme et la déesse de la Jeunesse, qui avaient des autels sur le mont Tarpéien, avaient refusé de céder leur place à Jupiter; c'était dire que les frontières du territoire romain ne reculeraient jamais, et que la jeunesse de Rome serait perpétuelle. Avec de telles croyances, les Romains ne connurent ni le découragement en présence des obstacles, ni les alarmes au milieu des revers.

Ils possédaient, d'ailleurs, une excellente organisation militaire. L'armée, dont on excluait les prolétaires, ne se composait que de citoyens propriétaires, intéressés à défendre la patrie et à étendre son territoire. Ils étaient enrôlés depuis l'âge de seize ans jusqu'à quarante-six. On coupait le pouce à celui qui ne se présentait pas; quelquefois il était vendu comme esclave. Les soldats étaient rompus à tous les genres de fatigues : ils prenaient, dans leurs exercices, des armes plus pesantes que les armes ordinaires, s'habituaient à nager, à courir et à sauter tout armés, et faisaient des marches de vingt milles en cinq heures (1), tout en portant un poids de soixante livres (armes, vivres, pieux pour les retranchements, ustensiles de campement). La nourriture était frugale, et la discipline très-sévère. Celui qui se laissait prendre par l'ennemi était retranché du nombre des citoyens, privé de ses biens et de ses droits de famille. — Les Romains perfectionnèrent sans cesse leur état militaire, renonçant à leurs usages quand ils en trouvaient de meilleurs. Ainsi, Romulus substitua le large bouclier des Sabins au petit bouclier grec; on imita de Pyrrhus l'art de dresser un camp. « Si je commandais aux Romains, disait ce prince après sa première victoire, je serais bientôt maître de l'univers. »

(1) Vingt-cinq à vingt-six kilomètres.

Habiles à vaincre, les Romains surent aussi gouverner. Ils couvrirent l'Italie de *colonies militaires*, qui offraient l'avantage de débarrasser Rome d'un grand nombre de citoyens malheureux, de lui servir d'avant-postes en cas d'attaque, de maintenir les vaincus dans l'obéissance, et de propager au milieu d'eux la langue et les mœurs de la métropole. Ces colonies furent reliées entre elles par des routes militaires, dites *voies romaines*, afin que les légions pussent se porter rapidement sur les points menacés.

Enfin, ce fut une tactique très-adroite que de ne point donner à tous les Italiens le même régime politique. Certaines villes, qui n'avaient pas résisté à la conquête et dont la fidélité ne s'était pas laissé ébranler, furent spécialement favorisées : on les appela *Municipes*, c'est-à-dire villes libres; elles conservaient leurs lois particulières et leurs magistrats, et leurs habitants, investis des droits du citoyen romain, pouvaient, en allant s'établir à Rome, voter dans les assemblées et prétendre aux honneurs. Venaient ensuite : les *villes de Droit latin*, dont les habitants avaient le droit de cité romaine à la condition d'avoir exercé une magistrature ; les *villes de Droit italique*, où l'on était exempt de l'impôt foncier; les *villes alliées* ou *fédérées*, qui ne participaient en rien au droit de cité romaine, mais dont les lois propres étaient respectées; les *Préfectures*, villes punies de leur résistance ou de leurs rébellions, et qui recevaient de Rome chaque année un préfet chargé de les administrer et libre de les soumettre à toutes ses exigences. Il est évident que les Italiens, placés dans des conditions aussi inégales, n'avaient point d'intérêt à se liguer contre Rome : les uns avaient trop à perdre par la révolte, les autres trop à gagner en demeurant fidèles.

CHAPITRE IV.

SOUMISSION DES PAYS MÉDITERRANÉENS.

Politique du Sénat. — Si l'on ne peut guère apercevoir, dans les premières luttes de Rome contre ses voisins, un plan de conduite bien arrêté, il en est autrement à partir de l'époque où les légions romaines sortirent de l'Italie. Les peuples qu'elles attaquèrent, divisés entre eux, ou déjà vieillis, devaient périr par l'action dissolvante de la politique du Sénat. Un petit nombre de maximes résument cette politique : fouler aux pieds sans scrupule le droit et la justice, quand il s'agit des intérêts de Rome; fomenter les querelles des peuples, provoquer les révoltes ou opposer des prétendants aux rois; offrir un appui aux opprimés, sauf à le leur faire payer après la victoire; laisser les partis se déchirer entre eux pour fondre ensuite sur le vainqueur affaibli; désavouer ou violer les traités, en livrant ceux qui les ont conclus; n'avancer que lentement, reculer même au besoin en se donnant l'apparence du désintéressement et de la générosité, afin de ne pas éveiller les inquiétudes et d'éviter les coalitions; isoler un adversaire avant de le combattre, ruiner son armée et ses finances lorsqu'il a succombé.

Histoire de Carthage. — Le premier et le plus redoutable ennemi que les Romains rencontrèrent en dehors de l'Italie fut le peuple carthaginois. Une colonie phénicienne fonda Carthage vers l'an 880 avant J.-C. Didon, qui l'avait amenée, trouvant les indigènes de l'Afrique peu disposés à la recevoir, leur demanda seulement le terrain que pourrait contenir une peau de bœuf. On le lui accorda. Elle fit alors couper une peau en lanières très-minces et entoura ainsi une grande étendue de terrain. La forteresse qu'elle y bâtit reçut le nom de *Byrsa* (peau).

Quatre siècles de luttes, aujourd'hui inconnues, furent consacrés par les Carthaginois à la conquête du littoral africain depuis les Syrtes (1) jusqu'à la Numidie. A l'époque des guerres médiques, ils pénétrèrent en Sicile comme alliés de Xerxès contre les Grecs : la possession de l'île leur fut disputée successivement, jusqu'au temps où ils s'y rencontrèrent avec les Romains, par Gélon, par les deux Denys, tyrans de Syracuse, par le Corinthien Timoléon, envoyé pour affranchir cette ville, et par un nouveau tyran, Agathocle. En même temps, ils enlevèrent la Sardaigne aux Étrusques, occupèrent les principaux points de la Corse et s'établirent dans les îles Baléares.

La constitution de Carthage était aristocratique.

(1) Aujourd'hui les golfes de la Sidre et de Cabès.

Une assemblée de riches citoyens décidait de la paix ou de la guerre, ainsi que de tous les grands intérêts de la nation. Elle déléguait l'examen des affaires et la préparation des lois à un Sénat de cent quatre membres, à qui les transactions avec l'étranger étaient également confiées. Deux *suffètes* ou juges, élus d'abord à vie, puis seulement pour une année, présidaient le Sénat; le pouvoir militaire, qu'ils avaient exercé dans les premiers temps, était passé entre les mains des généraux d'armée. Le vice de cette organisation, c'est que les attributions mal définies des divers pouvoirs engendraient des conflits, et que le peuple, opprimé par l'aristocratie, la menaçait de révoltes continuelles. A Rome, au contraire, le gouvernement avait l'unité de direction, les magistratures étaient nettement définies, tous les citoyens étaient poussés par les mêmes intérêts et animés du même patriotisme. Les sujets de Rome lui étaient attachés, tandis que ceux de Carthage attendaient toujours l'arrivée des ennemis pour se soulever. Rome était entourée de colonies qui lui formaient comme un rempart inexpugnable; Carthage, en démantelant les villes voisines, dans la crainte que la révolte des sujets n'y trouvât des points d'appui, s'était découverte elle-même aux attaques du dehors. Ses habitants, forts de leurs richesses, fuyaient le service militaire, enrôlaient des mercenaires étrangers, cavaliers numides, fantassins grecs ou gaulois, frondeurs baléares, etc., qui combattaient mollement ou se révoltaient s'ils étaient mal payés. Une déroute de ces mercenaires en Afrique laissait Carthage sans défense. Le supplice de la croix, infligé aux chefs qui avaient été vaincus, devait éloigner les bons généraux. L'or et l'argent s'épuisent ; mais la bravoure, la constance, le patriotisme, qui caractérisaient les soldats citoyens de Rome, ne s'épuisent jamais. L'issue de la lutte entre les deux républiques ne pouvait être douteuse.

PREMIÈRE GUERRE PUNIQUE (264-241). — En quittant la Sicile, Pyrrhus s'était écrié : « Quel beau champ de bataille je laisse aux Romains et aux Carthaginois ! » Ce fut là, en effet, qu'ils se livrèrent leurs premiers combats. Des aventuriers, connus sous le nom de *Mamertins* (1), s'étaient emparés de Messine, d'où ils sortaient pour exercer le brigandage. Attaqués simultanément par Hiéron, roi de Syracuse, et par les Carthaginois, ils appelèrent les Romains à leur aide. On saisit avec avidité ce prétexte d'intervention. Le consul Appius Claudius traversa le détroit de Messine sur des radeaux à la faveur d'une nuit obscure, délivra la ville, poursuivit Hiéron jus-

(1) C'est-à-dire voués à Mamers ou Mavors, dieu de la guerre dans l'antique Italie. Dans les grandes calamités on lui sacrifiait primitivement toute une génération d'enfants, ce qu'on appelait le *printemps sacré*. Plus tard, on se contenta de les lui consacrer, et, quand ils avaient grandi, ils allaient chercher fortune ailleurs.

qu'à Syracuse, et lui imposa l'alliance romaine. Quant aux Carthaginois, à qui l'on prit beaucoup de villes et qu'on refoula dans la partie occidentale de l'île, ils ne pouvaient être expulsés tant qu'ils resteraient maîtres de la mer. Une galère échouée sur les côtes de l'Italie servit de modèle aux Romains pour construire en moins de trois mois cent soixante vaisseaux de guerre, et le consul Duilius suppléa à l'inexpérience des matelots par l'invention des *corbeaux*, ponts volants armés de grappins, qui, s'abattant sur les navires ennemis, permettaient l'abordage et le combat corps à corps. Grâce à cette invention, les Romains furent victorieux au promontoire de Myles (1), en 260 : on érigea en l'honneur de Duilius une *colonne rostrale* (2), et il reçut le privilége de se faire escorter le soir dans les rues par des joueurs de flûtes à la lueur des flambeaux.

Plusieurs années furent remplies par l'occupation de la Sardaigne et de la Corse, et par des combats peu décisifs en Sicile. En 256, le consul Régulus résolut de transporter la guerre en Afrique. Après s'être ouvert la route de ce pays par la victoire navale d'Ecnome (3), il aborda au territoire de Carthage. C'était un pays peu connu des Romains, et qu'ils suppo-

---

(1) Sur la côte septentrionale de la Sicile.
(2) Ornée d'éperons de navires.
(3) Au sud de la Sicile.

saient peuplé de monstres. Selon leurs traditions, ils rencontrèrent sur les bords du Bagradas un serpent de cent vingt pieds de long, qu'ils tuèrent à l'aide des machines de guerre, et dont la dépouille fut envoyée au Capitole. Un succès du consul près d'Adys détermina les sujets de Carthage à se révolter ; mais, en voulant imposer à cette ville des conditions inacceptables, il lui rendit l'énergie, et le Lacédémonien Xanthippe, qui amena un renfort de mercenaires grecs, battit Régulus à Tunis et le fit prisonnier. Envoyé à Rome pour proposer la paix et un échange de prisonniers, Régulus conseilla, au contraire, de continuer les hostilités, et, malgré les prières de sa femme, de ses enfants et de ses amis, alla reprendre ses fers. Les Carthaginois lui firent subir les plus cruels tourments : ils lui coupèrent les paupières, pour l'exposer ensuite aux rayons brûlants du soleil ; puis, l'ayant enfermé dans un tonneau hérissé de pointes de fer, ils le précipitèrent du haut d'une montagne.

La guerre fut reportée en Sicile. Avant de livrer une bataille navale en vue de Drepanum (1), les Romains consultèrent les auspices (2). Le consul Appius Claudius Pulcher, à qui l'on vint dire que les poulets sacrés refusaient de manger, s'écria : « S'ils ne veulent pas manger, qu'ils boivent, » et les fit jeter à la

(1) Aujourd'hui Trapani.
(2) Présages tirés des oiseaux.

mer. Les Romains, découragés par cet acte d'impiété, éprouvèrent un désastre complet (en 250). Ils ne furent pas plus heureux en attaquant Lilybée, qui leur résista six ans. Le meilleur général des Carthaginois, Amilcar Barca, retranché dans une position inexpugnable sur le mont Ercte, à quelque distance de la ville, les harcelait sans cesse, leur coupait les vivres, et faisait d'heureuses diversions. Cependant, une lutte prolongée épuisa ses forces. Une flotte, que l'on envoyait à son secours, fut attaquée et détruite près des îles Égates, par le consul Lutatius Catulus (en 241); les marchands de Carthage, calculant alors ce que la guerre leur avait coûté et ce qu'elle pouvait leur coûter encore, demandèrent la paix. Ils restituèrent les prisonniers sans rançon, promirent de payer 3,000 talents en dix années (1), et renoncèrent à la Sicile, qui fut déclarée *province romaine*.

Entre la première et la seconde guerre punique, les Romains profitèrent des embarras de Carthage, occupée à réprimer une révolte de mercenaires en Afrique, pour lui enlever la Corse et la Sardaigne, dont ils firent une province. Ils prirent ensuite l'Illyrie et l'Istrie à la reine Teuta, dont les sujets avaient exercé la piraterie sur le littoral italien. Enfin, après douze années de lutte, les Gaulois cisalpins se soumirent; Viridomar, chef d'une tribu de la Transalpine venue à leur secours, périt à Clastidium de la main

(1) Dix-huit millions de francs.

du consul Marcellus, qui remporta les troisièmes dépouilles opimes (en 222). — De leur côté, les Carthaginois soutinrent contre les mercenaires une guerre que les atrocités commises de part et d'autre ont fait appeler la *guerre inexpiable*. Après l'avoir achevée par le massacre de 40,000 rebelles dans le défilé de la Hache, ils voulurent se dédommager de la perte de la Sicile par de nouvelles conquêtes. Amilcar Barca employa neuf ans à soumettre l'Espagne, depuis les colonnes d'Hercule jusqu'à l'Èbre. Quand il eut péri dans un combat, son gendre Asdrubal fonda Carthagène. Il se disposait à pousser jusqu'aux Pyrénées, lorsqu'un esclave l'assassina.

Deuxième guerre punique (219-201). — Les Romains, effrayés des progrès des Carthaginois, leur interdirent de franchir l'Èbre; mais un fils d'Amilcar, Annibal, qui, tout enfant, leur avait voué au pied d'un autel une haine implacable, cherchait un prétexte de rupture. Aimé de l'armée, dont il était le meilleur fantassin et le plus rapide cavalier, formé par son père à l'art de la guerre, doué d'un génie fertile en ruses et en combinaisons savantes, chef d'un parti puissant qu'il s'était fait en distribuant les dépouilles de l'Espagne, il ruina la ville de Sagonte, alliée des Romains (en 219). Une ambassade alla demander qu'on lui livrât le général qui violait les traités. Fabius, l'un des envoyés, releva sa toge au milieu du sénat de Carthage, et dit : « Je porte ici la paix ou la guerre : choisissez. — Choisissez vous-même, » lui répondit-on. « Eh bien! ajouta-t-il en laissant retomber les plis de sa toge, je vous donne la guerre. »

Annibal, ayant laissé en Espagne un corps de troupes sous les ordres d'Asdrudal, l'un de ses frères, partit avec 70,000 hommes pour l'Italie. Une seule défaite sur mer, où les Romains étaient maîtres depuis la dernière guerre, aurait ruiné ses espérances : il choisit donc la route de terre, voulant d'ailleurs rallier une partie des Gaulois contre Rome, et frapper d'admiration tous les peuples en triomphant des difficultés du passage des Alpes. Il venait de forcer le passage du Rhône, défendu par la tribu des Volces Arécomices, quand il apprit qu'une flotte, envoyée pour le combattre en Espagne, sous les ordres de Cornélius Scipion, avait relâché à Marseille. Après une rencontre entre ses Numides et quelques cavaliers romains envoyés en éclaireurs, il remonta la vallée du Rhône jusqu'à l'Isère, afin de ne pas compromettre inutilement ses forces, puis continua sa route vers les Alpes. Le consul comprit que l'Italie allait être le principal théâtre de la lutte : en voyant son frère Cnéius en Espagne avec une partie des troupes romaines, il rétrograda, et résolut d'attendre les Carthaginois à la descente des montagnes.

Annibal employa neuf jours à gravir les Alpes, luttant à la fois contre les montagnards et contre les difficultés de la nature. La descente était à pic du côté de l'Italie. Selon la tradition, on mit le feu à une grande quantité d'arbres, et l'on versa du vinaigre sur le roc calciné, pour l'amollir et y tailler des chemins. En arrivant dans la vallée du Pô, l'armée carthaginoise était réduite à 26,000 hommes. Annibal rencontra les Romains sur les bords du Tésin, et les mit en déroute : Cornélius Scipion, grièvement blessé, ne dut la vie qu'à l'intrépidité de son jeune fils Publius. L'autre consul, Sempronius, rappelé de Sicile, où l'on avait cru d'abord que la guerre s'engagerait, perdit à son tour une bataille près de la Trébie (en 218). Les Gaulois cisalpins se déclarèrent alors en faveur d'Annibal, dont l'armée se trouva portée à 80,000 hommes. Toutefois, ils ne firent pas de longs sacrifices en faveur de leur libérateur : fatigués de loger et de nourrir les Carthaginois pendant l'hiver, ils essayèrent même de se débarrasser d'Annibal, réduit à prendre des déguisements pour échapper aux assassins.

L'année suivante, Annibal, voulant pénétrer en Étrurie, traversa les Apennins, à l'endroit marécageux où l'Arno prend sa source. Beaucoup de soldats et de chevaux périrent dans ce dangereux passage ; monté lui-même sur son dernier éléphant, il perdit un œil par la fatigue et l'humidité. Ni une troisième victoire qu'il remporta sur Flaminius près du lac Trasimène (1), ni la dévastation des provinces situées à

(1) Aujourd'hui lac de Pérouse.

l'entour de Rome, ne déterminèrent les Italiens à se soulever. A Rome, on décerna la dictature à Fabius Maximus, qui fut surnommé Cunctator (1) à cause de la tactique qu'il adopta : se tenant toujours sur les hauteurs sans engager d'action générale, il harcela les Carthaginois, tua ou prit les fourrageurs et les traînards, intercepta les convois de vivres. A force d'épier les occasions propices, il réussit à attirer l'ennemi dans un défilé près de Casilinum, en Campanie. Annibal s'en tira cependant par une ruse : pendant la nuit, il lâcha un grand nombre de bœufs, aux cornes desquels étaient attachés des sarments enflammés; ces animaux, rendus furieux par la douleur, mirent le désordre parmi les Romains, et les Carthaginois en profitèrent pour s'échapper du défilé. Le peuple romain, mécontent, voulut que Fabius partageât le commandement avec son maître de la cavalerie, Minucius. Cet officier présomptueux engagea un combat, et il eût péri avec tous les siens, si Fabius ne fût venu le dégager. « Je savais bien, dit alors Annibal, que ce nuage qui se tenait sur la montagne finirait par crever et ferait fondre sur nous quelque violent orage. »

Cependant le système de temporisation fut abandonné lorsque Fabius sortit de charge. Vainement l'aristocratie fit arriver au consulat Paul-Emile, élève de Fabius; l'autre consul, Varron, livra, en 216, la

(1) Le temporiseur.

grande bataille de Cannes, en Apulie : 50,000 Romains furent tués avec Paul-Emile. On a reproché à Annibal de n'avoir pas alors marché sur Rome; ses officiers se promettaient de souper dans cinq jours au Capitole. Comme il refusait, l'un d'eux, Maharbal, lui dit : « Vous savez vaincre, mais vous ne savez pas profiter de la victoire. » Le général carthaginois jugeait mieux la situation : ses soldats avaient besoin de repos; ils étaient réduits à 30,000; il y avait d'ailleurs trop loin de Cannes à Rome pour qu'un coup de main fût possible. Les troupes que les Romains pouvaient appeler à temps, soit des villes d'Italie, soit de Corse et de Sardaigne, auraient aisément formé une armée de 100,000 hommes. Leur patriotisme grandissait avec le péril : le Sénat allait au devant de Varron, et le remerciait de ne pas désespérer de la république ; il interdisait les lamentations aux femmes, et refusait de racheter les prisonniers. Les citoyens s'enrôlaient à l'envi, et apportaient leurs richesses au trésor; les esclaves offraient de prendre les armes. A Carthage, au contraire, une faction, dirigée par Hannon, voulait amoindrir l'influence de la famille des Barca. Lorsque les envoyés d'Annibal, apportant au Sénat trois mille anneaux d'or enlevés aux chevaliers et aux sénateurs romains sur le champ de bataille, demandèrent des renforts, on leur répondit : « Si Annibal est vainqueur, il n'a pas besoin de secours; s'il est vaincu, il n'en mérite pas, car il nous trompe. » Les Carthaginois ne lui envoyèrent que 4,000 Numides et quelques éléphants; leurs armements furent dirigés vers la Sicile, qu'ils espéraient reconquérir, et vers l'Espagne, que Cnéius et Cornélius Scipion menaçaient d'enlever à Asdrubal. Ils ne voyaient qu'une diversion dans l'expédition d'Italie, qui seule aurait pu décider du succès de la lutte. Ainsi abandonné de sa patrie, Annibal ne put rien entreprendre de sérieux. L'Italie méridionale se déclara pour lui; mais, quand il reparut en Campanie, il ne put entraîner que Capoue. La tradition d'après laquelle ses soldats se seraient amollis dans les délices de cette ville ne paraît point fondée, quand on se rappelle avec quelle intrépidité ils ont combattu jusqu'à la fin de la guerre.

Dans le dessein de relever sa fortune, Annibal conçut un nouveau plan. Il profita de la mort d'Hiéron pour attirer la Sicile dans son parti, et fit alliance avec Philippe III, roi de Macédoine, qu'alarmait la présence des Romains en Illyrie. Mais le sort tourna encore contre lui. Philippe, au lieu de passer en Italie, perdit son temps à attaquer quelques places de l'Illyrie, et vit sa flotte surprise et incendiée par le consul Lœvinus à l'embouchure de l'Aoüs. Marcellus, qu'on appela l'*épée de Rome*, comme Fabius Cunctator en était *le bouclier*, chassa les Carthaginois de la Campanie par la victoire de Nole, puis alla réduire la Sicile. Syracuse soutint un siége de plus de deux ans, grâce au génie d'Archimède. Les inventions de ce géomètre jetaient le découragement parmi les Romains : tantôt, saisissant leurs navires à l'aide de puissantes machines, il les enlevait de l'eau, et les brisait sur des rochers, tantôt il les incendiait à l'aide de miroirs qui réfléchissaient les rayons du soleil. La ville ne succomba que par surprise et pendant une fête (en 212). Marcellus avait ordonné qu'on lui amenât Archimède : mais ce savant, absorbé dans la recherche d'un problème, n'entendit point un soldat qui l'invitait à le suivre ; celui-ci, prenant son silence pour un refus d'obéir, lui donna la mort. La Sicile ne tarda pas à rentrer tout entière sous la domination romaine.

La faiblesse d'Annibal devint alors manifeste : il n'empêcha point les Romains de faire un terrible exemple par la ruine de Capoue et l'extermination de ses habitants, et se vit abandonné des Samnites et des Lucaniens qu'il ne pouvait protéger. Refoulé dans le midi de l'Italie, cerné par plusieurs armées, il défendit avec un admirable talent ses dernières positions, et tua dans une rencontre Marcellus qui le serrait de trop près (en 208). On put croire un instant que la fortune allait changer : Cnéius et Cornélius Scipion avaient été défaits et tués ; Asdrubal, échappant à Publius Scipion, traversait les Pyrénées, la Gaule et les Alpes pour secourir son frère. Mais, en s'arrêtant au siége de Plaisance, il laissa le temps aux consuls Claudius Néron et Livius Salinator de diriger leurs forces vers le nord de l'Italie, et perdit une bataille et la vie sur les bords du Métaure, en 207. Les vainqueurs allèrent jeter sa tête dans les retranchements d'Annibal : « Je reconnais là, s'écria celui-ci, la fortune de Carthage. »

Pendant ce temps, Publius Scipion s'emparait de Carthagène, et se conciliait les Espagnols par un grand exemple de générosité et de continence, renvoyant sans rançon les enfants des meilleures familles que les Carthaginois avaient retenus comme otages, ainsi que la fiancée du chef celtibérien Allutius, que les lois de la guerre l'autorisaient à faire son esclave. Il attirait aussi dans le parti romain les chefs numides Syphax et Massinissa, et enlevait toute l'Espagne à Magon, second frère d'Annibal. De retour en Italie, il obtint du Sénat, malgré l'opposition de Fabius, qui tenait à son système de temporisation et espérait amener Annibal à se rendre, l'autorisation de transporter la guerre en Afrique. Il comptait sur le secours des Numides ; mais Syphax, ramené à l'alliance de Carthage par sa femme Sophonisbe, fille d'Asdrubal Giscon, avait dépouillé de ses États Massinissa, qu'on vit arriver au camp romain avec quelques centaines de cavaliers seulement. Scipion vainquit néanmoins Asdrubal et Syphax à la bataille des *Grandes Plaines*, et prit Utique et Tunis. Massinissa rentra alors dans son royaume, puis conquit celui de Syphax et fit Sophonisbe prisonnière. Il voulait l'épouser; Scipion ayant déclaré qu'elle ornerait son triomphe à Rome, il lui donna, pour la soustraire à cette honte, une coupe empoisonnée.

Les Carthaginois, menacés dans leur capitale, envoyèrent à Annibal l'ordre de revenir les défendre. Ce général pleura de rage en abandonnant cette Italie dont il avait rêvé la conquête. La bataille de Zama (en 202) lui fut défavorable, et, comme toutes les ressources étaient épuisées, il conseilla lui-même à ses compatriotes de faire la paix. Le traité qui termina la guerre (en 201) fut très-onéreux pour les vaincus : ils livraient leurs éléphants et tous leurs navires, excepté dix, s'engageaient à payer 10,000 talents (1) en cinquante années et à ne point enrôler de mercenaires, renonçaient à toutes possessions en dehors de l'Afrique, et ne devaient même entreprendre dans ce pays aucune guerre sans le consentement des Romains. Scipion eut à Rome un splendide triomphe et reçut du peuple le surnom d'*Africain*.

GUERRE CONTRE PHILIPPE. — Après la seconde guerre punique, les Romains songèrent à se venger de tous ceux qui avaient secondé Annibal. Ainsi, ils firent une nouvelle conquête de la Gaule cisalpine, et la résistance de ce pays fut si opiniâtre que la soumission n'en fut achevée qu'en l'an 163. D'un autre côté, Philippe fut attaqué dans ses propres États. Le

(1) Cinquante-cinq millions de francs.

consul Flamininus se présenta en Grèce comme le défenseur des opprimés ; il n'épargna ni l'argent ni les promesses pour se faire des alliés, isola ainsi le roi de Macédoine et lui livra bataille à Cynoscéphales en 197. La phalange ne put, à cause des inégalités du terrain, conserver son unité et fut aisément dispersée. Les Romains, qui avaient besoin de faire croire à leur modération, n'envahirent pas la Macédoine ; ils se contentèrent de l'affaiblir. Philippe dut payer mille talents (1), ne conserver que dix bâtiments de guerre et cinq cents hommes, et envoyer à Rome, comme otage, Démétrius, l'un de ses fils.

Sous prétexte de récompenser les services des Grecs, Flamininus se rendit aux jeux isthmiques. Là, il fit annoncer par un héraut que chaque peuple, chaque ville était libre de se gouverner par ses propres lois. Cette déclaration cachait un piége : proclamer la liberté des cités grecques, c'était empêcher les Macédoniens de rétablir leur domination sur la Grèce, préparer la dissolution des ligues étolienne et achéenne et créer une faction favorable aux Romains. Les Grecs accueillirent avec des transports de joie un acte qui devait perpétuer leurs divisions et leur faiblesse, et faillirent étouffer Flamininus sous leurs embrassements ; ils poussèrent des cris si perçants que des corbeaux qui volaient au-dessus de l'assemblée tombèrent à terre de frayeur.

(1) Cinq millions de francs.

Au nom de la liberté nouvelle, les Grecs demandèrent à Flamininus de renverser Nabis, usurpateur à Sparte depuis quelques années. Le consul vainquit, en effet, le tyran, mais lui laissa encore assez de puissance pour entretenir les craintes des Achéens. Il rentra ensuite en Italie, où l'on n'attendit pas longtemps les effets de sa politique.

Guerre contre Antiochus. Les Étoliens avaient espéré obtenir, pour prix de leur alliance avec Rome, une partie des dépouilles de Philippe. Trompés dans leur attente, ils prirent les armes et appelèrent à leur secours le roi de Syrie, Antiochus III le Grand, promettant que toute la Grèce se joindrait à lui. Auprès de ce prince venait de se réfugier Annibal; ce général préparait une nouvelle guerre, quand les Romains exigèrent qu'il leur fût livré, et il avait pris la fuite, afin d'épargner à ses concitoyens la honte d'une lâcheté. Il demanda un corps de troupes à la tête duquel il pourrait renouveler les merveilles de sa campagne d'Italie, et proposa la formation d'une ligue entre la Syrie, la Macédoine et Carthage, dans le but d'attaquer les Romains de tous les côtés à la fois. Mais des courtisans jaloux le rendirent suspect à Antiochus; ce prince, enivré d'orgueil, ne consentit pas à traiter d'égal à égal avec Philippe et n'emmena en Grèce que dix mille soldats. En perdant toute une saison à célébrer ses noces avec une jeune fille de Chalcis, il laissa les Romains prendre l'offensive :

battu près des Thermopyles par le consul Acilius Glabrion (en 191), il rentra précipitamment en Asie, abandonnant les Étoliens à la vengeance du vainqueur.

Lucius Scipion, ayant sous ses ordres son frère l'Africain, porta bientôt la guerre en Asie-Mineure. Les vaisseaux des Rhodiens et ceux d'Eumène, roi de Pergame, l'aidèrent à traverser l'Hellespont, et il mérita le surnom d'*Asiatique*, en 190, par une victoire près de Magnésie, au pied du mont Sipyle. Antiochus subit des conditions de paix humiliantes : il livra ses éléphants et ses vaisseaux, paya 15,000 talents (80 millions) et accepta la chaîne du Taurus comme limite de ses États. Les Romains ne prirent point possession du territoire qu'on leur abandonnait, mais le livrèrent à leurs alliés : les Rhodiens eurent la Carie et la Lycie; Eumène reçut la Phrygie, la Lydie, l'Ionie et la Mysie. La soumission des Galates ou Gallo-Grecs par Manlius Vulso acheva d'établir l'influence romaine dans toute l'Asie-Mineure.

Rien n'était assuré cependant, tant que vivraient les deux ennemis les plus redoutables de Rome, Philopœmen et Annibal. Le premier, né à Mégalopolis, était stratège de la ligue achéenne ; vainqueur de Nabis, il entreprenait de donner à la Grèce l'unité à laquelle Aratus avait vainement aspiré. L'ardeur de son patriotisme le faisait surnommer le *dernier des Grecs*. Sur l'ordre du Sénat romain, Flamininus se rendit dans le Péloponèse et poussa les Messéniens à se séparer de la ligue achéenne. Philopœmen marcha contre eux, tomba dans une embuscade, fut pris et condamné à boire la ciguë (en 183). Son ami Lycortas, père de l'historien Polybe, vengea cette trahison par la prise de Messène. — Flamininus, continuant sa route, se rendit auprès de Prusias, roi de Bithynie, qui avait donné asile à Annibal après la défaite d'Antiochus. L'exilé carthaginois s'empoisonna pour n'être pas livré à l'envoyé romain.

GUERRE CONTRE PERSÉE. — Rome n'avait plus en Orient d'autre adversaire que Philippe. Sachant qu'il faisait des préparatifs de guerre, le Sénat renvoya en Macédoine Démétrius, après l'avoir attaché à ses intérêts. Mais le roi avait un autre fils, Persée, qui convoitait le trône ; Démétrius, accusé de conspiration par son frère, fut mis à mort. Philippe reconnut bientôt qu'on l'avait trompé et succomba au chagrin (en 178). Persée, devenu roi, n'avait qu'à poursuivre les desseins de son père : les arsenaux étaient bien pourvus d'armes, le trésor rempli d'argent; la Thrace, l'Épire, l'Illyrie se montraient disposées à fournir des soldats ; Carthage recevait, la nuit, dans un temple, une ambassade macédonienne, et pouvait concourir à une attaque contre Rome. Mais Persée perdit tout par son avarice et son incapacité. Après avoir fourni un prétexte de guerre en essayant de faire assassiner près de Delphes le roi Eumène, qui revenait de dénoncer ses intrigues aux Romains, il refusa de fournir de l'argent à ses alliés. Réduit à ses seules forces, il laissa les Romains franchir les défilés de la Macédoine et perdit une grande bataille contre Paul-Émile près de Pydna (en 168). Bloqué dans l'île de Samothrace, il se rendit quand un traître eut livré ses enfants aux Romains. La Macédoine fut condamnée à payer un tribut annuel de cent talents; on la divisa en quatre districts, entre lesquels toute communication était interdite. Mille citoyens des plus influents, parmi lesquels était l'historien Polybe, furent arrachés par Paul-Émile aux différentes villes de la ligue achéenne, et transférés comme otages en Italie. L'Épire fut cruellement maltraitée : les Romains y ruinèrent soixante-dix villes ou bourgades et emmenèrent 150,000 captifs. Persée orna le triomphe de Paul-Émile et mourut deux ans après dans un cachot; un de ses fils exerça une charge de greffier à Rome.

La chute de la Macédoine jeta l'épouvante dans tout l'Orient. Prusias alla féliciter le Sénat, devant lequel il parut en habits d'affranchi. Le roi de Syrie, Antiochus IV Epiphane (l'Illustre), avait envahi l'Egypte; pour l'intimider, il suffit qu'un envoyé romain, Popilius Lænas, traçât autour de lui avec sa baguette un cercle sur le sable, et lui défendît d'en sortir avant de s'être engagé à rentrer dans ses États.

Réduction de la Macédoine et de la Grèce en provinces. — Les vaincus, que Rome avait si peu ménagés, saisirent la première occasion de reprendre les armes. Un aventurier, nommé Andriscus, se donnant pour fils de Persée, souleva la Macédoine. Défait à la seconde bataille de Pydna, en 148, il fut conduit enchaîné à Rome. Son vainqueur, Métellus, à qui l'on donna le surnom de *Macédonique*, déclara la Macédoine province romaine.

L'agitation était grande en Grèce. Des mille otages emmenés par Paul-Émile, trois cents seulement étaient revenus après dix-sept ans de captivité; le récit de leurs souffrances avait excité une irritation dont s'inquiéta le Sénat. Ordre fut donné aux Achéens de dissoudre leur ligue. Mais, au stratége Callicrate, qui les trahissait et qui mourut chargé de l'exécration publique, ils substituèrent Critolaüs et appelèrent toute la Grèce aux armes. Le nouveau stratége fut vaincu et tué par Métellus à Scarphée, en Locride. Les débris des Achéens se firent exterminer à l'entrée de l'isthme de Corinthe, près de Leucopétra, et leur chef Diœus, allant mettre le feu à sa maison, se précipita avec sa femme et ses enfants au milieu des flammes. Le consul Mummius, vainqueur dans cette seconde rencontre, s'empara de Corinthe et la livra au pillage (en 146). Sur les ruines de cette ville, il annonça à la Grèce qu'elle formerait une province romaine sous le nom d'*Achaïe*. Telle était, même à cette époque, la grossièreté des soldats romains, qu'ils jouèrent aux dés sur les tableaux de Parrhasius, de Zeuxis et d'Apelles. Mummius lui-même avertit les hommes chargés de transporter à Rome les chefs-d'œuvre de l'art grec, qu'ils seraient tenus d'en fournir de semblables en cas de dommage.

Réduction du royaume de Pergame. — Le temps était venu où les Romains jugeaient inutile de prendre les dehors de la modération. En 133, Attale III, roi de Pergame, mourut en leur léguant ses biens par testament. Le Sénat entendit qu'il s'agissait non de la fortune particulière du prince, mais de son royaume. Aristonic, fils naturel d'Eumène, qui entreprit de défendre ses droits, fut battu et fait prisonnier, conduit à Rome et étranglé dans sa prison (en 129). Le royaume de Pergame forma une nouvelle province romaine, sous le nom d'*Asie*.

Troisième guerre punique. — Tandis que les Romains faisaient des progrès en Orient, Carthage se relevait peu à peu, grâce à la fertilité de son territoire et à l'industrieuse activité de ses habitants. Enchaînée par le dernier traité, elle ne pouvait repousser les attaques de Massinissa, qui lui enlevait des villes et des provinces entières. Quand elle se plaignit de ces agressions, les ambassadeurs envoyés en Afrique pour juger le différend ne furent frappés que de la prospérité nouvelle de l'État carthaginois; l'un d'eux, Caton, jetant, à son retour, de belles figues au milieu du Sénat, s'écria : « La terre qui les produit n'est qu'à trois journées de Rome. » Et depuis ce jour il ne donna son avis sur aucune affaire, sans ajouter ces mots : « De plus, je pense qu'il faut détruire Carthage. »

Fatiguée de ne point obtenir justice des provocations de Massinissa, Carthage prit les armes pour se défendre, en 149. Rome commença alors une troisième guerre punique, toute remplie de trahisons (1). Les consuls Manilius et Censorinus, envoyés en Afrique, n'étaient pas encore partis de Sicile, lorsque les Carthaginois, prêts à reculer au moment décisif, demandèrent quelles satisfactions ils devaient donner pour avoir violé le traité. « Vous devez le savoir, » leur répondit-on ; et la flotte cingla vers l'Afrique. De nouveaux envoyés se présentèrent; on leur promit d'accorder la paix, si Carthage livrait comme otages trois cents citoyens des premières familles. Quand ces otages furent arrivés au camp romain, les consuls exigèrent de plus que les Carthaginois donnassent toutes leurs armes. Ceux-ci se soumirent encore, croyant aux serments de leurs ennemis. Il leur fut alors déclaré qu'ils devaient abandonner leur ville, et aller s'établir au loin dans l'intérieur des terres.

Ces perfidies excitèrent l'indignation et le déses-

---

(1) Ce sont pourtant les historiens romains qui ont accusé de mauvaise foi leurs adversaires et fait de la *foi punique* une locution proverbiale.

poir des Carthaginois. Ils fabriquèrent, même avec de l'or et de l'argent, des armes et des machines de guerre, et firent des navires avec les charpentes de leurs maisons; les femmes coupèrent leurs cheveux pour tresser des cordages. Pendant deux ans, toutes les attaques des Romains échouèrent; Calpurnius, Pison et Mancinus ne furent pas plus heureux que les deux premiers consuls. Mais tout changea à l'arrivée de Scipion Émilien, fils de Paul-Émile et fils adoptif de Scipion l'Africain. Une digue jetée dans la mer ferma l'entrée du port de Carthage; la flotte fut incendiée; une muraille, élevée dans toute la largeur de l'isthme qui joignait la ville au continent, coupa les communications des assiégés avec le dehors; enfin, après six jours et six nuits de combats dans les rues, les Romains furent maîtres de la place. Annibal Passer (le moineau), qui avait dirigé la défense, se rendit; mais sa femme, parée comme pour un jour de fête, le chargea d'imprécations du haut d'un temple d'Esculape, égorgea ses enfants, et se précipita au milieu de l'incendie qu'elle avait allumé. Carthage fut complétement ruinée, en 146, le jour même où Corinthe succombait. Scipion Émilien ne put s'empêcher de verser des larmes, en songeant qu'un pareil sort était réservé peut-être à sa patrie, et prononça ces paroles d'Homère : « Troie aussi verra sa fatale journée. » Lors de son triomphe à Rome, il reçut le surnom de *second Africain*. L'État carthaginois devint une province romaine sous le nom d'*Afrique*.

Guerre d'Espagne. — La conquête de l'Espagne exigea de très-grands efforts. Les tribus de ce pays ne réunirent cependant pas leurs forces contre les Romains; mais leur sol, coupé de montagnes, était éminemment propre à une guerre de partisans. Elles montrèrent, d'ailleurs, une incroyable énergie : les femmes combattaient à côté de leurs maris, et s'égorgeaient avec leurs enfants après la défaite ; les hommes portaient habituellement du poison pour échapper à la servitude ; si un navire les emmenait à l'étranger, ils le perçaient et le faisaient sombrer; esclaves, ils tuaient leurs maîtres. Les Espagnols avaient aidé les Romains à chasser les Carthaginois; mais ils n'entendaient pas leur obéir. Aussi, lorsqu'en 197 le Sénat envoya deux préteurs pour les gouverner, il y eut un soulèvement général.

La lutte devait durer plus d'un demi-siècle. Caton et Sempronius Gracchus s'y distinguèrent particulièrement au début : l'un prit quatre cents villes ou villages au nord de l'Èbre; l'autre soumit la puissante tribu des Celtibériens (1), et, par son équité et sa modération, assura plusieurs années de calme à l'Espagne. Mais les exactions d'autres officiers romains réveillèrent les animosités; l'un d'eux, Servilius Galba, fit même massacrer par trahison 30,000

(1) Elle occupait à peu près la Castille et l'Aragon.

Lusitaniens (1). Le héros de la résistance espagnole fut alors le berger Viriathe, qui détruisit cinq armées romaines : deux de ses officiers, gagnés par l'ennemi, l'assassinèrent en 141. Tout l'effort de la guerre fut alors concentré autour de la ville de Numance, dont le siége dura huit ans. Les premières opérations des Romains ne furent pas heureuses, et l'on vit même Mancinus se laisser enfermer avec 24,000 hommes dans un défilé sans issue par 4,000 Numantins. Mais les affaires changèrent de face, lorsque Scipion Emilien eut été chargé du commandement. Il entoura Numance d'une triple ligne de retranchements, et, pour empêcher les barques et les plongeurs d'y pénétrer par le Douro, barra ce fleuve à l'aide de câbles et de poutres armées de pointes. Il fit couper les mains à 400 Espagnols qui avaient essayé de pénétrer dans la ville. Les Numantins, en proie à la famine, s'entretuèrent plutôt que de se rendre, en 134. L'Espagne forma deux provinces romaines, appelées Espagne citérieure et Espagne ultérieure (en deçà et au-delà de l'Èbre). Quelques années après on y joignit les îles Baléares.

En résumé, au deuxième siècle avant l'ère chrétienne, la puissance romaine s'étendait sur une grande partie des pays situés autour de la Méditerranée. L'Italie formait le territoire propre de la république, et neuf provinces avaient été créées : *Sicile; Sardaigne et*

(1) Habitants du Portugal actuel.

Corse; Gaule cisalpine, avec la Ligurie et l'Istrie; *Macédoine*, avec l'Illyrie, l'Épire et la Thessalie; *Achaïe* ou Grèce; *Asie* ou royaume de Pergame; *Afrique* ou Etat carthaginois; *Espagne citérieure* et *Espagne ultérieure*. Chacune d'elles était administrée par un *préteur* ou *proconsul*, investi d'un pouvoir absolu en matière civile, judiciaire et militaire. Elles étaient soumises à la capitation ou impôt personnel, à l'impôt foncier, à des fournitures en nature pour les gouverneurs et leur suite, pour l'approvisionnement de Rome et des armées, à des douanes, à des contributions sur le sel, les mines, etc.

CHAPITRE V.

LES GUERRES CIVILES.

État de la république après la conquête du monde. — La période des conquêtes fut signalée par de graves modifications dans les *mœurs* et dans le *gouvernement* de la république romaine.

Les légions rapportèrent à Rome les dépouilles et en même temps les vices des nations vaincues. Si les grandes familles, telles que les Scipions et les Métellus, prirent de leur contact avec la Grèce et l'Asie une vie plus élégante, des mœurs plus polies, un goût plus vif pour les lettres et les arts, le peuple romain ne puisa dans la conquête qu'une profonde corruption. Vainement quelques Censeurs dégradèrent des sénateurs et des chevaliers; vainement on établit un tribunal pour juger les magistrats concussionnaires qui pillaient les provinces. Partout se répandirent l'avidité des richesses, la passion des plaisirs, les raffinements du luxe. Il semblait que les Romains eussent eu pour but, en subjuguant le monde, de se procurer toutes les jouissances de la victoire.

A cette révolution morale correspondait une révo-

.ution politique non moins dangereuse. Beaucoup de plébéiens périssaient sur les champs de bataille, et, pour recruter la population, il fallait recourir à l'affranchissement progressif des esclaves amenés en si grand nombre à Rome. Ces hommes de toutes nations, devenus citoyens romains, étaient étrangers aux mœurs, à la religion, aux traditions de leurs prédécesseurs ; avides de conserver la liberté qui leur était rendue, ils se gardèrent de la compromettre par des luttes contre les patriciens. Un membre de la famille des Scipions témoignait du mépris que l'on avait pour eux, en demandant à un citoyen des tribus rurales, dont la peau était calleuse, s'il marchait sur les mains. Le fruit des agitations du Forum antérieures aux guerres puniques fut complétement perdu : les patriciens usurpèrent les domaines de l'État, et repoussèrent des charges publiques ceux qu'ils appelaient les *hommes nouveaux*. Les pauvres n'eurent guère d'autres moyens d'existence que les distributions de vivres et d'argent faites au nom de l'État ou par les ambitieux qui briguaient les honneurs : car les riches, tirant des provinces ce dont ils avaient besoin, transformèrent en jardins, en parcs et en promenades, les terres dont la culture aurait nourri le travailleur libre ; et d'ailleurs les esclaves étaient partout employés. Le Sénat s'arrogea le droit de décider seul la paix et la guerre, et fit rarement ratifier les traités par les comices. Le peuple perdit aussi tout pouvoir judiciaire par l'institution de quatre *tribunaux permanents*, composés de sénateurs, et chargés de juger la concussion, la brigue, l'infidélité envers le trésor et les crimes contre l'État.

Il se forma même parmi les patriciens une aristocratie militaire, composée de généraux qui affectaient de se distinguer par des surnoms glorieux (l'Africain, le Macédonique, l'Asiatique, etc.), et de se mettre au-dessus des lois. Pour avoir lancé quelques traits railleurs contre les Métellus, le poète Nævius fut mis au pilori et envoyé en exil. Un Métellus, accusé de concussion, refusa avec arrogance de se défendre, et, sans oser regarder les pièces produites contre lui, les juges s'écrièrent : « Comment serait-il coupable, puisqu'il est le gendre de Fabius Maximus ? » Scipion l'Asiatique, à qui l'on demandait compte de quatre millions de sesterces (1), refusa, parce qu'il en avait fait entrer deux cents millions dans le trésor, de montrer les registres qui prouvaient, disait-il, son innocence, et les mit en pièces. Scipion l'Africain, cité à son tour devant le peuple, éluda l'accusation par un mouvement oratoire : « Citoyens, dit-il, c'est à pareil jour que j'ai vaincu Annibal à Zama ; allons au Capitole en rendre grâces aux Dieux, et priez-les de vous donner toujours des chefs qui me ressemblent. » Il dut cependant sortir de Rome, afin de se soustraire à de nouvelles pour-

(1) Environ 800,000 francs

suites, et mourut en exil; il avait ordonné de graver ces mots sur son tombeau : « Ingrate patrie, tu n'as pas même mes cendres. »

CATON LE CENSEUR. — Caton l'Ancien, illustre par ses services militaires dans la guerre contre Antiochus et en Espagne, entreprit d'opposer une digue à la dépravation des Romains. Admirateur des vertus antiques, il en donnait lui-même l'exemple, vivait sobrement, allait toujours à pied, travaillait dans les champs avec ses esclaves. Ce fut lui qui suscita les accusations contre les Scipions, qu'il considérait comme les corrupteurs des institutions et des mœurs. Il avait déjà soutenu, mais sans succès, une loi qui interdisait aux femmes de porter dans leur parure plus d'une demi-once d'or, lorsqu'il fut élevé à la censure, en 184. Il publia alors des règlements sévères contre le luxe, chassa plusieurs membres du Sénat, dégrada du rang de chevalier Scipion l'Asiatique, fit abattre les constructions des riches qui avaient empiété sur la voie publique, rendit au service public l'eau des fontaines détournée par les particuliers, etc. Quand il sortit de charge, le peuple lui éleva une statue comme marque de reconnaissance. Mais les nouvelles mœurs devaient être plus puissantes que les lois.

LES GRACQUES. — La réforme politique fut tentée par les Gracques, fils de ce Sempronius Gracchus qui avait combattu en Espagne, et de Cornélie, vertueuse et fière Romaine, qui avait refusé la main d'un roi d'Égypte. Cornélie avait placé dans la grandeur de ses enfants l'espoir de sa renommée, et ne voulait pas, dit-elle, être appelée la *fille de Scipion l'Africain*, mais la *mère des Gracques*. Une dame romaine se plaisant à étaler devant elle ses riches parures, elle lui montra ses enfants : « Voici, dit-elle, mes bijoux. »

L'aîné, Tibérius Gracchus, était monté le premier à l'assaut de Carthage et s'était également distingué devant Numance. En revenant d'Espagne, il fut témoin de l'abandon où on laissait les terres et de la misère des plébéiens. « Quoi donc, disait-il, les bêtes sauvages ont leurs tanières où elles peuvent se retirer, et ceux qui versent leur sang pour l'Italie n'y possèdent que l'air et la lumière ! On les appelle les maîtres de l'univers, et ils n'ont pas en propriété une motte de terre. » Ayant obtenu le tribunat en 133, il proposa une loi agraire portant, comme celle de Licinius Stolon, qu'aucun citoyen ne pourrait détenir plus de 500 arpents de terres publiques ; mais, de plus, elle accordait une indemnité aux propriétaires dépossédés et laissait à leurs fils aînés 250 arpents de terre ; les domaines repris aux patriciens devaient être partagés entre les plébéiens pauvres. Cette loi était juste, mais d'une exécution difficile : les terres avaient changé de maîtres, et, à défaut de registres tenus par les magistrats, on ne savait comment distinguer les domaines de l'État et les propriétés privées. Les patriciens se bornèrent à corrompre un collègue du tribun, Octavius, qui opposa son *veto* à la loi. Tibérius, sachant que son adversaire possédait des terres de l'État, essaya inutilement de le désintéresser en lui offrant de ses propres deniers la valeur de ces terres. Puis il le fit déposer par le peuple. Par cette atteinte à l'inviolabilité du tribunat, il donna un exemple dont on devait abuser dans la suite.

Après le vote de la loi agraire, Tibérius Gracchus fit encore décider que les trésors d'Attale seraient distribués aux citoyens à qui l'on allait donner des terres pour les aider dans les premiers frais de culture. Il demandait aussi qu'on abrégeât la durée du service militaire et que tous les jugements pussent être frappés d'appel au peuple. Enfin, dans l'espoir de fortifier son parti, il songeait à faire donner les fonctions judiciaires aux chevaliers, qui, sous le nom de *Publicains,* avaient affermé les impôts des provinces, à opposer ainsi une aristocratie d'argent au patriciat ou aristocratie de naissance, à créer un ordre politique intermédiaire entre les patriciens et les plébéiens. Mais, à l'expiration de son tribunat, quand il brigua de nouveau cette charge afin d'être à l'abri des ressentiments des patriciens, il rencontra une opposition furieuse. Le consul Scævola refusant d'employer la violence contre lui, Scipion Nasica s'écria : « Puisque le premier magistrat trahit la république, que ceux qui veulent la sauver me suivent! » Et il se précipita, à la tête d'une troupe de patriciens et d'esclaves, sur les partisans de Tibérius, dont trois cents furent égorgés. Tibérius lui-même périt dans la mêlée, frappé d'un débris de banc à la tête.

La terreur inspirée aux plébéiens par ce coup de force fut de courte durée. Le Sénat crut les apaiser en nommant des commissaires pour procéder à la recherche des terres de l'État. Mais ils se vengèrent de leurs ennemis. Scipion Nasica, exposé à des injures continuelles, dut s'éloigner sous prétexte d'une mission en Asie. Scipion Émilien, à la nouvelle de la mort de Tibérius, s'était écrié : « Ainsi périsse quiconque voudra l'imiter. » Accueilli un jour par des murmures dans les comices, il dit avec mépris : « Silence, vous que l'Italie ne reconnaît pas pour ses enfants! Ceux que j'ai amenés enchaînés à Rome ne me feront pas trembler. » On le trouva étranglé dans son lit, et le peuple interdit toute enquête.

Caïus Gracchus, frère de Tibérius, avait été éloigné de Rome par le Sénat. En 123, il revint de Sardaigne, où on voulait le retenir en prorogeant sa questure, et demanda le tribunat. L'empressement des votants fut tel, que le Forum ne put les contenir tous, et que beaucoup d'entre eux donnèrent leurs suffrages du haut des maisons voisines. Caïus commença par proposer deux lois : l'une, portant qu'un magistrat déposé ne pourrait exercer aucune autre fonction, était dirigée contre Octavius ; l'autre renvoyait devant le peuple quiconque aurait frappé ou banni un citoyen sans jugement. Sur les instances de sa mère, il abandonna ces projets de vengeance. Ensuite il s'occupa de remédier à la misère des plébéiens : la loi agraire fut confirmée ; on établit des distributions mensuelles de blé à bas prix ; on envoya en colonies dans les villes environnantes un certain nombre de pauvres, à qui l'on fournit gratuitement des instruments de travail ; il fut interdit d'enrôler les jeunes gens avant l'âge de dix-sept ans accomplis, et les frais d'équipement ne furent plus retenus sur la solde; on décida la construction de routes, de ponts, de greniers publics, afin d'occuper les citoyens.

Nommé une seconde fois tribun, Caïus entreprit de changer la constitution même de l'État. Il fit voter la loi qui attribuait aux chevaliers les fonctions judiciaires. Il voulut donner satisfaction aux Italiens, qui ambitionnaient le droit de cité romaine et usaient de ruse pour l'obtenir, tantôt vendant à des Romains leurs enfants que l'affranchissement transformait en citoyens, tantôt s'établissant subrepticement à Rome pour voter dans les comices. On avait expulsé de la ville en une seule année 16,000 familles. Si les Italiens obtenaient le droit de suffrage, ils allaient apporter aux plébéiens une immense majorité, et la défaite de l'aristocratie était certaine. Les patriciens corrompirent un tribun, Livius Drusus, qui ruina la popularité de Caïus. Celui-ci proposait-il deux colonies, Drusus en offrait douze au nom du Sénat. Caïus ayant eu l'imprudence de conduire une colonie à Carthage, on attaqua comme un ennemi public celui qui relevait la rivale de Rome, et, à son retour, il trouva les dispositions du peuple changées à son égard. Non-seulement il n'obtint pas un troisième tribunat, mais encore son ennemi personnel, Opimius, fut élu consul. Pour soutenir son œuvre, il n'y avait d'autre moyen que la guerre civile : un de ses partisans, Fulvius Flaccus, ne recula pas devant cette extrémité et engagea dans le quartier de l'Aventin une lutte qui lui coûta la vie ainsi qu'à 3,000 plébéiens. Caïus n'avait pas voulu combattre : retiré dans un bois consacré aux Furies, il se fit donner la mort par un esclave, en 121. Opimius avait promis de payer sa tête au poids de l'or; un certain Septimuléius l'apporta après y avoir coulé neuf livres de plomb. Les lois des Gracques furent abolies ; les chevaliers seuls conservèrent l'avantage qu'ils avaient obtenu.

Marius. — « Lorsque le dernier des Gracques périt, a dit un orateur célèbre (1), il ramassa une poignée de poussière teinte de son sang, et la lança vers le ciel ; de cette poussière naquit Marius. » Ce nouveau chef de la démocratie était né près d'Arpinum, de

(1) Mirabeau.

parents pauvres. Doué d'une haute stature et d'une force extraordinaire, son aspect était presque repoussant et ses manières grossières. Devant Numance, où il fit ses premières armes, on demandait à Scipion Émilien quel serait son successeur : « Celui-ci peut-être, » répondit-il, en mettant la main sur l'épaule de Marius. Élevé au tribunat en 119, Marius ne montra pas les qualités d'un chef de parti : d'un côté, il mécontenta l'aristocratie, en faisant voter une loi contre la brigue et en menaçant d'arrestation son protecteur Métellus; de l'autre, il se compromit auprès du peuple, en s'opposant à une distribution gratuite de blé. Il sembla, du reste, comprendre que d'éclatants services militaires pouvaient seuls l'élever à un rang exceptionnel et le rendre maître de l'État.

GUERRE DE JUGURTHA. — Une guerre s'engageait alors en Afrique. Jugurtha avait enlevé la Numidie à ses cousins Hiempsal et Adherbal, petit-fils de Massinissa, et s'était rendu coupable du meurtre de ces deux princes. Il gagna à prix d'or les commissaires romains envoyés pour juger sa conduite, ainsi que les consuls chargés de le châtier, osa venir à Rome pour expliquer sa conduite et y fit assassiner un de ses parents, Massiva, que le Sénat songeait à lui opposer. En sortant de la ville, il s'écria : « Ville vénale, tu appartiendrais à celui qui serait assez riche pour t'acheter. » Deux armées envoyées contre lui se firent battre successivement. Mais Métellus, qui mérita le surnom de *Numidique*, dispersa les Numides en plusieurs rencontres, prit une à une toutes leurs villes, et contraignit Jugurtha à se réfugier chez les Gétules, tribu barbare de l'Atlas. Marius, qu'on lui avait donné pour lieutenant, lui enleva l'honneur de terminer la guerre : ayant obtenu la permission de se rendre à Rome pour briguer le consulat, il accusa son général de prolonger la lutte à dessein, dans le but de se rendre nécessaire, et reçut la direction de la guerre de Numidie. Jugurtha, qui avait reparu dans ce pays, fut battu sur les bords du Muthul, et s'enfuit auprès de son beau-père Bocchus, roi de Mauritanie. Livré par ce prince aux Romains, en 106, il fut jeté dans le Tullianum de Rome : « Par Hercule! s'écria-t-il en y entrant, vos étuves sont froides. » Il périt de faim quelques jours après. Une partie de la Numidie fut réunie à la province d'Afrique; on laissa le reste à des descendants de Massinissa.

GUERRE DES CIMBRES ET DES TEUTONS. — La guerre de Jugurtha n'était pas encore terminée, lorsqu'on apprit que les Cimbres, chassés de la Chersonèse cimbrique (1) par un débordement de la mer Baltique, et entraînant avec eux les Teutons, tribu de la Germanie, s'étaient avancés jusqu'aux Alpes. De là ils s'étaient dirigés vers la Gaule transalpine, où Rome, alliée à la colonie phocéenne de Marseille

(1) Le Danemark.

contre les tribus indigènes, avait récemment fondé Aix et Narbonne, et formé une dixième *province* entre les Alpes et le Rhône (1). Les Barbares, vainqueurs de quatre armées romaines, pouvaient fondre sur l'Italie, mais ils allèrent piller l'Espagne. Marius, envoyé contre eux, eut le temps de préparer la défense. Il endurcit ses soldats à la fatigue, en leur faisant creuser, du Rhône à la Méditerranée, un canal qui ouvrait une nouvelle embouchure au fleuve (2). De retour en Gaule, les Barbares se séparèrent : les Cimbres, regagnant la Germanie, se proposaient d'entrer en Italie par la vallée de l'Adige ; les Teutons devaient y pénétrer par les Alpes maritimes. Marius attendit ces derniers près d'Aix, et, quand ils furent arrivés, mit tout en œuvre pour exciter ses propres soldats. Comme on manquait d'eau dans son camp, il dit en montrant une petite rivière (3) qui coulait près de l'ennemi : « C'est là qu'il faut aller chercher de l'eau au prix du sang. » Il resta quelques jours insensible aux provocations des Teutons, qui, défilant devant les Romains, leur demandaient ironiquement s'ils n'avaient rien à faire dire à leurs familles. La bataille s'engagea enfin et dura trois jours (en 102). Les Teutons laissèrent, dit-on, plus de

---

(1) De là est venu le nom de *Provence*.
(2) C'était la *Fossa Mariana*, dont le nom subsiste dans celui du village de *Foz*.
(3) L'*Arc*.

100,000 hommes sur la place. Lorsque les vainqueurs se désaltérèrent à la rivière, ils burent moins d'eau que de sang ; les champs engraissés par les cadavres donnèrent, l'année suivante, une double moisson, et ils ont gardé le nom de *Pourrière* (champs pourris) ; longtemps les Marseillais se servirent, pour enclore leurs vignes, des ossements des morts.

Marius alla ensuite rejoindre l'autre consul, Catulus. Les Cimbres avaient descendu les Alpes, accroupis sur leurs boucliers, franchi l'Adige en le comblant avec des arbres déracinés, et s'étaient répandus dans la Gaule cisalpine. Quand ils demandèrent des terres pour eux et leurs frères les Teutons, Marius leur répondit : « Ne vous inquiétez pas de vos frères ; la terre que nous leur avons donnée, ils la garderont éternellement. » Et il leur fit voir un certain nombre de chefs prisonniers. On combattit dans les plaines de Verceil (en 101). Les Cimbres s'étaient attachés les uns aux autres avec des chaînes de fer, afin de rendre la fuite impossible ; ils espéraient effrayer les Romains à l'aide des mufles d'animaux sauvages et des ailes d'oiseaux qui surmontaient leurs casques. Ils furent taillés en pièces. Leurs femmes, retranchées derrière les chariots de bagages, se défendirent avec des lances et des bâtons ferrés ; après avoir étouffé ou écrasé leurs enfants, elles s'entretuèrent ou s'étranglèrent avec leurs cheveux.

La victoire de Verceil était due en grande partie à Catulus. Marius, qui s'était égaré au milieu d'épais nuages de poussière, et n'avait retrouvé sa route qu'au moment où l'affaire était décidée, recueillit néanmoins tout l'honneur du succès. Vainement Catulus avait fait écrire, avant la bataille, son nom sur les flèches de ses soldats, et l'on sut de cette manière par qui les ennemis avaient été frappés. Ce fut Marius que l'on combla d'honneurs : on lui fit des offrandes et des libations comme à un Dieu ; il fut appelé le troisième fondateur de Rome.

Puissance de Marius. — Marius était devenu le personnage le plus considérable de la république. Pour lui, le peuple romain avait violé les lois. Tout candidat aux honneurs publics devait venir à Rome solliciter les suffrages : quoique absent, Marius avait été nommé consul. On ne pouvait exercer cette magistrature deux ans de suite : il y avait été élevé six fois sans interruption. Après la guerre des Cimbres, il fut assez puissant pour faire exiler Métellus, que le parti aristocratique lui opposait. C'eût été le moment d'opérer les réformes qu'espérait la démocratie. Mais Marius, dont la guerre avait fait ressortir les talents militaires, montra pendant la paix sa faiblesse. Il ne sut comment enlever le pouvoir aux grands, ni quelle constitution nouvelle rendrait aux plébéiens leur influence. Compromis par son incapacité, il devint tout à fait impopulaire en s'alliant avec deux agents de désordres, le tribun *Saturninus* et le préteur *Glaucia*, qui, à la tête d'une troupe de bandits, troublaient les élections, imposaient des hommes de leur choix aux Romains et répandaient la terreur dans la ville. Les gens de bien se soulevèrent contre cette domination violente : Saturninus et Glaucia, attaqués au Capitole qu'ils avaient surpris, périrent avec tous leurs partisans. Le rappel de Métellus fut une défaite pour Marius lui-même, qui se rendit en Asie-Mineure sous prétexte d'accomplir un vœu fait à Cybèle, et en réalité pour attendre qu'une nouvelle guerre lui fournît l'occasion de relever son crédit.

GUERRE SOCIALE. — Pendant l'absence de Marius, Rome fut agitée par de nouveaux troubles populaires. Le tribun *Livius Drusus*, fils de l'adversaire de Caïus Gracchus, proposa une réforme politique au moyen de laquelle il s'imaginait réconcilier tous les partis : on aurait rendu aux sénateurs les fonctions judiciaires, indemnisé les chevaliers en leur donnant trois cents places dans le Sénat, et admis les Italiens au droit de cité. Cet essai de conciliation ne satisfit personne, et le consul Philippe, à qui Drusus avait cependant sauvé la vie sur le Forum au milieu de l'agitation populaire, le fit assassiner.

Les Italiens, désespérant d'obtenir pacifiquement la qualité de citoyens romains, commencèrent la *Guerre sociale*, en l'an 90, sous la direction du Samnite Pompédius Silo. Ils avaient le projet d'organiser une république fédérative, dirigée par deux consuls et un Sénat tiré des principales villes ; Corfinium devait être leur capitale sous le nom d'*Italica*. Rome opposa aux rebelles ses meilleurs généraux, Pompéius Strabon, père du grand Pompée, Métellus Pius, fils du Numidique, Marius, Sylla, Sertorius. Pendant deux ans, les succès et les revers furent partagés ; le Sénat mit fin à la lutte, en accordant aux Italiens le droit de cité : seulement, au lieu de les répartir dans les anciennes tribus où ils auraient eu la majorité en vertu de leur nombre, on créa pour eux huit tribus, en sorte que leurs huit suffrages ne pouvaient changer le résultat du vote des Romains.

RIVALITÉ DE MARIUS ET DE SYLLA. — La guerre sociale était à peine terminée, quand éclata l'antagonisme de Marius et de Sylla. L'un était plébéien, l'autre patricien, et en eux se personnifiait la vieille inimitié des deux ordres. Sans parler de l'opposition de leurs idées politiques, les deux généraux avaient des griefs l'un contre l'autre. Sylla avait servi sous es ordres de Marius : chargé d'aller demander à Bocchus l'extradition de Jugurtha, il sembla s'attribuer tout l'honneur de la guerre de Numidie, en faisant graver, sur le chaton d'un anneau qui lui servait de cachet, Bocchus remettant le fugitif entre ses mains ; et il avait dédié à Jupiter dans le Capitole un groupe en marbre représentant la même scène. Lors de l'invasion des Cimbres, il refusa d'être le lieutenant de Marius, et voulut combattre dans l'armée de Catulus. Pendant la guerre sociale, Marius, secrètement favorable aux Italiens, sembla éviter les occasions de les vaincre, tandis que Sylla les frappait avec une rigueur impitoyable. — Une modification dans la composition des armées rendit possibles les guerres civiles qui ensanglantèrent le dernier siècle de la république, au profit des généraux ambitieux. Pendant la guerre de Numidie, Marius avait introduit les prolétaires dans l'armée : ces hommes, sans biens, sans influence politique, peu dévoués aux intérêts de l'État, s'attachèrent à la fortune des chefs dont ils attendaient les richesses et les honneurs.

Ce fut à propos d'un commandement militaire que l'hostilité de Marius et de Sylla se déclara. Mithridate, roi de Pont, profitant du mécontentement que les exactions des préteurs excitaient en Asie-Mineure, et se présentant comme un libérateur des peuples opprimés, avait provoqué une révolte dont 80,000 Romains avaient péri victimes, et dépossédé les rois de Cappadoce et de Bithynie, alliés de Rome. Marius sollicita la direction de la guerre, et on le vit, quoique vieux et infirme, participer aux exercices des jeunes gens sur le Champ-de-Mars. Son rival lui ayant été préféré, il fit alliance avec un tribun d'une audace effrénée, Sulpicius, qui proposa de supprimer les huit tribus récemment instituées, et d'incorporer les Italiens dans les anciennes. Il espérait obtenir ainsi un nouveau vote qui lui serait favorable. Quand on discuta la loi, les deux partis en vinrent aux mains ; celui de Sylla fut vaincu, et cet officier, poursuivi par ses ennemis, ne trouva d'asile que dans la maison même de Marius. Celui-ci se contenta d'exiger de lui par serment la renonciation à la guerre de Mithridate. Mais à peine Sylla fut-il libre, qu'il se rendit en Campanie, où était encore réuni le corps de troupes dont il avait eu le commandement pendant la guerre sociale. Les soldats consentirent à le suivre ; il rentra dans Rome, d'où Marius s'enfuit précipitamment, mit à mort Sulpicius et plusieurs de ses satellites, et, après avoir rendu au Sénat toute son autorité, partit pour l'Orient.

Marius, poursuivi par les agents de Sylla, fut réduit à se cacher dans un marais, aux environs de Minturnes. On l'y découvrit. Un esclave cimbre fut envoyé pour le tuer dans la prison de la ville. Marius se contenta de lui dire : « Oseras-tu bien frapper Caïus Marius ? » Mais son accent était si ferme et son regard si terrible, que l'esclave, épouvanté, s'enfuit en jetant son épée. Les habitants de Minturnes, qui voyaient en Marius un partisan des Italiens, favorisèrent son évasion, et il réussit à gagner la province d'Afrique. Le préteur Sextilius envoya un licteur pour lui enjoindre de sortir du pays : « Va dire à ton maître, répondit le proscrit, que tu as vu

Marius assis sur les ruines de Carthage. » C'était mettre sous les yeux de Sextilius deux grands exemples des vicissitudes humaines.

Pendant ce temps, les partisans de Marius reprenaient l'avantage à Rome. Rappelé par Cinna, l'un des consuls, il rentra dans la ville avec une troupe d'Italiens et d'esclaves rassemblés en Etrurie, et signala son retour par d'atroces vengeances. On massacra pendant cinq jours et cinq nuits. Au nombre des victimes se trouvèrent Catulus, le grand pontife Scævola et l'orateur Marc-Antoine. Marius se nomma consul de sa propre autorité. Mais les nouvelles qu'on reçut d'Orient troublèrent son repos : Mithridate avait transporté la guerre en Grèce ; Sylla, après s'être attaché son armée par le pillage des temples d'Olympie et d'Épidaure, avait pris Athènes, égorgé la plupart des habitants, qui s'étaient moqués de son visage couperosé en le comparant à une mûre saupoudrée de farine, et épargné les autres, accordant, disait-il, aux morts la grâce des vivants ; puis il avait battu Archélaüs, lieutenant du roi de Pont, près de Chéronée et d'Orchomène. A cette dernière affaire, les Romains commençaient à fuir ; Sylla les ramena en leur criant : « Quand on vous demandera où vous avez abandonné votre général, souvenez-vous que c'est à Orchomène. » On devait s'attendre à voir Sylla reparaître en Italie à la tête de ses troupes victorieuses. Marius chercha dans les orgies l'oubli du danger, et mourut en 86. Ses partisans voulurent enlever à Sylla l'armée d'Orient, et envoyèrent Valérius Flaccus pour le remplacer ; mais cet officier fut assassiné par son lieutenant Fimbria, qui, abandonné des soldats, se tua pour ne pas tomber entre les mains de Sylla.

DICTATURE DE SYLLA. — La présence de Sylla était nécessaire en Italie. Il imposa au roi de Pont un traité par lequel ce prince devait payer 2,000 talents (12 millions de fr.), livrer 70 vaisseaux tout équipés et restituer ses conquêtes. « Que me laissez-vous donc ? disait Mithridate. — La main, répondit Sylla, qui a signé l'arrêt de mort de 80,000 Romains. »

A son arrivée en Italie, Sylla vit accourir sous ses drapeaux les principaux membres de l'aristocratie, Pompée, Crassus, Métellus. Les chefs du parti démocratique ne purent résister longtemps : déjà Cinna avait été tué dans une sédition militaire ; Norbanus, battu près de Canusium, s'enfuit dans l'île de Rhodes, où il mourut ; le fils de Marius, après avoir perdu une bataille à Sacriportum, fut bloqué dans Préneste et se tua ; Carbon, chassé de l'Étrurie, fut poursuivi en Sicile, où Pompée le prit et le mit à mort ; enfin, une armée d'Italiens, qui avaient espéré profiter des circonstances pour renouveler la guerre sociale, fut détruite aux portes de Rome, et son chef, le Samnite Pontius Télésinus, resta sur la place. Sylla, maître de l'Italie, ordonna d'horribles proscriptions : 80 sénateurs et 2,600 chevaliers furent inscrits sur les listes fatales et beaucoup périrent, non comme adversaires du vainqueur, mais à cause de leurs richesses. Armé de la dictature perpétuelle par le Sénat, Sylla entreprit de refouler la démocratie : il rendit aux patriciens toutes les magistratures, au Sénat les fonctions judiciaires et le droit exclusif de proposer les lois, porta le nombre des sénateurs à 600 par l'introduction de 300 chevaliers, abolit la censure, supprima les comices par tribus afin de réserver le pouvoir législatif aux comices par centuries, détruisit toute l'importance du Tribunat en restreignant le droit de *veto* aux affaires civiles, et avilit en quelque sorte cette charge, en déclarant que ceux qui l'auraient exercée ne pourraient prétendre à aucune autre fonction publique. Il essaya même de rendre aux mœurs, par des lois somptuaires, leur ancienne pureté. Cette restauration du pouvoir aristocratique, qui aurait fait reculer Rome de plusieurs siècles, n'avait aucune chance de durée.

Sylla donna une grande preuve de son mépris pour le peuple romain, dans le sein duquel il venait de faire tant de victimes : ce fut d'abdiquer la dictature, et de se promener désormais dans Rome, sans licteurs, au milieu de quelques amis, comme s'il bravait tous les ressentiments. Il ne courait aucun péril : ses créatures étaient en possession de tous les emplois ; dix mille esclaves qu'il avait affranchis et que l'on appelait, de son nom, les *Cornéliens*, veillaient en armes sur sa personne; 120,000 vétérans, au profit desquels il avait dépouillé les propriétaires de l'Étrurie et d'autres provinces voisines, étaient prêts à voler à son secours. Il passa ses derniers jours près de Cumes, écrivant ses *Mémoires* et se livrant au plaisir. Quand il fut mort, en 78, on rapporta son corps à Rome : les chevaliers et les sénateurs allèrent à la rencontre du cortége funèbre et se disputèrent l'honneur de porter le cadavre sur leurs épaules. Sylla fut enterré dans le Champ-de-Mars, privilége qui n'avait été accordé qu'aux rois, et l'on grava sur son tombeau cette parole qu'il avait un jour prononcée : « Nul n'a fait plus de bien à ses amis et plus de mal à ses ennemis. »

Pompée. — Après la mort de Sylla, une réaction eut lieu contre le parti aristocratique. Partout les propriétaires dépouillés par le dictateur réclamèrent leurs domaines, et l'un des consuls, Lépidus, leva des troupes en Étrurie pour les soutenir. Mais il fut défait par son collègue Catulus et par Pompée, que les grands commençaient à reconnaître pour chef. Sans posséder d'éminentes qualités politiques ou militaires, Pompée arriva au premier rang, toujours servi par les circonstances, et en profitant des succès obtenus par d'autres généraux. La guerre de Sertorius fut le premier exemple de cette heureuse fortune.

GUERRE DE SERTORIUS. — Sertorius était un lieutenant de Marius, qui, lors du triomphe de Sylla, s'était enfui en Espagne, où de nombreux proscrits étaient venus le rejoindre. Il agissait sur l'esprit des Espagnols par la superstition : une biche blanche, dont il se faisait accompagner, et qui était, disait-il, un présent de Diane, le mettait en communication avec les Dieux. Il eut autour de lui un assez grand nombre de Romains pour que Mithridate, le considérant comme le véritable représentant de la république, lui offrît de l'argent et des vaisseaux ; mais il demandait qu'on lui abandonnât l'Asie. Sertorius refusa, par patriotisme, l'alliance du roi de Pont, et fit seul la guerre au parti aristocratique. Métellus Pius, que le Sénat envoya contre lui, était un général expérimenté, mais vieux et lent. La guerre se prolongeant, Pompée fut chargé de la terminer. Dans une rencontre sur les bords du Sucro (1), il eût été écrasé sans l'arrivée de Métellus, ce qui fit dire à Sertorius : « Si la vieille ne fût venue, j'aurais renvoyé le petit garçon à Rome, après l'avoir châtié comme il faut. »

Pompée ne réussit point en Espagne par son habileté, mais par l'effet du hasard. Des dissentiments existaient entre les Espagnols et les Romains de l'armée de Sertorius : ce général fut obligé de sévir pour

---

(1) Aujourd'hui le Xucar.

maintenir le bon ordre, et, comme sa tête avait été mise à prix par ses ennemis, il devint soupçonneux et cruel. Un de ses lieutenants, Perpenna, qui le voyait perdre sa popularité, espéra le remplacer et l'assassina dans un festin (en 73). Aisément vaincu par Pompée, Perpenna fut mis à mort. Le vainqueur eut la magnanimité de brûler les lettres de Sertorius, qui auraient pu compromettre un grand nombre de Romains.

GUERRE DE SPARTACUS. — Tandis qu'on pacifiait l'Espagne, une révolte d'esclaves épouvantait Rome. La conquête avait amené en Italie un nombre prodigieux de vaincus, qui se vendaient à vil prix sur les marchés : ainsi, après la soumission de la Sardaigne, le cri de *Sardes à vendre* avait désigné une marchandise sans valeur. Les esclaves étaient employés aux services domestiques, à la culture des terres, aux métiers ; nourris en proportion du produit de leur travail, enfermés la nuit dans des espèces de prisons souterraines où ils mouraient de chaleur ou de maladie, considérés comme choses, comme instruments, et non comme personnes, on les abandonnait, s'ils devenaient malades, dans l'île d'Esculape sur le Tibre. Pour les moindres fautes, ils étaient condamnés à tourner la meule, à traîner aux pieds une lourde pierre, à porter au cou un carcan ; on les accablait de coups de fouet, on les marquait d'un fer rouge sur le front, on les crucifiait. Ils expiaient les crimes commis dans la maison de leur maître, si l'auteur en était inconnu ; ainsi, les quatre cents esclaves d'un propriétaire assassiné furent crucifiés autour de son tombeau. Il y avait des esclaves gladiateurs, dressés à combattre dans les cirques, soit entre eux, soit contre les bêtes féroces.

Deux révoltes d'esclaves eurent lieu en Sicile, à l'époque du tribunat de Tibérius Gracchus, et vers la fin de la guerre de Jugurtha ; elles coûtèrent, dit-on, la vie à un million de ces malheureux. En 73, un Thrace nommé Spartacus s'échappa de Capoue avec soixante-dix autres gladiateurs, appela les esclaves de la Campanie à la liberté, et commença la troisième guerre servile. Retranché d'abord sur le Vésuve, il repoussa les troupes envoyées contre lui ; puis, ayant réuni plus de 60,000 combattants, il saccagea les environs de Rome. N'espérant pas cependant triompher de la puissance romaine, il se dirigea vers le nord de l'Italie, dans le dessein de regagner son pays natal ; mais ses compagnons le contraignirent de rétrograder. Serré de près dans l'Italie méridionale par Crassus, il périt en combattant sur les bords du Silarus (en 71). Pompée, qui revenait alors d'Espagne, rencontra une bande de fuyards et la mit en pièces. C'en fut assez pour qu'il s'attribuât l'honneur d'avoir terminé la guerre : « Crassus a coupé l'arbre, disait-il, mais j'en ai extirpé les racines. » Le peuple romain lui décerna le consulat et le triomphe, et n'accorda que l'*ovation* (1) à Crassus.

PROCÈS DE VERRÈS. — Les patriciens ne témoignaient pas à Pompée l'admiration que la multitude éprouvait pour lui. Blessé dans son orgueil, il se rapprocha des chevaliers et du peuple, à l'aide desquels il pouvait prétendre à la toute-puissance. Le procès de Verrès lui fournit une occasion favorable.

Dans toutes les fonctions qu'il avait remplies, Verrès s'était fait remarquer par sa cupidité. Questeur dans l'armée de Marius, il avait pris la fuite en emportant l'argent destiné à la solde des troupes. Préteur en Sicile, il accaparait les blés, afin de produire la famine et de vendre à gros bénéfices ses approvisionnements, vendait la justice, levait des contributions sur les villes, détournait les deniers de l'État, dépouillait les particuliers et même les temples de tous leurs objets d'art, et, contrairement aux lois, faisait battre de verges ou mettre en croix des citoyens romains. Les Siciliens prirent pour organe de leurs plaintes un orateur déjà illustre, Cicéron, qui avait été aussi préteur dans leur pays. Verrès fut traduit devant l'assemblée du peuple à Rome; bien qu'il fût défendu par le célèbre avocat Hortensius, il n'osa attendre la fin du procès et prit la fuite après

---

(1) C'était un triomphe de second ordre; le général victorieux entrait à pied à Rome, et l'on ne sacrifiait aux dieux qu'une brebis (en latin *ovis*).

les premiers discours de Cicéron : on le condamna à des restitutions s'élevant à plus de trente millions de notre monnaie. Cicéron écrivit les discours qu'il n'avait pu prononcer, et les répandit à profusion dans toute l'Italie : les exactions et les violences des magistrats patriciens furent ainsi divulguées.

Pompée profita de l'indignation publique pour anéantir l'œuvre de Sylla. Il fit rétablir les comices par tribus, rendit aux tribuns toutes leurs prérogatives, et composa des tribunaux mixtes où siégeaient des sénateurs, des chevaliers et des tribuns. Le peuple le récompensa de cette réforme, en lui fournissant de nouvelles occasions de gloire.

GUERRE DES PIRATES. — A la faveur des troubles civils, il s'était formé des bandes de pirates sur la Méditerranée : ils rançonnaient les villes maritimes, et interceptaient les convois de vivres nécessaires à la subsistance du peuple romain. Dès le temps de Sylla, des mesures avaient été prises pour les châtier : un Métellus les avait chassés de l'Isaurie (1); Marc-Antoine, fils de l'orateur de ce nom, leur avait disputé l'île de Crète. En 67, Pompée fut chargé de terminer cette guerre : recevant du peuple 500 vaisseaux, plus de 120,000 soldats, une autorité absolue sur tous les rivages de la Méditerranée, et le droit de puiser à volonté dans le trésor public, il avait une mission facile. Les pirates, partout balayés, furent

(1) Petite contrée dans le sud de l'Asie-Mineure.

poursuivis jusqu'en Cilicie, leur dernier repaire; leur forteresse de Soli fut rasée, et sur ses ruines s'éleva une ville nouvelle, qu'on nomma Pompéiopolis. Ce succès rapide accrut la popularité de Pompée, que la guerre de Mithridate allait porter à son comble.

Guerre de Mithridate. — Depuis son traité avec Sylla, le roi de Pont n'avait cessé de méditer de nouvelles usurpations. Muréna, que le dictateur avait laissé en Asie avec un corps de troupes, s'y était opposé sans succès. En 75, Nicomède, roi de Bithynie, mourut en léguant ses États aux Romains; mais Mithridate les envahit. Le Sénat envoya contre lui l'un des membres les plus riches de l'aristocratie, Lucullus, esprit cultivé, ami des lettres et des arts, mais qui n'avait jamais commandé en chef. Dans la traversée de Rome en Asie, il se forma par la lecture des écrits de Xénophon et de Polybe sur l'art militaire. Deux victoires, devant Cyzique et sur les bords du Granique, délivrèrent la Bithynie (en 72). Poursuivi jusque dans le Pont, Mithridate perdit encore une bataille en vue d'Amisus, sa capitale, et il eût été pris s'il n'avait laissé en arrière, pour arrêter les Romains, quelques mulets portant des sacs d'où tombaient des pièces d'or. Il avait envoyé à ses femmes l'ordre de se donner la mort; l'une d'elles, Monime, essaya de s'étrangler avec le bandeau royal; il se rompit, et elle le jeta en disant: «Fatal bandeau, tu n'as pu me rendre même ce triste service!»

Mithridate trouva un asile en Arménie, auprès du roi Tigrane, son beau-père. Battu deux fois encore près de Tigranocerte et d'Artaxata (en 68), il s'enfuit vers le Caucase. La guerre allait finir, lorsque Lucullus, qui s'était fait des ennemis par sa sévérité envers les soldats, et surtout envers les publicains dont il réprimait les déprédations, fut rappelé à Rome et remplacé par Pompée. Il n'abandonna pas sans dépit le commandement à son successeur, le comparant aux corbeaux qui viennent après la bataille s'abattre sur les cadavres, et vécut désormais dans la retraite, au milieu des raffinements du luxe (1). Pompée dispersa les dernières troupes de Mithridate vers les sources de l'Euphrate, reçut la soumission de Tigrane et descendit en Syrie, où il mit fin à l'empire des Séleucides (en 64). Les Hébreux, affranchis du joug de cette dynastie par les Machabées, avaient rétabli la royauté en 107; mais le pouvoir n'avait cessé d'être un objet de convoitise pour les ambitieux. Pompée intervint dans leurs guerres civiles, et assura le trône à Hyrcan, de préférence à son frère Aristobule. La nouvelle de la mort de Mithridate le délivra de toute inquiétude pour l'Asie. Ce prince, qui avait conçu le projet de réunir tous les Barbares de la Scythie et d'aller attaquer les Romains jusque chez eux, perdit courage en appre-

(1) Ce fut Lucullus qui apporta de Cérasonte en Italie l'arbre appelé *cerisier*.

nant que son fils Pharnace le trahissait. Il voulut s'empoisonner : mais, par l'habitude qu'il avait de prendre des antidotes, le poison ne put agir, et il se fit tuer par un Gaulois (en 63). — Avant de retourner en Italie, Pompée régla le sort de l'Asie. Quatre provinces romaines furent organisées, la Syrie, la Phénicie, la Cilicie et le Pont.

Conjuration de Catilina. — Pendant l'absence de Pompée, la faveur populaire se détacha de lui pour se porter sur Cicéron. Un jeune patricien, Catilina, compromis jadis dans les proscriptions de Sylla, perdu de dettes et de débauche, repoussé des magistratures, tenta de s'emparer du gouvernement. La société romaine avait un besoin instinctif d'ordre et de pouvoir : les institutions républicaines n'étaient plus sincèrement défendues que par quelques bons citoyens, et la violation des lois restait souvent impunie; l'aristocratie ne possédait plus les vertus qui pouvaient justifier la possession de la puissance ; ce peuple renouvelé, qui avait abandonné les Gracques, ne songeait qu'à vendre ses suffrages; les soldats ne connaissaient que leur général. De tous côtés on semblait attendre un maître. « Le peuple romain est un corps sans tête, disait Catilina ; je veux être cette tête. » Aidé d'hommes comme lui, qui n'avaient plus que la ressource du désespoir, il résolut de mettre le feu à tous les quartiers de Rome, de massacrer les consuls Cicéron et Antonius, de piller les maisons des riches et de fonder un nouveau gouvernement. Instruit par une femme de tous les détails du complot, Cicéron les dévoila dans le Sénat, en présence même du coupable, qui sortit aussitôt de la ville. Trois autres discours (les *Catilinaires*) furent prononcés par l'orateur dans le Sénat et devant les comices, pour expliquer les mesures qu'il avait prises. Lentulus, Céthégus et d'autres complices de Catilina furent mis à mort dans leur prison. Catilina lui-même, qui était allé lever des troupes en Étrurie, périt, près de Pistoïa, dans un combat contre Antonius. La reconnaissance publique décerna à Cicéron le surnom de *Père de la patrie*.

PREMIER TRIUMVIRAT (en 61). — Sur ces entrefaites, Pompée revint d'Asie. On l'avait presque oublié. L'aristocratie crut avoir repris assez de force par son triomphe sur les factieux pour humilier les plus grands personnages. Pompée ne put obtenir ni la ratification du traité qu'il avait fait avec Tigrane, ni une distribution de terres à ses vétérans, et le triomphe qu'il croyait obtenir fut décerné à Lucullus.

Poussé par le dépit, il forma, avec Crassus et Jules César, qui ambitionnaient le pouvoir suprême, l'alliance connue sous le nom de *Triumvirat*. Crassus, enrichi dans les proscriptions de Sylla, était mécontent de n'avoir pu, à raison de son immense fortune et de ses succès dans la guerre de Spartacus, arriver aux honneurs publics. César était de famille patricienne, et prétendait descendre d'Ancus Martius; mais il se rattachait au parti démocratique par sa tante, veuve de Marius, et par sa femme, fille de Cinna. Sylla avait prévu sa destinée, quand il disait: « J'entrevois en cet enfant plusieurs Marius. » Après la mort du dictateur, César releva, en effet, les trophées de Marius dans le Capitole, et brigua l'édilité, afin de gagner le peuple par des jeux et des fêtes. Pris par des pirates, qui lui demandèrent une rançon de cinquante talents, il leur dit : « Je vous en promets cent cinquante (250,000 fr.), mais je vous ferai pendre. » Il équipa des navires pour les poursuivre, et leur tint parole. On le soupçonna de complicité dans la conjuration de Catilina. Nommé grand-pontife, puis préteur en Espagne, il n'aurait pu se rendre dans ce pays, si Crassus ne lui eût prêté plus de quinze millions pour payer ses créanciers. C'est en traversant une bourgade de la Gaule qu'il disait : « J'aimerais mieux être ici le premier que le second à Rome. » A la vue d'une statue d'Alexandre le Grand, il pleura parce qu'à son âge le roi de Macédoine avait déjà conquis toute l'Asie.

Tels étaient les Triumvirs, qui se promettaient de ne rien laisser faire dans la république sans leur consentement. Par les moyens dont ils disposaient, César fut élevé au consulat, en 59. Les Triumvirs se débarrassèrent alors des deux chefs de l'aristocratie : Caton, arrière-petit-fils de l'ancien censeur, fut chargé d'une mission en Asie ; Cicéron partit pour l'exil quand il se vit accusé pour avoir fait exécuter les complices de Catilina sans consulter l'assemblée du peuple. César s'attacha ensuite les chevaliers, en diminuant d'un tiers le prix des fermes d'impôts qu'ils exploitaient en Asie, et le peuple en faisant voter une loi agraire qui attribuait aux pauvres des terres achetées en Campanie avec l'argent rapporté d'Asie par Pompée. Enfin, les Triumvirs s'attribuèrent le gouvernement de certaines provinces. Crassus, qui voulut la Syrie, engagea la guerre contre les Parthes; il fut égaré par des guides perfides au milieu de la Mésopotamie, enveloppé près de Carrhes, et assassiné dans une entrevue avec le général ennemi (en 54). César avait choisi la Gaule cisalpine, afin d'être près de Rome, où ses intérêts pouvaient l'appeler, et à portée de la Gaule transalpine, dont la conquête devait lui donner une gloire militaire supérieure à celle de Pompée, et lui former une armée dévouée, même pour la guerre civile. Il consacra dix années à subjuguer et à pacifier les Gaulois (1).

Quant à Pompée, il fit administrer par des lieutenants sa province d'Espagne, et resta à Rome, pour veiller aux intérêts du Triumvirat, et peut-être dans l'espoir qu'on lui offrirait la puissance suprême. La

(1) Voy. cette guerre dans le volume consacré à l'HISTOIRE DE FRANCE.

ville fut, en effet, livrée à l'anarchie. Clodius, que César avait fait parvenir au tribunat, s'entoura d'une troupe de gladiateurs, répandit la terreur parmi les gens paisibles, et insulta Pompée lui-même. Celui-ci lui opposa un autre homme de coups de main, Milon, et, par le rappel de Cicéron, se rapprocha de l'aristocratie. Milon, ayant tué son rival dans une rencontre, s'enfuit sans attendre la sentence de ses juges, et, afin de prévenir de nouveaux troubles, on nomma Pompée consul unique ; c'était un acheminement à la dictature. La mort de Crassus avait déjà brisé le Triumvirat ; celle de Julie, fille de César, et femme de Pompée, rompit le dernier lien qui unissait ces deux personnages. Pompée fit tout alors pour rester seul maître du pouvoir : il redemanda deux légions qu'il avait prêtées à César pour faire la conquête de la Gaule, et poussa le Sénat à lui enlever son gouvernement et son armée. Mais César disposait de deux tribuns à Rome, Curion et Marc-Antoine, qui demandèrent que Pompée subît les mêmes conditions. Chassés de la ville, ils se retirèrent dans la Gaule cisalpine, et César put commencer la guerre sous prétexte de venger les tribuns outragés.

GUERRE ENTRE CÉSAR ET POMPÉE. — Avant de franchir le Rubicon, limite de l'Italie proprement dite, César hésita longtemps. Il s'écria enfin : « Le sort en est jeté ! » et marcha rapidement sur Rome. Pompée n'ayant fait encore préparatifs de défense, se contenta tant de dire qu'il n'avait qu'à frapper du pied la terre pour en faire sortir des légions. Il s'enfuit de la ville avec le Sénat et une grande partie des chevaliers, et gagna Brindes, d'où il passa bientôt en Grèce. César occupa Rome, sans commettre d'autre violence que de saisir le trésor public. Mais, avant de poursuivre son rival, il voulut ne laisser aucun ennemi derrière lui, et partit pour l'Espagne. Les troupes de Pétréius et d'Afranius, lieutenants de Pompée, passèrent de son côté, après quelques combats sans importance. A son retour, il prit Marseille, qui refusait de se livrer à lui. Prenant temporairement la dictature à Rome, il n'en usa que pour rappeler les bannis, rétablir dans leurs droits les enfants des proscrits de Sylla, et soulager les débiteurs. Puis, trompant la vigilance de la flotte de Pompée, il traversa la mer Ionienne avec une partie de son armée. Comme le reste tardait à le rejoindre, il s'élança sur une barque pour hâter le départ; assailli par une tempête, son pilote tremblait : « Que crains-tu, lui dit-il, tu portes César et sa fortune. » Antoine amena enfin les légions qu'on attendait.

César commença péniblement la campagne. Son armée éprouva un échec près de Dyrrachium (1), et faillit périr de faim. Échappant à la surveillance de l'ennemi, il se dirigea vers la Thessalie. Pompée l'y suivit, et accepta la bataille près de Pharsale (en 48) ;

(1) Aujourd'hui Durazzo.

ses brillants cavaliers, pour ne pas être défigurés par les Césariens, qui avaient reçu l'ordre de frapper au visage, prirent la fuite et mirent le désordre dans l'infanterie. Complétement vaincu, il alla demander un asile au roi d'Égypte, Ptolémée Dionysos : les ministres de ce prince, Achillas et Photin, le firent tuer, dans l'espoir de se concilier les bonnes grâces de César. Mais celui-ci eut horreur de ce crime, et ne put retenir ses larmes quand on osa lui présenter la tête de son rival. Il voulut punir Ptolémée, en lui opposant sa sœur Cléopâtre. De là résulta la Guerre d'Alexandrie. César, qui n'avait amené que peu de troupes, courut les plus grands dangers : après avoir brûlé la flotte égyptienne et incendié une partie de la bibliothèque d'Alexandrie, il fut comme assiégé pendant quelque temps dans la ville; mais des renforts lui arrivèrent de Syrie; Ptolémée, battu, se noya dans le Nil, et Cléopâtre prit possession du trône (en 47).

César était encore en Égypte, quand on lui apprit que Pharnace cherchait à s'emparer de l'Asie-Mineure. Il marcha contre lui, et n'eut besoin que d'un combat pour le rejeter au-delà du Caucase. Il peignait la rapidité de sa victoire en ces termes : « Je suis venu, j'ai vu, j'ai vaincu. » — De retour en Italie, il réprima une révolte de légionnaires provoquée par les violences d'Antoine, et se hâta de passer en Afrique, où le parti de Pompée se reconstituait.

Métellus Scipion, beau-père de Pompée, et Juba, roi de Mauritanie, perdirent la bataille de Thapsus (en 46), et se donnèrent la mort. Caton, désespérant du salut de la république, se perça de son épée dans la ville d'Utique. Cnéius et Sextus, fils de Pompée, prolongèrent quelque temps la lutte en Espagne, et furent vaincus à Munda (1); le premier périt dans sa fuite, le second échappa à toutes les recherches au milieu des montagnes (en 45).

DICTATURE ET MORT DE CÉSAR. — César était maître du monde. Les Romains le proclamèrent dictateur perpétuel, père de la patrie, réformateur des mœurs, et lui décernèrent quatre triomphes pour les guerres de Gaule, d'Égypte, de Pont et d'Afrique. Sa statue fut placée dans le temple de Mars, et un collége de prêtres, celui des *Juliens*, fut institué pour le service de ce nouveau dieu. César ne se laissa pas aveugler par ces adulations, et ses actes prouvèrent qu'il n'était point animé d'une ambition vulgaire. Il fut clément envers ceux qui avaient porté les armes contre lui, leur conféra des emplois et des dignités, permit à Cicéron de revenir à Rome, et fit relever les statues de Pompée. Il s'attacha les citoyens pauvres par des distributions de blé et par l'établissement de nouvelles colonies à Corinthe et à Carthage; dans la distribution des terres, on donna les meilleures aux familles nombreuses. Il essaya de ranimer l'agricul-

(1) Près de Cordoue.

ture, en interdisant aux Italiens de rester plus de trois ans hors de leur province, s'ils n'étaient retenus par le service militaire, et en obligeant les cultivateurs d'admettre au moins un tiers d'hommes libres parmi leurs ouvriers. Aidé de l'astronome alexandrin Sosigène, il substitua au calendrier de Numa le *calendrier Julien*. Il donna le droit de cité aux médecins et aux professeurs d'arts libéraux.

César avait encore de vastes projets. Il voulait faire expier aux Parthes la défaite de Crassus, agrandir Rome, l'embellir de monuments splendides, y former une bibliothèque qui eût réuni toutes les œuvres de l'esprit humain, améliorer le port d'Ostie, dessécher les marais Pontins, couper l'isthme de Corinthe, creuser de nombreux canaux, dresser un cadastre de tout le territoire romain pour établir sur de nouvelles bases l'impôt et l'administration provinciale, donner au monde une législation uniforme. Il avait compris que la constitution donnée primitivement à Rome ne convenait plus pour un vaste empire; que le gouvernement ne pouvait être l'oppression de tous les peuples au profit d'un seul; qu'il fallait une fusion entre les vainqueurs et les vaincus; que la cité romaine ne devait rien exclure, mais s'ouvrir à tous; et déjà il portait le nombre des sénateurs à 900, par l'admission des étrangers et surtout des Gaulois. C'est par la transformation des institutions politiques que la République devait disparaître et faire place à l'Empire, c'est-à-dire à l'égalité de droit et de lois sous un même maître.

Les derniers républicains ne comprirent pas cette révolution, et ne purent pardonner à César d'avoir détruit les priviléges de l'aristocratie et substitué sa volonté au règne des anciennes lois. Il leur fournit encore des griefs particuliers : ainsi, un jour que les sénateurs lui apportaient de nouveaux honneurs, il ne se leva pas pour les recevoir; il destitua des tribuns qui avaient fait enlever les couronnes placées sur ses statues; dans une fête, il parut ne repousser qu'avec mollesse son lieutenant Antoine, qui lui offrait le diadème et le titre de roi. La conspiration qui se formait n'échappa pas à sa clairvoyance; comme on désignait certains hommes à ses soupçons : « Ce ne sont pas, dit-il, ces gens gras et bien peignés que je redoute, mais les hommes maigres et au visage pâle. » Il voulait dire Cassius et Junius Brutus. L'un était irrité de n'avoir pu obtenir la préture; l'autre, dont la sœur avait épousé Cassius, et qui était neveu de Caton, était dévoué à la république; à force de lui rappeler qu'il descendait de l'ancien Brutus, et de lui répéter : « Tu dors, Brutus; non, tu n'es pas Brutus, » on lui avait persuadé qu'il était destiné à délivrer Rome de la tyrannie. César, qui l'avait comblé de bienfaits, ne croyait pas à son ingratitude : « Il attendra bien, disait-il en se touchant, la fin de ce corps chétif. » Le jour de l'assassinat, ni les supplications de sa femme, ni les avis qu'on lui fit parvenir ne purent le détourner de se rendre au Sénat : il y fut assailli par les conjurés et se défendit quelques instants; mais, quand il vit Brutus au nombre des meurtriers, il s'écria avec douleur : « Toi aussi, mon fils ! » et, se couvrant la tête de sa toge, il tomba percé de vingt-trois coups de poignard au pied de la statue de Pompée (en 44).

ANTOINE ET OCTAVE. — Les conjurés avaient pensé qu'on leur saurait gré de leur crime · en voyant la stupeur du peuple, ils se retranchèrent au Capitole. A la tête des mécontents se plaça Antoine, qui espérait hériter de la puissance de César. Quand on fit les funérailles du dictateur, il découvrit le cadavre sanglant aux yeux de la multitude, et ce spectacle excita l'indignation générale. La colère du peuple arriva à son comble, lorsqu'Antoine lut sur le Forum le testament de César, qui léguait ses jardins au peuple romain et comblait de ses dons les hommes mêmes qui venaient de l'assassiner. Les meurtriers, dont on incendia les maisons, jugèrent prudent de sortir de Rome. Antoine, resté maître de la ville, y appela six mille vétérans, se fit nommer consul, introduisit dans le Sénat ses créatures, en exécution, disait-il, des dernières volontés de César, et disposa des places et des honneurs.

Mais un nouveau personnage allait lui disputer le premier rang : c'était Octave, neveu et fils adoptif de

César. Jeune homme de dix-neuf ans, d'une apparence chétive, sans réputation d'aucune sorte, mais d'une habileté précoce, il arriva d'Épire inopinément, réclama la succession de César, et acquitta de ses propres deniers un certain nombre de legs qu'Antoine se gardait de payer. Cette conduite lui gagna le peuple. Les soldats accueillirent avec faveur l'héritier de leur ancien général ; le Sénat, voulant échapper à la brutale domination d'Antoine, crut trouver un instrument docile dans Octave, qui flattait Cicéron et affectait de l'appeler son père.

En voyant diminuer de jour en jour le nombre de ses partisans, Antoine demanda à être chargé de poursuivre les meurtriers de César : son dessein était d'avoir une armée, qui l'aiderait ensuite à asservir la république. Quand il fut parti pour la Gaule cisalpine, et pendant qu'il assiégeait Décimus Brutus dans Modène, ses ennemis l'attaquèrent à Rome : Cicéron prononça contre lui une suite de discours violents, désignés sous le nom de *Philippiques*, par allusion à ceux de Démosthènes contre Philippe, roi de Macédoine. Le Sénat déclara Antoine ennemi public, et envoya contre lui une armée sous les ordres des consuls Hirtius et Pansa, auxquels Octave fut adjoint. Antoine fut vaincu sous les murs de Modène, et s'enfuit vers les Alpes ; mais la victoire avait coûté la vie aux consuls, en sorte qu'Octave resta à la tête des légions victorieuses.

Deuxième Triumvirat (en 43). — Le Sénat se crut alors maître de la situation : il voulut, d'après les conseils de Cicéron, traiter Octave en enfant, lui décerner des honneurs, mais lui reprendre le commandement de l'armée. Mais Octave envoya demander le consulat ; comme les sénateurs refusaient, un centurion dit en portant la main à son épée : « Voilà qui nous donnera notre consul. » Toute l'armée arriva, en effet, de Modène, et les comices décernèrent le consulat à Octave. Celui-ci se vengea du Sénat, en formant, dans une île du Réno, près de Bologne, avec Antoine et Lépide, ancien officier de César, un Triumvirat qui s'attribuait la puissance consulaire, avec le droit de faire des lois, de disposer des charges et de distribuer les provinces. Les troupes réunies par les Triumvirs accomplirent d'effroyables proscriptions dans Rome : trois cents sénateurs et deux mille chevaliers périrent ; Antoine sacrifia son oncle ; Lépide, son frère ; Octave abandonna à Antoine son ancien ami Cicéron, qui fut tué dans sa fuite sur la route de Gaëte. La tête de l'illustre orateur fut portée à Fulvie, femme d'Antoine, qui lui arracha la langue et la perça d'une épingle d'or ; on l'exposa ensuite sur la tribune aux harangues.

Après s'être gorgés de sang et de richesses, Antoine et Octave, laissant Lépide à Rome, allèrent combattre en Macédoine Cassius et Brutus. Une bataille s'engagea près de Philippes (en 42) ; vaincu à l'aile qu'il commandait, Cassius se tua ; Brutus, victorieux d'abord, fut écrasé par les forces réunies des Triumvirs, et se perça de son épée en disant : «Vertu, tu n'es qu'un mot. » Octave égorgea les prisonniers, pour se venger du rôle peu glorieux qu'il avait joué pendant la bataille.

Dans le partage du monde entre les vainqueurs, Antoine s'adjugea l'Orient. On le vit parcourir la Grèce et l'Asie sous le costume de Bacchus, avec une troupe de baladins et de danseuses, lever partout d'énormes contributions, et mener en Égypte une vie de plaisirs à la cour de Cléopâtre. Octave, à qui était échu l'Occident, dépouilla de leurs propriétés les habitants de dix-huit villes italiennes, afin d'enrichir ses soldats. Fulvie, femme d'Antoine, et Lucius Antonius, son frère, en prirent occasion pour provoquer la *guerre* dite *de Pérouse*. Ainsi qu'ils l'avaient espéré, Antoine vint à leur secours : mais les légionnaires des Triumvirs refusèrent de combattre les uns contre les autres, et l'on signa le traité de Brindes (en 40). Fulvie était morte sur ces entrefaites ; Antoine épousa Octavie, sœur d'Octave. Il n'en retourna pas moins en Égypte, d'où il ne sortit que pour faire une expédition malheureuse contre les Parthes. Octave, au contraire, combattit avec succès Sextus Pompée, qui avait profité des troubles amenés par la mort de César pour équiper une flotte, et qui s'était même rendu maître de la Sicile, de la Corse, de la

Sardaigne et du Péloponèse. Secondé par son lieutenant Agrippa, et grâce à la trahison de Ménas, qui livra une partie de la flotte de Sextus, il remporta une victoire décisive à Nauloque, près de Messine (en 36). Sextus s'enfuit en Asie, et fut assassiné à Milet par un officier d'Antoine. Lépide, à qui ses collègues n'avaient laissé que l'Afrique, réclama alors la Sicile; mais Octave embaucha les soldats qu'il avait rassemblés, lui enleva même l'Afrique, et le réduisit à la fonction de grand-pontife.

Fin de la république. — Le triumvirat étant dissous, l'ambition ne tarda pas à mettre aux prises Octave et Antoine. On put aisément représenter ce dernier comme un ennemi de la république et du peuple romain : car il agissait en souverain dans tout l'Orient, distribuait les provinces romaines aux enfants de Cléopâtre, et parlait de faire d'Alexandrie la capitale du monde. Octave avait aussi contre Antoine un grief personnel, la répudiation d'Octavie.

Une seule bataille navale, à la hauteur d'Actium en Acarnanie, décida de l'empire (en 31) : la fuite de Cléopâtre avec soixante vaisseaux détermina la déroute d'Antoine. Les vaincus furent poursuivis en Égypte. Antoine, apprenant que Cléopâtre le trahissait et cherchait à négocier avec Octave, se perça de son épée; la reine, qui ne put fléchir le vainqueur, ne voulut pas orner son triomphe, et se fit piquer par un aspic caché dans un panier de figues. Avec elle finit la dynastie des Ptolémées; l'Égypte fut réduite en province romaine (l'an 30 av. J.-C.). Depuis ce moment, Octave, seul maître du pouvoir, s'appliqua à substituer à la république la nouvelle forme de gouvernement qu'on appela l'Empire.

CHAPITRE VI.

L'EMPIRE.

Auguste (de l'an 30 av. J.-C. à l'an 14 de J.-C.). — Après la bataille d'Actium, la transition de la République à l'Empire, d'une liberté orageuse à une servitude paisible, s'opéra sans ébranlement social, sans révolution violente, et simplement par l'effet des mesures que prit le dernier vainqueur des guerres civiles. Octave, de retour à Rome, abandonna son nom, qui rappelait les souvenirs odieux du triumvirat, et prit celui d'*Auguste*, qu'on donnait aux dieux et aux objets consacrés. Il mit tous ses soins à concentrer l'autorité publique entre ses mains, bien qu'il laissât subsister les magistratures républicaines. Ainsi, sous le nom de *préfet des mœurs*, il s'attribua les fonctions qui appartenaient jadis aux censeurs; il se fit donner successivement et à vie le *tribunat*, qui lui conférait le pouvoir de convoquer le peuple, d'opposer son *veto* aux lois qu'il voudrait rejeter, et qui devait rendre sa personne inviolable; le *consulat*, qui lui permettait de commander les armées et de présider le Sénat; la *puissance proconsulaire*, qui lui donnait l'autorité dans les provinces ; et, à la mort de Lépide, le *grand-pontificat*, par lequel il devint le chef de la religion. On continua sans doute de nommer des tribuns, des consuls, des censeurs, etc.; mais ceux à qui ces titres furent conférés n'en retirèrent qu'une distinction honorifique. Plusieurs fois Auguste, pour entretenir peut-être l'espoir des amis de la république, feignit de vouloir abdiquer la puissance; mais toujours il sut se faire prier de la conserver. Le nom d'*Imperator* (dont on a fait *Empereur*), donné autrefois à tout *général victorieux*, désigna bientôt, comme celui de *Princeps* (le *Prince*, c'est-à-dire le premier), le chef de l'État, l'homme qui exerçait l'autorité absolue, et de qui relevaient tous les pouvoirs ; on avait écarté avec soin les dénominations de *dictateur*, de *roi*, de *maître*, qui auraient effrayé les Romains.

Après avoir ainsi altéré gravement l'esprit des anciennes institutions, Auguste modifia toute l'organisation du peuple romain. En ce qui concerne le Sénat, il le réduisit à six cents membres, par l'expulsion de ceux que les guerres civiles y avaient introduits. Il décida que, pour en faire partie, il fallait posséder douze cent mille sesterces (244,000 fr.), et fournit de l'argent à ses créatures qui n'étaient pas assez riches. Il réduisit à deux par mois les séances du Sénat. Il sut diriger les délibérations, en prenant le titre de *Prince du Sénat*, qui donnait le privilége de voter le premier ; le vote du prince fut un ordre pour les autres membres de l'assemblée. De plus, sous prétexte d'épargner aux sénateurs l'embarras des affaires, il ne tarda pas à choisir parmi eux un *Consistoire*, sorte de Conseil privé, dont les résolutions, d'abord soumises à la ratification du Sénat, furent ensuite publiées sans cette formalité, comme de véritables sénatus-consultes. Le titre de sénateur finit par devenir purement honorifique. — Pour être maître des chevaliers, Auguste les plaça sous la direction d'un membre de sa famille, leur accorda les principales charges de sa maison, et les enrichit en leur confiant l'administration des finances dans les provinces. — Les comices populaires continuèrent d'exister; mais Auguste recommandait les candidats aux magistratures, et, comme il s'était réservé le soin des approvisionnements, des distributions gratuites de blé et d'argent, il disposa toujours d'un grand nombre de suffrages.

Auguste sut encore s'emparer de l'administration des provinces. Il offrit au Sénat d'en partager avec lui le fardeau. On distingua désormais les *provinces sénatoriales*, placées dans le centre de l'Empire, et les *provinces impériales*, réparties sur les frontières. Les premières furent régies par des *préteurs* ou des *proconsuls* annuels, qui continuèrent les violences de la conquête ; les secondes, par des *procurateurs*, agents que l'empereur laissait plus longtemps en fonctions, et qui étaient moins empressés de s'enrichir ou plus soucieux de ne pas provoquer de plaintes. Beaucoup de provinces sénatoriales devaient demander à changer de condition. D'un autre côté, les provinces impériales ayant seules besoin d'être protégées contre les ennemis du dehors, on y envoya presque toutes les légions; le prince eut ainsi l'armée à sa disposition, et en fit un instrument de despotisme. — Auguste se procura aussi des ressources pécuniaires, en séparant le *Trésor public*, alimenté par les revenus des provinces sénatoriales, et le *Fisc*, trésor particulier où se versaient les contributions des provinces impériales. — Enfin, il fit concourir les gens de lettres à la fondation de son nouveau pouvoir. Horace et Virgile célébrèrent ses bienfaits, et, en inspirant aux Romains, l'un le dégoût des guerres civiles, l'autre le retour à l'agriculture et aux arts de la paix, ils les accoutumèrent à oublier, sous l'autorité impériale qui fut d'abord tutélaire, la perte de leurs libertés politiques. Quelques hommes fidèles à la république, ou jaloux du pouvoir nouveau, menacèrent la vie d'Auguste; mais sa générosité envers Cinna, arrière-petit-fils de Pompée, qui avait voulu l'assassiner, désarma leur vengeance.

La paix était nécessaire pour consolider l'Empire; rien ne fut épargné pour la maintenir. Auguste fit fermer le temple de Janus, et ne voulut plus de guerres de conquête; on exécuta seulement des travaux de défense sur les frontières, et l'on plaça des flottes à Ravenne, Misène, Fréjus et Boulogne. Pour la sûreté intérieure, il y eut à Rome trois *cohortes urbaines* et sept *cohortes de vigiles;* neuf *cohortes prétoriennes,* sous les ordres de deux *préfets du prétoire,* furent disséminées en Italie. Rome fut embellie de monuments, temples, aqueducs, thermes, fontaines, amphithéâtres ; et Auguste put dire à la fin de sa vie : « Je laisse une ville de marbre là où je n'ai trouvé qu'une ville de briques. » — Cependant Auguste eut quelques guerres à soutenir : on subjugua les Cantabres en Espagne ; on ajouta au territoire romain les provinces de Rhétie, de Vindélicie et de Norique, situées le long du Danube. Les Romains pénétrèrent en Germanie jusqu'à l'Elbe ; mais, lorsque le général Varus voulut aller plus loin, il fut enveloppé et massacré avec trois légions dans la forêt de Teutberg par Arminius ou Hermann, chef des Chérusques. Ce fut un coup terrible pour Auguste, et l'on raconte qu'il déchira ses vêtements en criant : « Varus, rends-moi mes légions. »

Ses dernières années furent encore attristées par des chagrins domestiques. Il perdit son neveu Marcellus, fils d'Octavie, son gendre Agrippa et les enfants de ce dernier, et dut punir les dérèglements de sa fille Julie en la reléguant dans une île lointaine. Sa seconde femme, Livie, fut soupçonnée de n'être point étrangère aux malheurs de la famille impériale, parce qu'elle voulait assurer le pouvoir à

Drusus et à Tibère, qu'elle avait eus d'un premier mari. Drusus étant mort prématurément, Livie fit adopter Tibère par Auguste, qui ne l'aimait pas. Quand ce prince sentit la mort approcher, il dit, selon la tradition, à ceux qui l'entouraient : « Mes amis, n'ai-je pas bien joué mon rôle? Applaudissez. » Le Sénat le mit au rang des dieux, et dès lors tous les empereurs reçurent les honneurs de l'apothéose.

Tibère (de l'an 14 à l'an 37 de J.-C.). — Le nouveau pouvoir constitué par Auguste était de nature à laisser quelque espérance à l'aristocratie, parce que les formes anciennes subsistaient encore : ainsi s'expliquent les violences que commirent les autres empereurs à l'égard des grandes familles, afin de les plier au despotisme et d'étouffer en elles les aspirations républicaines. Tibère, élevé au Principat, affecta la modération pendant quelques mois; il vécut simplement, refusa les titres et les honneurs que l'adulation lui offrait, laissa le Sénat décider les affaires, et modéra les impôts qui pesaient sur les provinces, disant « qu'un bon pasteur doit tondre et non pas écorcher son troupeau. » Mais il changea brusquement de conduite, supprima les comices, rendit la *loi de lèse-majesté*, qui punissait de mort les attentats contre la personne et les droits du prince, et encouragea la délation. Un membre de sa famille aurait pu lui disputer l'autorité; c'était son neveu Germanicus, fils de Drusus, qui venait de réparer par une brillante victoire la défaite de Varus. Germanicus fut enlevé à l'armée dont il était l'idole, et envoyé en Syrie, où il périt par le poison. Agrippine, veuve de la victime, rapporta ses cendres à Rome, et demanda justice : Tibère anéantit la preuve du crime, en faisant étrangler Pison, gouverneur de la province, qui avait été son agent.

Depuis ce moment, la tyrannie de Tibère ne connut aucunes bornes. Laissant à Rome son favori Séjan, avec la garde prétorienne, il alla vivre dans l'île de Caprée, près de Naples, où il se livra sans contrainte à ses goûts de meurtre et de débauche, et d'où il lança des arrêts de mort contre tous ceux qui lui faisaient ombrage. Un sénateur, Crémutius Cordus, coupable d'avoir appelé Brutus et Cassius « les derniers des Romains, » n'évita le supplice qu'en se laissant mourir de faim. Quand un accusé prévenait ses bourreaux par une mort volontaire, Tibère s'écriait : « Il m'a échappé! » Les Romains rivalisant de bassesse pour éviter la proscription, il dit un jour : « O vile nation, qui court au-devant de l'esclavage! » Séjan, qui aspirait secrètement au pouvoir suprême, fit disparaître deux des enfants de Germanicus, exila leur mère Agrippine, et obtint même la mort de Drusus, fils de Tibère. Il était sur le point d'entrer dans la famille impériale, en épousant la veuve du jeune prince, lorsque Tibère, découvrant enfin ses machinations, envoya l'ordre au Sénat de l'arrêter. La populace égorgea Séjan, traîna son cadavre dans les rues, et le jeta enfin dans le Tibre.

Tibère eut à lutter, pendant ses dernières années, contre un profond dégoût de la vie et contre la crainte de la mort. A mesure que ses forces s'épuisaient, il affectait de rechercher le plaisir et de montrer de la vigueur. Un jour qu'il était tombé en léthargie, on le crut mort, et l'on proclama le troisième fils de Germanicus, Caligula (1); l'empereur ayant repris ses sens, Macron, préfet du prétoire, l'étouffa sous des coussins.

CALIGULA (de 37 à 41). — Des fils de Germanicus, Tibère n'avait épargné que Caligula : « Je laisserai au peuple romain, avait-il dit, un serpent pour le dévorer, et au monde un Phaéton pour l'embraser. » L'élévation de Caligula fut cependant bien accueillie par les Romains, en souvenir de son père; mais, à la suite d'une maladie qui troubla son esprit, il devint un monstre de folie et de cruauté. Il épuisa le trésor par ses prodigalités aux soldats et à la plèbe, donna des repas et des jeux magnifiques, construisit de Pouzzoles à Baïes un pont de bateaux pour se donner le plaisir de traverser la mer à cheval et sur un char, parut en public avec la massue d'Hercule ou sous les attributs de Jupiter dont il imitait le tonnerre, joua sur un coup de dés la fortune et la vie des citoyens

(1) Élevé dans les camps, il tirait son nom d'une chaussure militaire (caliga).

riches, fit précipiter au milieu des bêtes de l'amphithéâtre les spectateurs venus pour l'applaudir, ou jeter à la mer ceux qu'il avait invités à ses fêtes extravagantes. Il éclatait de rire à la pensée qu'il pouvait tuer les consuls assis à table à ses côtés. Il s'écriait un jour : « Plût aux Dieux que le peuple romain n'eût qu'une seule tête, je pourrais l'abattre d'un seul coup. » Il eut la pensée d'élever au consulat son cheval Incitatus, qui avait un palais de marbre, et à qui l'on présentait à genoux de l'orge dorée. Enfin, Caligula ambitionna la gloire militaire : il franchit le Rhin, tailla en pièces quelques esclaves, qu'il avait fait placer, déguisés en Germains, au milieu d'un bois, et se fit décerner le triomphe; il se rendit ensuite sur les bords de la Manche, ordonna de ramasser des coquillages, et rapporta à Rome ces dépouilles de l'Océan. Le monde romain fut délivré de cet insensé par Chéréas, tribun militaire, qui l'assassina en représailles de quelques railleries.

CLAUDE (de 41 à 54). — A la nouvelle de la mort de Caligula, les prétoriens, qui avaient profité de ses largesses, se répandirent dans le palais qu'il s'était bâti sur le Palatin. Comme ils cherchaient les meurtriers, ils découvrirent, caché derrière une tapisserie, un homme à la tête chauve et branlante, qui se jeta tremblant à leurs pieds et leur demanda la vie : c'était un frère de Germanicus, Claude, épargné comme idiot par Tibère et par Caligula. Ils trouvèrent plaissant de le nommer empereur, et ce fut lui qui établit le *donativum*, gratification accordée aux soldats par les princes, lors de leur avénement.

Claude n'était pas dépourvu d'instruction; il avait étudié le grec et les antiquités, et écrit l'histoire des Carthaginois et des Étrusques. Mais, par ses absences d'esprit, il devint le jouet de tout le monde, et les plus grands crimes furent autorisés de son nom. Zélé pour la justice, il aimait à la rendre lui-même; mais les plaideurs l'accablaient d'injures, et les avocats se moquaient de lui, jusqu'à le retenir au tribunal par son manteau et même par les pieds. Venait-il à s'endormir, on lui mettait aux mains une chaussure, pour qu'il s'en frottât les yeux à son réveil. La direction des affaires publiques fut abandonnée aux affranchis Pallas et Narcisse, qui se gorgèrent de richesses et commirent une foule de meurtres par vengeance particulière. L'impératrice Messaline fit périr un grand nombre de ses parents, de dames romaines et de riches citoyens, s'appropria les anciens jardins de Lucullus, donna le spectacle des plus honteux débordements, et osa se marier publiquement avec un jeune sénateur nommé Silius. Claude, tiré enfin de son aveuglement par Narcisse, donna l'ordre de tuer Messaline; quelques jours après, il s'étonnait de ne pas la voir arriver au dîner. Suivant le conseil de Pallas, il épousa alors sa nièce Agrippine, fille de Germanicus.

La nouvelle impératrice mit tout en œuvre pour assurer l'empire à son fils Néron, qu'elle avait eu d'un premier mariage, au détriment de Britannicus et d'Octavie, enfants de Messaline. Elle lui donna pour précepteur le philosophe Sénèque, qui jouissait d'une grande popularité, le fit adopter par Claude, et le maria avec Octavie; un brave soldat, Burrhus, qui lui était dévoué, fut mis à la tête des prétoriens; elle obtint l'exil de Narcisse, qui se montrait favorable à Britannicus et menaçait de réveiller en faveur de ce jeune prince les sentiments paternels de Claude. Enfin, elle se débarrassa de Claude en lui servant un plat de champignons, préparé par l'empoisonneuse Locuste.

Le règne de Claude fut signalé par des actes utiles, tels que le dessèchement du lac Fucin. Une loi défendit aux maîtres d'abandonner leurs esclaves malades, et déclara homicides ceux qui les auraient tués. Les armes romaines remportèrent quelques succès : la Mauritanie, la Thrace, la Judée furent réduites en provinces, et l'on commença la conquête de la Grande-Bretagne par la défaite du chef indigène Caractacus.

Néron (de 54 à 68). — Néron donna d'abord de grandes espérances. Docile aux sages avis de Sénèque et de Burrhus, il montra de la déférence pour le Sénat, et, comme cette assemblée lui adressait des actions de grâces : « Attendez, dit-il, que je les mérite. » Un jour qu'on lui présentait un arrêt de mort à signer, il exprima le regret de savoir écrire. Mais bientôt l'enivrement du pouvoir développa ses mauvais instincts, et il voulut se soustraire à l'empire de ses maîtres et de sa mère. Agrippine, qui avait espéré régner au nom de son fils, fut privée de gardes et d'honneurs; comme elle parlait de prendre en main la cause de Britannicus, celui-ci fut empoisonné à la table et sous les yeux de Néron. Attirée elle-même à une fête dans la ville de Baïes, elle faillit périr en pleine mer, le navire qui la portait ayant été préparé pour s'entr'ouvrir; elle réussit à gagner le littoral à la nage, et y fut égorgée par l'affranchi Anicétus. Voulant épouser Poppée, qu'il avait ravie à Othon, l'un de ses amis, Néron répudia Octavie, l'exila, puis la fit assassiner.

Ses passions n'eurent plus de frein. Il aimait à courir, la nuit, sous des déguisements, les rues de Rome et les tavernes, à disputer le prix aux histrions sur la scène et aux cochers dans le cirque, à se faire applaudir par cinq mille claqueurs à gages, qui criaient avec ensemble : « Que tu es beau, César ! Tu es Apollon. » Il envoyait au supplice les sénateurs et les chevaliers que son talent de comédien ou de poète n'avait pas remplis d'enthousiasme, et il lui fallait un chœur de personnages consulaires et de dames pour accompagner sa voix. Il se bâtit, aux frais de tout l'Empire, une splendide demeure entre le Palatin et l'Esquilin, sous le nom de *Maison dorée*, et l'on y vit sa statue colossale, de trente mètres de hauteur. L'histoire l'accuse d'avoir fait mettre le feu à plusieurs quartiers de Rome, pour contempler du haut d'une tour un immense incendie et chanter un poème sur la ruine de Troie ; puis il aurait accusé de ce crime les chrétiens, et, dans une fête nocturne, aurait éclairé ses jardins à l'aide de ces malheureux enduits de poix, véritables flambeaux vivants. Il voulut obtenir les suffrages des Grecs, et alla chanter ses vers dans leurs jeux publics : il rapporta de son voyage dix-huit cents couronnes, mais il avait eu soin de faire égorger ses rivaux.

Tout censeur était importun : Burrhus, dont les paroles, aussi bien que la tristesse, témoignaient la désapprobation, fut empoisonné. Il ne servait de rien de rendre de grands services à l'Empire : Corbulon, qui avait repoussé une invasion des Parthes en Arménie, trouva, en revenant à Corinthe, son arrêt de mort. Un certain Pison ayant tramé un complot contre la vie de Néron, ce fut un prétexte pour envelopper dans le châtiment le vertueux sénateur Thraséas, le romancier Pétrone, Sénèque lui-même, et son neveu le poète Lucain. Une révolte militaire délivra l'Empire : apprenant que Galba arrivait à la tête des légions d'Espagne, Néron perdit tout sang-froid et reçut lâchement la mort de la main d'un esclave, en s'écriant : « Quel artiste le monde va perdre ! » Avec lui s'éteignit la famille d'Auguste.

Galba ; Othon ; Vitellius. — Selon les expressions

de l'historien Tacite, le secret de l'Empire fut alors divulgué. L'ordre de succession, en effet, n'avait pas été réglé ; les soldats, dont la puissance n'avait aucun contrepoids, décidèrent, soit à Rome, soit dans les provinces, du sort du monde entier.

Galba, vieillard de soixante-douze ans, mécontenta les prétoriens par son avarice et sa sévérité : « Je choisis mes soldats, disait-il, et je ne les achète pas. » Ils l'assassinèrent après sept mois de règne.

L'ancien favori de Néron, Othon, qui les avait excités, reçut d'eux l'empire. Mais Vitellius, chef des légions de Germanie, le lui disputa. Apprenant la défaite de ses troupes à Bédriac, près de Crémone, Othon se donna la mort.

Vitellius a été le plus ignoble des empereurs romains. Visitant, un mois après la bataille, la plaine de Bédriac, où pourrissaient de nombreux cadavres, il dit : « Le corps d'un ennemi mort sent toujours bon. » Il laissa ses soldats piller les campagnes et les villes, et massacrer les habitants. Ne songeant lui-même qu'à satisfaire son incroyable gloutonnerie, il dépensa, en deux mois, pour sa table, la valeur de 200 millions de francs. Les légions de Syrie voulurent à leur tour proclamer un empereur ; elles choisirent leur chef Vespasien, triomphèrent des soldats de Vitellius près de Vérone, et l'égorgèrent lui-même à Rome.

EMPEREURS FLAVIENS. — Les empereurs Flaviens,

ainsi appelés du mot Flavius, qui était l'un des noms de Vespasien, descendaient d'un affranchi. Ils sont au nombre de trois, Vespasien, Titus et Domitien.

Vespasien (de 69 à 79), prince laborieux, habile, simple dans ses mœurs, répara les désordres de la guerre civile. Il supprima les jugements de lèse-majesté, améliora l'administration de la justice et des finances, mit un frein à l'indiscipline des soldats et au luxe des citoyens, épura le Sénat et l'ordre des Chevaliers, fit bâtir un temple à la Paix, commença l'immense amphithéâtre du Colisée, réédifia le Capitole qu'un incendie avait dévoré, et encouragea les lettres et les sciences. Toutefois, il bannit les philosophes stoïciens (1), parce qu'ils entretenaient l'esprit de liberté, et alla jusqu'à faire périr l'un d'eux, Helvidius Priscus, qui refusait de le reconnaître comme empereur. On a pu encore lui reprocher son avarice : il vendit les charges aux candidats, et les absolutions aux accusés ; il établit de nouveaux impôts, et laissa les gouverneurs rançonner les provinces, les appelant des « éponges qu'on pouvait ensuite pressurer. » Ayant appris qu'une ville voulait lui élever une statue, il demanda l'argent qu'on devait y consacrer : « Qu'on la pose de suite, dit-il en tendant la main ; en voici la base. »

(1) C'étaient les disciples de Zénon de Citium; ils se réunissaient primitivement au Pécile, célèbre portique d'Athènes, et delà vint leur nom (en grec *stoa*, portique).

La paix du monde fut troublée, au temps de Vespasien, par deux révoltes, celle de Civilis et de Sabinus en Gaule (1), et celle des Juifs. Ce peuple, fatigué des exactions des Romains, et refusant d'ailleurs d'admettre les statues des empereurs dans son Temple, avait pris les armes à la fin du règne de Néron, et Vespasien avait déjà concentré la rébellion dans Jérusalem au moment où il fut proclamé empereur. Son fils Titus fit le siége de cette ville, où une multitude considérable avait été attirée par la solennité de Pâques. Les Juifs, quoique déchirés par des factions, opposèrent une résistance opiniâtre, que ne découragea point la plus horrible famine. Aussi, les Romains furent impitoyables : ils mettaient à mort leurs prisonniers, et, s'imaginant qu'ils avaient avalé leur or, leur ouvraient les entrailles. Jérusalem fut prise d'assaut, et le Temple livré aux flammes ; treize cent mille personnes avaient, dit-on, péri par le fer ou la faim. Les Juifs cessèrent de former une nation, et furent dispersés dans tout l'Empire (en l'an 70). En mémoire de cet événement, on érigea à Rome l'arc de Titus, qui existe encore aujourd'hui.

Avant d'expirer, Vespasien, par allusion à l'apothéose qu'il allait bientôt recevoir, dit en plaisantant : « Je sens que je deviens dieu. » Il voulut se lever, ajoutant qu'un empereur devait mourir debout.

---

(1) Voyez les détails dans l'HISTOIRE DE FRANCE de cette collection.

Titus lui succéda (de 79 à 81). Après avoir mené jusqu'alors une vie dissolue, il étonna le monde par ses vertus, et mérita d'être appelé *les Délices du genre humain*. Il se sépara d'une princesse juive, Bérénice, bien qu'il l'aimât et en fût aimé, parce que cette union blessait les sentiments romains (1). Il punit les délateurs, et pardonna généreusement à des patriciens qui avaient projeté d'attenter à sa vie. Quand il avait passé un jour sans faire quelque bien, il disait avec chagrin : « J'ai perdu ma journée. » Son règne fort court fut troublé par des calamités qui lui fournirent occasion d'exercer ses vertus : un incendie dévora plusieurs quartiers de Rome, et la peste fit dans cette ville d'effroyables ravages ; une éruption du Vésuve engloutit les villes de Pompéi, d'Herculanum et de Stabies, et dans ce désastre périt Pline le naturaliste, victime de sa curiosité de savant. On imputa la mort prématurée de Titus à son frère Domitien, qui l'aurait empoisonné.

Domitien (de 81 à 96) fut un exécrable empereur. Il s'entoura de délateurs, rétablit la loi de lèse-majesté, chassa les stoïciens Epictète et Dion Chrysostôme, versa le sang des plus nobles citoyens, se plut à assister à leur supplice, et ordonna la seconde persécution contre les chrétiens. Afin de montrer son mépris au Sénat, il le convoqua un jour pour délibérer sur la manière d'accommoder un turbot. Le fait le plus im-

(1) C'est le sujet d'une tragédie de Racine.

portant de son règne fut la réduction de la Grande-Bretagne en province romaine, à la suite des victoires de Suétonius Paulinus sur la reine Boadicée et de celles d'Agricola sur Galgacus. La domination romaine ne fut portée que jusqu'aux frontières de la Calédonie (Ecosse); mais quelques navires firent le tour de la Grande-Bretagne, et l'on apprit que cette terre était une île. Domitien voulut se couvrir de gloire, comme ses généraux : mais il se fit appeler le *Germanique* sans avoir osé attaquer les Germains, et fut battu par les Daces, qui lui accordèrent la paix moyennant un tribut annuel. Il n'en prit pas moins le surnom de *Dacique* et les honneurs du triomphe. Sa femme et ses principaux officiers, qui avaient vu leurs noms sur une liste de proscription, le prévinrent en l'assassinant (1).

Les Antonins. — Aux empereurs Flaviens succédèrent les Antonins, princes d'origine espagnole, qui se transmirent le pouvoir par adoption, et dont le règne a été appelé l'*âge d'or* de l'Empire.

Nerva (de 96 à 98), proclamé par le Sénat après le meurtre de Domitien, était septuagénaire. Il abolit le crime de lèse-majesté, diminua les impôts, encouragea l'industrie et l'agriculture ; mais l'âge lui avait

---

(1) Domitien est le dernier des *Douze Césars*. C'est le titre que Suétone a donné à son recueil de biographies, qui commence par Jules César.

enlevé l'énergie nécessaire pour résister aux exigences des prétoriens.

Trajan (de 98 à 117) commandait quelques légions sur les bords du Rhin, quand il fut appelé à l'empire. Homme de mœurs simples, il vendit une grande partie des jardins et des palais que les dons volontaires et les confiscations avaient mis entre les mains des empereurs, et se débarrassa ainsi des frais de leur entretien, en même temps qu'il rendait à la libre culture un terrain souvent négligé. Il rendit au Sénat son autorité et au peuple ses comices ; il repoussa les dépenses inutiles, mais creusa les ports d'Ancône et de Civita-Vecchia, multiplia les routes, les aqueducs et les ponts, et encouragea l'instruction des enfants. On voyait autour de lui un certain nombre de lettrés, Pline le Jeune, Juvénal, Florus, Suétone, Quinte-Curce. Affable pour tout le monde, animé du désir de faire le bien, il confia les charges aux plus dignes, et se montra sévère à l'égard de ceux qui abusaient du pouvoir. Comme il aimait le vin, il avait défendu d'exécuter les ordres qu'il donnerait après ses repas. C'était lui qui disait à un préfet du prétoire, en lui remettant une épée : « Je te donne ce glaive pour me défendre si j'agis bien, pour me frapper si je fais le mal. » On ne peut guère le blâmer que d'avoir permis la troisième persécution contre les chrétiens.

Les Romains firent quelques guerres heureuses pendant le règne de Trajan. Les Daces avaient envahi les frontières de l'Empire : Trajan vainquit dans deux expéditions leur roi Décébale, qui se tua de désespoir, et la Dacie fut réduite en province romaine (1). On voit encore de nos jours quelques restes d'un pont que l'empereur jeta sur le Danube afin de poursuivre l'ennemi. Pour perpétuer le souvenir de la défaite des Daces, l'architecte Apollodore de Damas éleva à Rome la colonne Trajane. — Les Parthes inquiétaient la partie orientale de l'Empire. En allant les combattre, Trajan réduisit l'Arménie en province, et y rattacha l'Albanie, l'Ibérie et la Colchide ; puis, descendant les vallées de l'Euphrate et du Tigre, il occupa la Mésopotamie et l'Assyrie, brûla les villes de Séleucie et de Ctésiphon, imposa la paix aux ennemis, et emporta comme trophée le trône d'or de leurs rois. Arrivé au golfe Persique, il dit en regardant l'Orient : « Si j'étais plus jeune, je porterais la guerre dans les Indes. » Ce fut au retour de la guerre des Parthes qu'il mourut en Cilicie, dans la ville de Sélinonte, appelée depuis Trajanopolis.

Adrien (de 117 à 138), successeur de Trajan, dont il avait épousé la nièce, fut un prince pacifique. Il renonça aux conquêtes de son prédécesseur au-delà du Tigre, et, s'il n'eût craint de mécontenter les Romains par l'abandon des colonies déjà formées, il aurait également sacrifié la Dacie. S'occupant surtout

(1) C'était tout le pays situé de la Théiss au Dniester et des Carpathes au Danube.

de l'administration intérieure, il fit remise aux contribuables de l'arriéré des sommes qu'ils devaient au trésor, chargea le jurisconsulte Salvius Julianus de rédiger l'*Édit perpétuel*, sorte de code auquel tous les préteurs devaient se conformer pour rendre la justice, supprima les souterrains dans lesquels on renfermait les esclaves, interdit de dresser ces malheureux au métier de gladiateur et de les mettre à la torture en cas de meurtre de leur maître, et consacra quinze années à parcourir les provinces. « Un empereur, disait-il, doit imiter le soleil, qui éclaire toutes les régions de la terre. » En Grande-Bretagne, il construisit, pour arrêter les incursions des Calédoniens, une forte muraille entre le golfe de Solway et l'embouchure de la Tyne; en Gaule, il bâtit les Arènes et la Maison carrée de Nîmes, et peut-être le pont-aqueduc du Gard (1). Il embellit Carthage, et éleva tout un quartier à Athènes. Ce fut en visitant l'Égypte qu'il perdit son favori, le bel Antinoüs, esclave d'origine bithynienne. Enfin, il prit plaisir à reproduire, dans sa magnifique villa de Tibur (Tivoli), les édifices qu'il avait le plus admirés dans ses voyages, et ajouta aux monuments de Rome une vaste construction qu'il destinait à lui servir de mausolée et qui est aujourd'hui le Château Saint-Ange. — La seule guerre du règne d'Adrien fut dirigée contre les Juifs. Un imposteur qui se faisait passer pour le Messie, et

---

(1) Quelques auteurs le rapportent au règne d'Auguste.

qui prenait le nom de *Barcocab* ou *Barcochébas* (fils de l'étoile), les avait appelés aux armes. Les Romains en massacrèrent près de six cent mille dans tout l'Empire.

Antonin le Pieux (de 138 à 161), adopté par Adrien, eut un règne paisible. Il conserva sur le trône les vertus qui lui avaient mérité l'estime dans la vie privée, et administra les affaires publiques comme les siennes propres. Il établit dans toutes les provinces des instituteurs publics, salariés par l'État.

Marc-Aurèle, son gendre et son successeur (de 161 à 180), était un philosophe stoïcien, qui voulut fonder son gouvernement sur la justice et sur l'égalité. On admira sa simplicité, sa tempérance, sa douceur, sa générosité ; les *Maximes* et les *Lettres* qu'il a laissées attestent une morale pure et une haute sagesse. Il eut seulement une indulgence aveugle pour les vices de sa femme Faustine.

L'Empire ne jouit cependant pas du bonheur qu'un tel empereur aurait pu lui donner. Marc-Aurèle eut pendant quelques années pour collègue un cousin de Faustine, Lucius Vérus, personnage violent et débauché, qui laissa à son lieutenant Avidius Cassius le soin de repousser une invasion des Parthes. Il fut attaqué deux fois dans le nord de l'Italie par la tribu germanique des Marcomans, et la poursuivit jusqu'en Pannonie, où il mourut. On rapporte à cette guerre des Marcomans l'histoire de la *légion fulminante*, composée de chrétiens, et dont le nom vient d'un orage sollicité par ses prières et qui sauva l'armée en danger de périr de soif : en considération de ce service, Marc-Aurèle aurait suspendu la quatrième persécution ordonnée précédemment contre les Chrétiens.

Commode, soupçonné d'avoir abrégé les jours de son père Marc-Aurèle, régna de 180 à 192. Bien qu'il eût conclu une paix honteuse avec les Marcomans, il se fit décerner le triomphe. Il prit part aux combats de gladiateurs, et descendit plus de sept cents fois dans l'arène, armé de l'arc, d'une massue comme Hercule, ou d'un glaive bien trempé, mais contre des adversaires armés seulement d'une épée de plomb ; ou bien il tuait à coups de pierres des malheureux auxquels on n'avait donné que des éponges pour se défendre. Un jour, rencontrant un homme d'une corpulence énorme, il le coupa en deux pour prouver sa force. Une de ses femmes, qu'il avait menacée de mort, lui donna un breuvage assoupissant, puis le fit étrangler par un athlète.

Pertinax ; Didius Julianus. — Le préfet de Rome, Pertinax, que l'on proclama empereur, était un vieillard animé de bonnes intentions ; il essaya de remettre l'ordre dans les finances. Son économie déplut aux prétoriens, qui l'égorgèrent après trois mois de règne et mirent l'empire à l'encan. Un riche débauché, Didius Julianus, l'obtint en leur donnant 25,000 sesterces par tête (6,250 fr.). A la nouvelle de ce scandale, Septime-Sévère, commandant des légions d'Illyrie, les emmena à Rome, mit à mort le nouvel empereur, abolit et dispersa la garde prétorienne. Avec lui commença une série d'empereurs originaires de Syrie, qui introduisirent dans Rome les mœurs et les religions orientales.

EMPEREURS SYRIENS. — *Septime-Sévère* (de 193 à 211) eut à combattre deux compétiteurs: Pescennius Niger, chef des légions de Syrie, qu'il défit à Cyzique, à Nicée et à Issus, et qui fut tué dans sa fuite vers le pays des Parthes; et Albinus, commandant des légions de Grande-Bretagne, qui se donna la mort après une défaite près de Lyon. De retour à Rome, il ordonna le supplice de vingt-neuf sénateurs, proscrivit quarante et une familles patriciennes, prononça de nombreuses confiscations de biens, fit persécuter les chrétiens, et réorganisa la garde prétorienne, qui devint l'instrument de son despotisme. « Enrichissez les soldats, disait-il à ses fils, et moquez-vous du reste. » Affermi sur le trône, il fit contre les Parthes une campagne glorieuse, dont le souvenir fut perpétué par l'érection d'un arc de triomphe qui subsiste encore à Rome. Une invasion des Pictes et des Scots, tribus de la Calédonie, l'appela ensuite en Grande-Bretagne; il éleva une nouvelle muraille pour protéger ce pays, depuis le Forth jusqu'à la Clyde, et mourut à York.

Caracalla (1) et *Géta*, ses fils, le remplacèrent. L'aîné poignarda son frère, et régna en tyran (de 211 à 217). Il mit à mort le célèbre jurisconsulte Papinien, préfet du prétoire, qui avait refusé de prononcer devant le Sénat l'apologie du meurtre de Géta, fit massacrer les habitants d'Alexandrie, coupables de quelques épigrammes contre lui, dissipa les trésors de son père en infâmes orgies, se procura de l'argent par la confiscation des biens des riches qu'il envoyait au supplice, et inonda l'Empire de fausse monnaie. Il accorda le droit de cité à tous les hommes libres du monde romain, ce qui était pour lui le moyen de soumettre à l'impôt un plus grand nombre de citoyens.

Le préfet du prétoire, *Macrin*, qui assassina Caracalla et prit le titre d'empereur, s'aliéna les soldats, en concluant avec les Parthes une paix honteuse après une défaite près de Nisibis, et en essayant de rétablir la discipline. Les légions de Syrie le vainquirent et le tuèrent (en 218).

Elles proclamèrent *Elagabal* ou *Héliogabale*, prêtre du Soleil à Emèse, qu'on disait fils de Caracalla, et dont la mère était fille d'une sœur de Septime-Sévère. Héliogabale fit son entrée à Rome dans tout l'appareil du luxe oriental : fardé, le tour des yeux peint, portant une tiare, un collier, des bracelets, une tunique

---

(1) Ce nom lui venait d'un vêtement gaulois qu'il avait coutume de porter.

d'étoffe d'or, une robe flottante de soie, des sandales ornées de pierres précieuses, il avait un cortége de prêtres syriens, de bouffons, de danseuses, de chanteurs et de nains, et l'on portait devant lui une pierre noire, symbole de son dieu. Il donna l'exemple d'un luxe effréné : ses vêtements étaient chargés de pierreries ; des clous d'or fixaient toutes les pièces de son char ; on semait de la poudre d'or sur les chemins qu'il devait suivre. Il admit sa mère et son aïeule dans le Sénat, établit un conseil de femmes pour délibérer sur les préséances et sur la forme des vêtements, s'habilla quelquefois lui-même en femme, et ne recula devant aucune extravagance. Des joûtes navales furent données sur des lacs de vin. Un jour, les personnages les plus illustres de Rome, invités à un banquet, périrent étouffés sous une pluie de roses. Pressentant sa fin prochaine, Héliogabale avait réuni, pour se tuer, des cordons de soie, un poignard d'or, des poisons renfermés dans des vases de cristal et de porphyre ; s'il préférait se précipiter du haut d'une tour, un terrain pavé de pierres précieuses était préparé. Mais, quand les prétoriens se soulevèrent, il fut tué dans un lieu infect où il s'était caché, et l'on jeta son corps dans le Tibre.

Son cousin, *Alexandre Sévère*, lui succéda (de 222 à 235). Il chassa du palais tous les histrions et les débauchés, tenta de faire revivre par son exemple les vertus antiques, n'appela aux places de gouverneurs de provinces que des hommes désignés par l'estime publique, donna sa confiance à des personnages éminents, les jurisconsultes Paul et Ulpien, et l'historien Dion Cassius, et prit pour règle de conduite cette maxime, gravée dans son palais et sur les murs des monuments publics : « Ne fais pas à autrui ce que tu ne voudrais pas qu'on te fît à toi-même. » Il eut un oratoire où Abraham, Orphée et Jésus-Christ étaient confondus dans un même culte, à titre de bienfaiteurs de l'humanité. Telle était cependant la tyrannie des soldats, qu'il ne put empêcher les prétoriens, mécontents de quelques réformes, d'égorger Ulpien sous ses yeux. — Alexandre Sévère dut se rendre en Orient, pour repousser une agression d'Artaxerxès, chef de la dynastie des Perses Sassanides, qui venait de renverser l'empire des Parthes. Puis il fut appelé sur les bords du Rhin par les mouvements des Germains, et y périt dans une sédition militaire.

ANARCHIE MILITAIRE. — L'Empire fut livré pendant quelques années aux caprices des soldats. On vit se succéder sur le trône :

Maximin, né en Thrace de parents barbares, et proclamé par les légions de Germanie ; géant qui mangeait, dit-on, 40 livres de viande et buvait une amphore de vin (1) chaque jour ; assez gros pour que son anneau servît de bracelet à sa femme ; assez fort pour broyer des pierres entre ses doigts, lutter contre

(1) Vingt-six litres.

seize hommes à la fois, et retenir un char tiré par quatre chevaux ; cruel au point non-seulement d'ordonner une sixième persécution contre les chrétiens, mais encore de condamner en trois années de règne 4,000 personnes, qu'il fit jeter aux bêtes, attacher en croix, ou coudre dans des carcasses d'animaux nouvellement tués ; égorgé enfin par ses propres soldats sous les murs d'Aquilée ;

Gordien Ier, ancien proconsul proclamé en Afrique, et qui se tua en apprenant que son fils *Gordien* II avait péri dans un combat contre Capellien, gouverneur de la province (en 238) ;

Maxime Pupien, préfet de Rome, et l'orateur *Balbin*, élus empereurs par le Sénat, mais massacrés par les prétoriens, qui donnèrent la pourpre à *Gordien III*, fils de Gordien II ;

Philippe (de 244 à 249), Arabe de naissance, meurtrier de Gordien III ; renversé à son tour par son général *Décius*, auteur de la septième persécution contre les chrétiens, et qui périt en Thrace dans un combat contre les Goths (en 251) ;

Gallus, fils de Décius, tué par ses soldats en 253 ;

Émilien, général usurpateur, frappé aussi par ses légions ;

Valérien, commandant des troupes de la Gaule, persécuteur des chrétiens, et fait prisonnier, en 260, dans une guerre contre Sapor, roi des Perses, qui se servit de son dos comme de marche-pied pour monter à cheval, et qui, après l'avoir écorché vif, suspendit sa peau comme trophée dans un temple.

Enfin, le fils de Valérien, *Gallien* (de 260 à 268), uniquement occupé de ses plaisirs et fier de ses talents culinaires, assista avec la plus complète indifférence aux famines, aux pestes, aux tremblements de terre qui désolèrent l'Empire, ainsi qu'aux insurrections des provinces. On compta jusqu'à dix-sept usurpateurs, entre autres Odénath à Palmyre, Tétricus en Gaule, Auréolus en Illyrie. En apprenant la mort de son père, Gallien avait dit froidement : « Je savais qu'il était mortel. » A la nouvelle de la révolte de l'Égypte, il disait avec la même insensibilité : « Nous pouvons nous passer du lin de ce pays. » Il fut blessé mortellement devant Milan, où il avait bloqué Auréolus.

EMPEREURS ILLYRIENS. — L'Empire fut sauvé d'une dissolution immédiate par quelques chefs énergiques, nés dans les provinces danubiennes, endurcis aux fatigues de la guerre, et qu'on nomme les empereurs Illyriens.

Le premier, *Claude II* (de 268 à 270), prit et tua Auréolus, et mérita le surnom de *Gothique* par une grande victoire près de Nissa sur les Goths, qui avaient envahi la Macédoine.

Son successeur *Aurélien* (de 270 à 275), surnommé par les soldats *Fer-en-main*, repoussa une bande de Germains qui avaient pénétré dans l'Italie septentrionale jusqu'au Métaure, éleva de nouvelles fortifications pour mettre Rome à l'abri d'un coup de main, puis, passant en Orient, gagna deux batailles à Antioche et à Émèse sur Zénobie, veuve d'Odénath, força cette reine dans Palmyre, mit à mort son ministre Longin, et l'envoya elle-même terminer ses jours dans une villa près de Tibur. La Gaule fut enfin délivrée de Tétricus, qui obtint une place de sénateur et le gouvernement de la Lucanie. Quant aux autres usurpateurs, ils s'étaient détruits les uns les autres, ou avaient péri sous les coups de leurs propres soldats. Aurélien releva donc l'Empire aux yeux des Barbares, et lui rendit l'unité. Pour rétablir l'ordre intérieur, il eut à livrer dans Rome même une bataille qui lui coûta 7,000 soldats. Il décréta la neuvième persécution contre les chrétiens.

Aurélien ayant été assassiné par l'un de ses secrétaires, dont il voulait punir les concussions, il y eut un interrègne de six mois. Puis, le Sénat proclama *Tacite*, descendant de l'historien de ce nom. C'était un vieillard de 75 ans, qui mourut de fatigue en marchant contre les Goths. Quelques auteurs prétendent que les soldats l'assassinèrent pour s'emparer de ses richesses.

Probus (de 276 à 282) eut un règne glorieux. Il battit les Franks et autres peuples de la Germanie qui s'étaient jetés sur la Gaule, fit construire une forte muraille du Danube au Necker pour arrêter leurs incursions, chassa les Goths de l'Illyrie et les Perses de la Syrie. Une anecdote montre la simplicité de ses mœurs ; des députés du roi de Perse vinrent traiter avec lui, et le trouvèrent assis sur l'herbe au milieu de ses soldats, mangeant du porc salé et des lois : « Je veux satisfaction de votre maître, leur dit-il en découvrant son front chauve ; sinon, je rends vos campagnes aussi nues que ma tête. Si vous avez faim, prenez dans ce plat ; sinon, partez. » — Pendant la paix, Probus employait l'armée à des travaux utiles : il lui faisait bâtir des villes, planter des vignes et ouvrir des routes. Ces labeurs déplurent aux soldats, et, comme il lui arriva de dire qu'on pourrait bientôt se passer de gens de guerre, ils le mirent à mort.

Carus, préfet du prétoire, fut proclamé empereur, et s'associa ses deux fils, *Carin* et *Numérien*. Pendant une guerre contre les Perses, il fut tué d'un coup de foudre, ou, selon d'autres, assassiné par le nouveau préfet Aper. Celui-ci fit périr Numérien, mais ne put profiter de son crime : un officier de l'armée, Dioclétien, à qui une prophétesse avait promis l'empire quand il aurait tué un sanglier (en latin *aper*), le frappa de son épée. Carin défendit son autorité contre ce nouveau rival, et le vainquit à Margus en Mæsie ; mais ses soldats l'assassinèrent.

Dioclétien (de 285 à 305). — Jusqu'à la fin du IIIe siècle de l'ère chrétienne, le pouvoir impérial n'avait pu ni se fixer par l'adoption ou l'hérédité dans une seule famille, ni trouver dans une élection légale une sanction régulière : l'Empire était resté à la merci d'une conspiration du Sénat, d'une émeute de la populace, ou d'une insurrection de soldats. Dioclétien entreprit de fonder une véritable monarchie, ayant pour bases la transmission héréditaire du pouvoir, une administration savante, et le respect des peuples.

Le pouvoir impérial prit, en effet, un caractère qui le rapproche des royautés asiatiques. A la couronne de laurier et à la robe de pourpre que portaient les princes précédents, Dioclétien substitua le diadème et les vêtements de soie et d'or. Il introduisit dans le palais le luxe et le cérémonial de l'Orient, prit les titres de *Seigneur,* de *Maître,* de *Majesté,* de *Dieu,* et tout ce qui se rapportait à lui devint sacré comme sa personne ; le palais fut appelé la *Chambre sacrée,* et le trésor les *Largesses sacrées.* On n'aborda plus les empereurs qu'en se prosternant devant eux et en les adorant.

Dioclétien pensa qu'un seul homme ne pouvait plus gouverner le monde. Il se donna pour collègue un de ses anciens compagnons d'armes, Maximien, qui résida à Rome et eut l'administration des provinces situées à l'est de l'Adriatique ; il se réserva l'Orient, et adopta Nicomédie pour capitale. Afin de montrer cependant qu'il n'abandonnait pas la direction générale de l'Empire, il prit le surnom de *Jupiter,* et donna à Maximien celui d'Hercule : l'un était la pensée dirigeante, l'autre le bras chargé d'agir, et leurs gardes s'appelèrent les *Joviens* et les *Herculiens*. Maximien ayant eu à réprimer une révolte de *Bagaudes* ou brigands dans la Gaule et l'usurpation de Carausius en Grande-Bretagne, et Dioclétien se voyant menacé sur les frontières de l'Euphrate et du Danube, une nouvelle modification fut jugée nécessaire. Aux deux empereurs ou *Augustes* on adjoignit, en 292, deux *Césars*, qui recevaient le gouvernement de quelques provinces et la promesse de succéder à l'empire : ainsi, Maximien abandonna la Gaule, la Grande-Bretagne et l'Espagne à un Illyrien nommé Constance Chlore (1) ; Dioclétien confia toute la partie de l'Europe qui lui appartenait, moins la Thrace, à un ancien bouvier de Dacie, Galérius. Cette *tétrarchie*, ou division de l'Empire en quatre grands gouvernements, rendait plus faciles la surveillance des frontières et la répression des usurpateurs, et dissipait l'incertitude dans l'ordre de la succession impériale : mais elle était onéreuse aux sujets, par la création de quatre cours et de quatre fois plus d'officiers et de magistrats, et pouvait engendrer des discordes entre les princes.

On vit bientôt, en effet, leurs ambitions se produire. Galérius se démasqua le premier. Il était l'auteur de la dixième persécution, dans laquelle périrent tant

(1) Ce surnom lui venait de la pâleur de son teint.

de chrétiens, qu'on la nomma l'*ère des martyrs* (en 303). Impatient d'arriver au premier rang, il poussa Dioclétien, par ses obsessions et ses menaces, à abdiquer en 305. Maximien suivit à regret cet exemple ; quand il sollicita plus tard Dioclétien de reprendre l'empire, celui-ci répondit : « S'il voyait les laitues que j'ai plantées de mes mains, il ne me ferait pas cette proposition. »

Guerres civiles. — Constance Chlore et Galérius, devenus empereurs, choisirent deux Césars, Sévère et Maximin Daïa, qui ne tardèrent pas à se proclamer Augustes. Alors Maximien reprit ce titre, et son fils Maxence s'en empara également à Rome. Il y eut donc six empereurs à la fois ; mais ils disparurent promptement. Sévère, trahi par ses soldats en marchant contre Maximien, s'ouvrit les veines à Ravenne ; Constance Chlore mourut, et l'un de ses fils, Constantin, contraignit Maximien, dont il avait épousé la fille et qui cherchait à soulever ses soldats, à s'étrangler lui-même ; Galérius fut emporté par une horrible maladie ; Maximin Daïa, vaincu par Licinius, que Galérius avait donné pour successeur à Sévère, s'empoisonna ; enfin Maxence, après avoir vu ses troupes battues par Constantin à Turin et à Vérone, perdit lui-même une bataille à Rome, près du pont Milvius, et se noya dans le Tibre (en 312). Il ne restait plus que deux rivaux, Constantin et Licinius, qui se partagèrent d'abord l'Empire; plus tard ils en vinrent aux mains, et Licinius, plusieurs fois vaincu dans la Thrace, réduit à une condition privée, fut mis à mort sous prétexte de conspiration (en 323).

Constantin le Grand. — Deux faits importants ont marqué le règne de Constantin : la réorganisation de l'Empire, et le triomphe du christianisme.

Un certain nombre de ministres furent chargés de la haute administration ; c'étaient : le *préfet de la chambre sacrée*, grand chambellan ou maître du palais impérial; le *maître des offices*, ministre de l'intérieur; le *questeur*, ministre de la justice; le *comte des largesses sacrées* ou *du trésor privé*, intendant des domaines et du fisc ou trésor de l'empereur; le *comte des largesses publiques*, ministre des finances; le *maître de la milice*, directeur de l'armée; les deux *comtes des domestiques*, ou commandants des gardes du palais.

L'ancien patriciat ayant à peu près disparu, soit dans la guerre, soit par les proscriptions, Constantin créa une aristocratie nouvelle, une noblesse, dans laquelle on distinguait plusieurs classes : les *nobilissimes*, princes de la famille impériale, les *illustres* ou *patrices*, les *respectables*, les *clarissimes* ou *honorables*, et les *perfectissimes*. Ces titres étaient accordés aux fonctionnaires, d'après leurs fonctions.

L'autorité militaire fut séparée du pouvoir civil. Du Maître de la milice relevèrent un *Maître de la ca-*

valerie et un *Maître de l'infanterie*, puis des *comtes* ou *ducs*, commandants des frontières. Les prétoriens ayant été définitivement supprimés, on distingua trois sortes de troupes : les *Palatins*, ou gardes du palais ; les *Légionnaires*, Romains placés en garnison dans les villes de l'intérieur ; et les *Gardes-frontières*, formés principalement de Barbares soudoyés. — Les quatre divisions de l'Empire établies par Dioclétien furent conservées pour l'administration civile avec le nom de *Préfectures*, et administrées par des *Préfets*. On les partagea en *Diocèses*, que régirent des *Vicaires* ou *Vice-préfets ;* les Diocèses furent subdivisés eux-mêmes en *Provinces*, dont les gouverneurs ont porté indifféremment les noms de *Consulaires*, de *Présidents*, de *Recteurs*, etc.

Cette administration nécessita des dépenses, auxquelles on pourvut par de nombreux impôts. On distinguait : l'*Indiction*, impôt foncier, dont la quotité était *indiquée* chaque année par l'empereur, et que les gouverneurs de provinces répartissaient d'après un cadastre revu tous les quinze ans ; la *Capitation*, ou impôt personnel ; le *Chrysargyre* (impôt d'or et d'argent), levé tous les quatre ans sur le commerce et l'industrie ; l'*Or coronaire*, contribution qu'on payait à l'avénement de chaque empereur, pour tenir lieu des couronnes d'or que les provinces et les villes avaient d'abord volontairement offertes.

Les persécutions n'avaient pas arrêté les progrès

du Christianisme (1) ; le sang des martyrs, selon les expressions de Tertullien, était une semence de chrétiens. « Nous ne sommes que d'hier, écrivait le même auteur à Septime-Sévère, et nous remplissons vos villes, vos bourgades, votre sénat, vos armées ; nous ne vous laissons que vos temples et vos théâtres. » Il n'est pas prouvé que Constantin se soit fait chrétien longtemps avant sa mort ; mais il comprit, le premier des empereurs romains, que le christianisme était la religion de l'avenir, et il fit pénétrer l'esprit chrétien dans les lois. La tradition rapporte qu'avant la bataille contre Maxence une croix lumineuse lui apparut dans les airs, avec cette inscription: *Hoc signo vinces* (tu triompheras par ce signe). Il substitua aux aigles romaines le *Labarum* (2), drapeau de pourpre attaché à un bâton formant la croix avec une lance, et portant le monogramme du Christ (XP). En 313, par un édit rendu à Milan, il fut permis aux chrétiens de célébrer leur culte. Leurs prêtres furent soustraits à la juridiction des tribunaux laïques, et les évêques eurent leurs tribunaux particuliers. On abolit la loi romaine contre le célibat, laquelle contrariait la discipline chrétienne. Il fut permis de faire des legs aux églises, et elles purent servir d'asile aux criminels, comme autrefois les temples païens. Les évêques eu-

---

(1) Voyez, sur l'Eglise des premiers siècles, l'HISTOIRE DU MOYEN AGE de cette collection.

(2) Mot dont on ignore l'origine.

rent le droit d'affranchir des esclaves. Les terres ecclésiastiques furent exemptes d'impôts. L'influence du christianisme est manifeste dans les lois qui défendirent de marquer les esclaves au front, d'en faire des gladiateurs ou de les mettre en croix, de séparer parmi eux le mari de sa femme ou les parents de leurs fils, d'exposer ou de vendre les enfants, de mettre à la torture les débiteurs du fisc, de saisir pour dettes les charrues et les animaux de labour. Elle a inspiré aussi celles qui permettaient aux veuves, aux pupilles et aux infirmes de poursuivre leurs procès sans se déplacer, exemptaient de la confiscation les biens des femmes, ouvraient des maisons pour l'enfance abandonnée, etc. En 325, Constantin voulut mettre un terme aux dissensions des chrétiens : il réunit à Nicée le premier concile œcuménique ou universel, composé de trois cent dix-huit évêques. Là, sous la présidence d'Osius, évêque de Cordoue, fut rédigée la profession de foi qu'on nomme *Symbole de Nicée*, et l'on condamna l'hérésie d'Arius, prêtre d'Alexandrie, qui niait la consubstantialité de Dieu le Père et du Fils. Enfin, pensant qu'une nouvelle religion et un nouveau gouvernement s'établiraient mieux dans une ville nouvelle, et voulant surveiller de plus près les mouvements des Barbares, qui paraissaient alors plus menaçants vers le bas Danube que sur le Rhin, Constantin abandonna Rome, toute pleine des souvenirs du paganisme, et transporta sa résidence à Byzance, appelée depuis cette époque *Constantinople* (en 330). On construisit, dans la nouvelle capitale de l'Empire, un Forum, des palais, des thermes, des aqueducs, des fontaines, des églises, des écoles, des bibliothèques ; on y transféra une partie des chefs-d'œuvre des arts que renfermait Rome.

Les dernières années de Constantin ne furent pas heureuses. Sa seconde femme, Fausta, porta une accusation calomnieuse contre Crispus, qu'il avait eu d'un premier mariage, et fut cause de la mort du jeune prince. Reconnue coupable, elle fut à son tour étouffée dans une étuve.

Les fils de Constantin. — Constantin laissa en mourant (en 337) trois fils : *Constantin II*, qui eut la Gaule, l'Espagne et la Grande-Bretagne ; *Constant*, à qui échurent l'Afrique, l'Italie et l'Illyrie ; et *Constance*, qui régna sur tout l'Orient. Constantin II, mécontent de sa part, voulut dépouiller Constant, et périt dans un combat près d'Aquilée (en 340). Dix ans après, Constant fut vaincu et tué par l'usurpateur Magnence, et, en 353, ce dernier fut renversé par Constance. Resté seul maître de l'Empire, Constance donna le titre de Césars à ses cousins Gallus et Julien, neveux de Constantin le Grand. Le premier, chargé de surveiller l'Orient, ayant affecté l'indépendance, il le mit à mort. Le second, envoyé dans la Gaule, établit sa résidence à Lutèce (Paris), y bâtit les Thermes dont les ruines subsistent encore aujourd'hui, et se concilia les habitants de sa province par des réductions d'impôts. Des victoires sur les Franks et les Alémans le firent également aimer des soldats, qui le proclamèrent Auguste. Constance mourut au moment où la guerre civile allait éclater.

Julien (de 361 à 363). — Julien a été surnommé l'*Apostat*, parce qu'élevé dans la religion chrétienne, il avait abjuré pour se faire païen. Pendant son règne de deux années, il entreprit de rendre au paganisme son influence. Sans ordonner de nouvelles persécutions contre les chrétiens, il entretint parmi eux la discorde en encourageant les hérétiques; il leur interdit d'enseigner leurs doctrines et d'exercer les fonctions publiques. Il donna aux cérémonies païennes un éclat inaccoutumé, affecta d'y figurer en qualité de grand-pontife et d'offrir lui-même les sacrifices, répara les temples, rouvrit les oracles, combla d'honneurs les prêtres des idoles. Il prétendait expliquer par des allégories les fables de la mythologie, trouver dans le paganisme une doctrine aussi élevée, aussi pure que celle du christianisme, et imposer aux païens l'austérité des mœurs. Il voulut même convaincre d'imposture les prophéties des chrétiens, qui annonçaient que le temple de Jérusalem ne serait jamais relevé : mais les ouvriers qu'il chargea de ce travail furent dispersés par des feux sortant de terre. — Julien reçut une blessure mortelle dans une guerre contre les Perses; avant d'expirer, il reconnut la stérilité de ses efforts contre le christianisme, en s'écriant : « Tu as vaincu, Galiléen ! »

DERNIERS EMPEREURS. — L'armée proclama l'un de ses officiers, *Jovien*, qui mourut avant de rentrer à Constantinople (364). Elle choisit ensuite *Valentinien I*^{er}. Ce prince régna sur l'Occident jusqu'en 375, et fut remplacé par son fils *Gratien ;* il avait abandonné l'Orient à son frère *Valens*, sous le règne duquel commença la grande invasion des Barbares. Le récit de cette invasion et la vie des derniers empereurs (*Valentinien II et Théodose*) se rattachent à l'histoire du Moyen Age.

FIN.

TABLE DES MATIÈRES.

	Pages
INTRODUCTION : Définition, sources, sciences auxiliaires de l'histoire. — Ères. — Grandes divisions de l'histoire.	9-12
TEMPS PRIMITIFS : Création. — Paradis terrestre. — Chute de l'homme. — Patriarches. — Déluge. — Tour de Babel. — Concordance des traditions païennes avec le récit de la Bible.	13-21
HÉBREUX : Abraham, Isaac, Esaü et Jacob, Joseph. — Les Hébreux en Égypte.	22-29
Moïse. — Sortie d'Égypte. — Les Hébreux dans le désert.	29-33
Lois de Moïse.	33-43
Josué. — Partage de la Terre promise. — Les Juges.	43-49
Les Rois. — Saül. — David. — Salomon.	49-56

	Le schisme. — Royaumes d'Israël et de Juda. — Captivité de Babylone.....	56-63
Égyptiens :	Histoire.......................	64-75
	Religion, castes, gouvernement, législation, justice, lettres, sciences et arts......	75-85
Phéniciens :	Histoire.......................	86
	Religion, industrie, commerce et colonies................	87-91
Assyriens et Babyloniens :	Histoire................	92-99
	Religion, gouvernement, industrie, commerce, sciences et arts.	99-102
Mèdes et Perses :	Rois de Médie..............	103-105
	Cyrus.....................	105-112
	Cambyse, Smerdis le Mage, Darius.....................	112-120
	Mœurs, religion et institutions des Mèdes et des Perses.....	120-124
Grèce :	Caractères du peuple grec	125
	Pélasges, Hellènes, colonies venues de l'Orient............	128-131
	Temps héroïques. — Hercule. — Argonautes. — Œdipe. — Les sept chefs. — Les Épigones. — Guerre de Troie.........	131-138
	Invasion dorienne dans le Péloponèse....................	138
	Colonies grecques en Asie-Mineure...................	139

Grèce (suite) :	Révolutions des villes grecques.	140
	Amphictyonies...............	141
	Jeux publics................	142
	Sparte. — Lycurgue. — Guerres de Messénie, d'Arcadie et d'Argolide................	143-155
	Athènes. — L'Archontat. — Dracon, Cylon, Épiménide. — Solon. — Les Pisistratides...	155-167
	Guerres médiques. — Bataille de Marathon.— Miltiade, Aristide, Thémistocle. — Léonidas aux Thermopyles. — Batailles de Salamine, de Platée et de Mycale..................	168-178
	Reconstruction d'Athènes. — Trahison de Pausanias. — Mort de Thémistocle et d'Aristide. — Cimon............	178-182
	Prépondérance d'Athènes. — Périclès...................	183-188
	Guerre du Péloponèse. — Nicias et Cléon. — Alcibiade. — Expédition de Sicile. — Désastres des Athéniens............	188-198
	Domination de Sparte. — Les trente tyrans à Athènes. — Procès de Socrate..........	199-203
	Révolte de Cyrus le Jeune. — Retraite des Dix mille. — Guerre entre Sparte et la Perse. — Traité d'Antalcidas.........	203-207
	Grandeur de Thèbes. — Épaminondas et Pélopidas.........	207-214
	Conquête macédonienne.—Règne	

Grèce (suite) :	de Philippe..................	215-226
	Alexandre le Grand...........	226-241
	Successeurs d'Alexandre......	241-251
	Religion des Grecs...........	252-260
Rome :	L'Italie avant les Romains.....	261
	Fondation de Rome...........	263
	Rois de Rome................	264-275
	Expulsion des rois. — Guerres suscitées par les Tarquins....	275-278
	La République : consulat, dictature, tribunat et édilité.....	279-282
	Loi agraire...................	283
	Décemvirat...................	285-288
	Tribunat consulaire. — Censure — Questure. — Lois Liciniennes.....................	289-293
	Conquête de l'Italie par les Romains. — Invasions des Gaulois. — Guerres des Samnites et de Pyrrhus.....................	294-308
	Histoire et institutions de Carthage........................	309-311
	Première et deuxième guerres puniques....................	312-324
	Guerres de Philippe, d'Antiochus, de Persée...................	324-329
	Réduction de la Macédoine, de la Grèce et de Pergame en provinces...................	330
	Troisième guerre punique......	331
	Guerre d'Espagne.............	334
	État de la république après la conquête....................	337
	Caton le Censeur.............	340
	Les Gracques.................	340

Rome (suite) : Marius. — Guerres de Jugurtha et des Cimbres............ 345-351
Guerre sociale.............. 351
Rivalité de Marius et de Sylla.. 352-357
Pompée. — Guerres de Sertorius et de Spartacus............ 358-362
Procès de Verrès............. 362
Guerres des Pirates et de Mithridate.................. 363-366
Conjuration de Catilina........ 366
Premier triumvirat........... 367
Guerre entre César et Pompée... 370
Dictature et mort de César..... 373
Antoine et Octave............ 376
Deuxième triumvirat.......... 378
Fin de la république......... 380
L'Empire. — Auguste........ 382
Tibère..................... 387
Caligula................... 389
Claude..................... 390
Néron...................... 392
Galba. — Othon. — Vitellius... 394
Empereurs Flaviens : Vespasien, Titus, Domitien............ 395-399
Les Antonins : Nerva, Trajan, Antonin, Marc-Aurèle, Commode.................... 399-404
Pertinax, Didius Julianus...... 404
Empereurs syriens : Septime-Sévère, Caracalla et Géta, Macrin, Héliogabale, Alexandre Sévère 405-408
Anarchie militaire............ 408
Empereurs illyriens.......... 410
Dioclétien.................. 412
Guerres civiles.............. 415

Rome (suite) : Constantin le Grand.......... 416
　　　　　　　Les fils de Constantin......... 420
　　　　　　　Julien....................... 421
　　　　　　　Derniers empereurs........... 422

FIN DE LA TABLE.

COURS COMPLET D'ÉDUCATION

A L'USAGE DES DEMOISELLES

(ÉTUDES HISTORIQUES, LITTÉRAIRES ET SCIENTIFIQUES)

Ouvrages publiés format grand in-18 jésus, imprimés avec soin en caractères neufs sur très-beau papier glacé et satiné, cartonnés ou brochés avec une jolie couverture imprimée sur papier de couleur.

1° Histoire ancienne, grecque et romaine . . 1 vol.
2° Histoire du moyen age. . . . . 1 vol.
3° Histoire des temps modernes. . . . . . . 1 vol.
4° Histoire de France. . . . . 1 vol.
5° Géographie générale, *mathématique, physique, historique et politique.* . . . . . 1 vol.
6° Études sur les beaux-arts. . . . . 1 vol.
7° Notions de littérature. . . . . 1 vol.
8° Notions d'histoire littéraire. . . . . . 1 vol.

Prix des ouvrages :

Chaque volume in-18 broché. . . . . 3 fr. »
Chaque volume in-18 cartonné, dos en toile. 3 fr. 50

Tous les volumes se vendent séparément.

Imprimé par Ch. Noblet, rue Soufflot, 18.

www.ingramcontent.com/pod-product-compliance
Lightning Source LLC
Chambersburg PA
CBHW072217240426
43670CB00038B/1624